图书馆自建数字资源质量评价体系研究

龙　伟　编著

国家圖書館出版社
National Library of China Publishing House

图书在版编目(CIP)数据

图书馆自建数字资源质量评价体系研究/龙伟编著. --北京:国家图书馆出版社,
2015.8

ISBN 978 - 7 -5013 -5644 -7

Ⅰ.①图… Ⅱ.①龙… Ⅲ.①数字图书馆—信息资源—资源质量—研究
Ⅳ.①G250.76

中国版本图书馆 CIP 数据核字(2015)第 156650 号

书 名	图书馆自建数字资源质量评价体系研究	
著 者	龙 伟 编著	
责任编辑	王 雷	

出 版　国家图书馆出版社(100034　北京市西城区文津街7号)
　　　　(原书目文献出版社　北京图书馆出版社)
发 行　010 -66114536　66126153　66151313　66175620
　　　　66121706(传真),66126156(门市部)
E-mail　btsfxb@ nlc. gov. cn(邮购)
Website　www. nlcpress. com ——→投稿中心
经 销　新华书店
印 装　北京华艺斋古籍印务有限责任公司
版 次　2015 年 8 月第 1 版　2015 年 8 月第 1 次印刷

开 本　787×1092(毫米)　1/16
印 张　12
字 数　289 千字

书 号　ISBN 978 - 7 -5013 -5644 -7
定 价　60.00 元

前　言

随着数字图书馆建设事业的风生水起,业界对数字图书馆资源建设相关的馆藏数字化、信息检索、知识产权等问题进行了广泛的探讨,但在数字馆藏评价这个关键领域却表现得相对迟滞。就目前国内外的研究现状而言,评价理论和实践的研究普遍偏重对引进型数字资源的质量评价和成本效益分析,对于图书馆自建数字资源,其评价指标和评价方法则语焉不详,或一笔带过。研究缺乏对图书馆自建数字资源从微观质量到宏观规划的整体考量和把控。评价体系的缺失导致图书馆自建数字资源质量差异性大,从而影响图书馆馆藏建设的可持续性发展。因此,尽快发展并完善数字资源可持续发展管理的理论体系,指导数字资源可持续发展管理实践,是图书馆亟待解决的问题。

自建数字资源是图书馆数字馆藏的重要组成内容,与其他数字馆藏相比具有自身鲜明的属性特征。秉承"传承文明、服务社会"的宗旨,收藏具有文化和历史意义的珍稀史料,以及创建优秀文化传承体系的数字资源,对图书馆来说具有高需求性;此外由于文献载体自身寿命的限制或媒介格式过时而归属于高危的文献资料,都是图书馆应该投入力量,自主建设的数字资源内容。近年来,出于馆藏发展和服务需要,除了加工建设自有馆藏以外,图书馆设计主题和专题,通过引进和联合进一步加快了自建数字资源的建设步伐。图书馆已认识到收集和长期保存这些数字资源是其重要的工作职责。

国家图书馆是保存和传播先进文化的重要基础设施,服务对象涵盖广泛,服务方式不断推陈出新。随着自建数字资源迅速发展,更加凸显其复杂性与变化性。基于现实情况和发展需要,2012年国家图书馆立项重点科研项目"图书馆自建数字资源质量评价体系研究",本书是该项目的研究总结。本书解决的主要问题是,运用科学、系统的评价指标体系将概念化、原则化的自建数字资源质量分为定性和可量化的具体指标,进而对自建数字资源体系功能、发挥作用以及基础保障的情况进行检测和评估。图书馆定期对自建数字资源进行质量评价可以改善和促进数字资源内部关系的协调,使图书馆数字资源效益最大化,对图书馆自建数字资源的健康发展具有科学指导意义。

本书荟萃了国内外数字图书馆及数字资源评价的研究成果,围绕图书馆自建数字资源质量影响因素展开分析,研究评价指标体系构建方法。评价指标体系构建从图书馆评价理论入手,针对自建数字资源,定义指标构建原则和指标评价原则。采用指标过滤与统计方法、专家咨询与评判方法,筛选了用于评价自建数字资源质量的关键性指标和针对性比较强的指标,运用层次分析法、定量与定性相结合方法,构建评价指标体系。最后,选择国家图书馆自建数字资源中能够代表整体资源性质和个体资源性质的三个评价案例,进行质量测度研究,以期为图书馆自建数字资源质量管理从理论到实践建立一个桥梁,提供一个可操作的管理工具。

本书由龙伟设计,拟定编著大纲,对全书统稿、定稿。各章撰写人员分别是:第一章引论,龙伟编写;第二章数字资源评价研究与实践述评,韩新月、陈月婷编写;第三章自建数字资源质量影响因素分析,龙伟编写;第四章自建数字资源质量评价体系构建方法,龙伟编写;

第五章自建数字资源质量评价指标体系,龙伟、韩新月编写;第六章自建数字资源质量评价过程,龙伟编写;第七章国家图书馆自建数字资源质量评价,吴茗、韩新月编写;第八章国家图书馆"中文图书"自建数字资源质量评价,梁淳编写;第九章国家图书馆"数字家谱"自建数字资源质量评价,朱云编写;第十章结语,龙伟编写。

感谢国家图书馆"图书馆自建数字资源质量评价体系研究"课题组成员对本书做出的努力和贡献。本书在编著过程中,北京大学图书馆副馆长肖珑女士、国家图书馆研究院副院长申晓娟女士、国家图书馆数字资源部主任曹宁先生、国家图书馆业务管理处研究馆员周晨先生、国家图书馆信息技术部高级工程师李志尧先生都提出了很多很好的修改意见,给予本书帮助和指导,在此,我们一并表示衷心感谢。

本书的面世,将有利于推动数字资源评价领域理论与方法的深入研究及广泛应用,对图书馆自建数字资源的建设与发展起到积极的促进作用。由于我们水平所限,本书不妥与偏颇之处在所难免,祈望读者批评指正,以利于我们今后的研究。

龙　伟

2015 年 4 月 10 日

目 录

理论篇

实证篇

理　论　篇

1 引论

1.1 研究背景

数字图书馆馆藏评价不是一个新近出现的课题,但长期以来,并没有形成一个公认的、稳定的评价体系。图书馆数字馆藏建设政策及质量评价体系的缺失,不仅会导致数字资源质量的参差不齐,造成馆藏建设缺乏系统性和可持续性,同时会造成图书馆经费使用的无序甚至重复,造成巨大的浪费,从而影响图书馆发展活力和生命力。

我国图书馆评价与评估研究开始于20世纪80年代,有关数字馆藏评价的论文集中出现在2003年之后,根据其内容大概可以分为两类,一类是介绍有关数字资源评价的综述性或述评性论文,另一类是提出数字资源评价的指标体系或是有关评价指标研究的论文。国外对数字资源评价的研究出现在20世纪40年代,研究的问题主要集中在传统图书馆与电子图书馆服务绩效的评价、评价指标体系的建立及其有关标准的修订、绩效评价与质量管理等方面。总体来看,国内一般较注重理论研究,如评价指标体系的构建、评价方法的研究等;国外则在进行理论研究的同时,侧重于应用和对实践的指导。他们对于评价指标的获取、统计分析和验证研究较为深入具体。同时,许多研究项目通过绩效评估来验证信息资源质量,不仅仅单纯地运用某个指标体系进行定性分析或定量评价,而是通过评估过程实现对其质量的管理。

纵观国内外数字资源评价理论研究和评价实践都侧重对图书馆引进型数字馆藏的质量评价和成本效益分析,作为图书馆数字馆藏中最具特色的和最具发展潜力的自建数字资源,缺乏质量评价指标和评价实践指导,导致图书馆自建数字资源质量差异较大,严重影响了图书馆馆藏建设工作的科学性、系统性和可持续性发展。

本研究在综合分析、研究国内外数字馆藏评价理论和项目实践的基础之上,结合图书馆自建资源发展目标和本质特征,研究图书馆自建数字资源质量评价原则、评价范围、评价内容、指标体系和评价方法,最终形成一套科学合理、适应性强的图书馆特定馆藏(自建数字资源)质量评价体系,建立一套完善的评价指标体系。评价研究无论对于规范图书馆自建数字资源业务工作,提高工作质量与管理水平,还是指导图书馆数字资源规划,都具有非常重要的现实意义。

1.2 研究内容与途径

1.2.1 研究范围

图书馆数字资源类型多样化已成为发展趋势。自建数字资源是图书馆数字馆藏中的一种类型,与其他数字馆藏相比具有自身鲜明的属性特征。针对图书馆定位、服务目标和自建数字资源管理需求,研究一套适用于图书馆自建数字资源可持续性发展的管理模式十分必要。

图书馆数字资源建设的方式主要包括自主建设、引进建设和合作建设[1]。图书馆自建数字资源是指在没有成熟市场产品的情况下,图书馆出于馆藏发展需要,为永久保存图书馆特色文献,满足图书馆数字资源利用需求,运用数字图书馆技术及基础设施,以实体文献数字化和原生创建数字资源等加工方式,结合图书馆人员、技术和设备的实际情况,生产加工的数字资源成品。图书馆自建数字资源以自主建设、引进建设、合作建设为主要建设方式,包括实体馆藏数字化、原生创建加工、数字资源征集、数字资源缴送等方式建设的具有保存功能和使用价值的数字资源。

本研究以图书馆自建数字资源的加工建设、服务利用、管理保障等三个方面的质量为研究内容,研究构建图书馆自建数字资源质量评价指标体系,并以国家图书馆自建数字资源整体质量和国家图书馆的中文图书自建数字资源个体质量、家谱自建数字资源个体质量为例,模拟验证指标体系的适用性和可操作性,以期为图书馆自建数字资源质量管理从理论到实践建立一个桥梁,提供一个可操作的管理工具。

1.2.2　研究对象

1.2.2.1　数字资源

关于数字资源的名称,常见的有数字资源、电子资源、数字化资源、数字式资源、数字型资源、数字信息资源、网络资源和虚拟资源等,目前被大多数学者广泛使用的是数字资源和电子资源。

(1)国外有关数字资源的定义

1997 年美国国会图书馆给出电子资源(数字资源)最初的定义:"电子资源(Electronic Resources)是指经由计算机操作而呈现的作品,其利用方式包括直接获取或远程终端利用。有些尚需借用与计算机相连的外围设备,如:CD-ROM 光盘驱动器。"[2]

1999 年,国际图联(International Federation of Library Associations and Institutions,IFLA)颁布的国际标准编目描述[International Standard Bibliographic Description for Electronic Resources 简称 ISBD(ER)]再次对电子资源(数字资源)进行了更加详细的描述,即"电子资源是计算机上使用的资料,包括需要利用计算机外围设备使用的资料(如 CD-ROM 光盘驱动器),用于互动模式或非互动模式。包含的有两类资源:数据(数字表格中的信息、文字、图表、图像、音像,或混合内容)和程序(指令或数据的处理程序),此外,还包含电子数据与程序的结合(如在线服务、多媒体)"[3]。

美国国家信息标准化组织(National Information Standards Organization,简称 NISO)认为,数字馆藏(数字资源)是经过选择和组织起来的,并附有元数据描述和管理,以便于人们访问和使用的数字对象集[4]。

(2)国内有关数字资源的定义

2004 年,教育部全国高校图工委为了规范各高校图书馆的统计、计量工作,颁布《高等学校图书馆数字资源计量指南(2004)》,明确指出:凡图书馆引进(含购买、租用和受赠)或自建(包括扫描、转换和录入)的,拥有磁、光介质或网络使用权的数字形态的文献资源,为图书馆的数字资源[5]。

索传军认为,数字资源或电子资源是指将信息以数字形式进行传播,并通过计算机或类似设备阅读的产品[6]。

盛小平认为,数字馆藏(数字资源)是经过选择和组织起来的附有元数据描述和一个以上访问界面的数字对象集[7]。

柴俊红、王守宁在其论文《数字资源建设浅论》中认为,数字资源是以数字形式存储在光、磁载体上的文字、图像、声频、视频等有序的、可利用的信息,用户可通过计算机局域网或Internet进行本地或远程读取、使用,如电子邮件、电子期刊、电子图书、电子布告板新闻等[8]。

1.2.2.2 自建数字资源

对于自建数字资源,学术界目前没有一个特别明确的定义。马越认为,自建是图书馆有目的地对重点馆藏和一般馆藏进行不同深度的组织加工,并通过不同程度的数字化转换所进行的二次文献库或一次文献库的开发建设工作,是开发馆藏资源的有力手段[9]。自建数字资源往往表现为图书馆自建的特色数据库。索传军在其《论数字馆藏的质量评价》一文中提到,每个图书馆都有自己的特色馆藏,为了保护或进一步提高馆藏利用率,通常将它们加工成馆藏特色文献数据库。尽管目前各馆自建的数据库不多,但这是数字馆藏建设的重要途径之一[10]。

1.2.2.3 质量评价

广泛接受的一个关于质量的定义是国际标准化组织(International Organization for Standardization,ISO)提出出来的:质量是产品或服务满足现实和潜在需求的能力所表现出的整体性和特性。因而,质量是与用户需求相联系的,具有很强的"场景"特点[11]。

在著名的SERVQUAL(Service Quality 服务质量,一套应用于各类服务型机构的用户满意度测评体系)模型中,将质量定义为"感知质量",而不是"客观的品质",它依赖于客户从服务中所期望的和他们相信能获得的感知,而不是由任何专业团体或常规定性测量所规定的"客观"标准[12]。颜昌茂认为,数字资源的质量不仅包括馆藏数字资源自身质量管理,还包括相应的存取系统和检索系统的质量管理,即数字馆藏存储和服务质量管理[13]。

国内图书馆界对于"质量"和"评价"认识的观点也有很多。对于数字资源质量,索传军认为,所谓质量,是指产品或工作的优劣程度。数字馆藏质量是对图书馆关于数字资源建设的合理程度的度量[14]。

而对于评价工作,肖希明认为,馆藏评价就是对图书馆的信息资源体系状况、功能及其发挥的作用进行检测和评估[15]。宋迎迎认为,数字馆藏评价是对图书馆数字资源体系的建设状况、功能及利用情况进行的检测和评价[16]。张咏认为,数字资源或网络信息资源的评价主要是对资源内容质量的评价,其评价标准一般包括范围、内容、用户对象、图形和多媒体设计、易用性、价格等[17]。张宏玲、索传军的研究给出了更详细的数字馆藏(数字资源)评价的内涵:数字馆藏评价就是在网络环境下,对图书馆提供给用户的具有一定保藏功能和使用价值的数字信息资源及其服务的评价。数字馆藏的评价包括对资源购买前的内容和检索功能评价;购买后的使用和服务绩效评价;数字馆藏各个元素之间及其与传统馆藏资源之间结构合理性的评价;数字馆藏的系统性和连续性评价;数字馆藏存取能力和保藏功能的评价等[18]。

1.2.3 研究方法

图书馆数字馆藏除了购买、引进商业化数据库之外,每个图书馆为了保护特色馆藏或进一步提高资源利用率,通常都会自建馆藏特色文献数据库,作为馆藏资源的补充完善。本研究通过分析研究国内外机构的数字资源建设评价、数字资源的绩效评价、数字图书馆评价、数字馆藏评价等,结合我国图书馆数字资源发展现状,采用资料调查、参与式、广义归纳法、系统工程知识,运用专家知识智慧和实测数据库,研究建立图书馆自建数字资源质量评价指标体系,并选择不同环境下具有代表性的数字资源案例进行分析评价,研究自建数字资源质量管理模式。具体研究内容包括:

分析国内外数字资源评价理论研究与实践进展;

分析图书馆自建数字资源质量影响因素;

研究自建数字资源质量评价体系构建程序与方法;

研究自建数字资源质量评价衡量的途径或方法;

研究图书馆自建数字资源质量评价指标体系;

研究实践项目的评价程序与方法。

1.2.3.1 数据收集与分析方法

运用快速、多方参与、信息准确、方法灵活的数据与信息收集方法。主要开展的活动及内容包括:

(1)收集二手资料:广泛收集有关研究论文、科技文献,以及研究对象的相关资料;

(2)关键信息人访谈:在某一特定目标方面选择具有丰富经验和知识的人作为关键信息人,通过与这些人交谈,以获得所需要的信息;

(3)小组访谈:根据任务需要选择特定的小组,运用参与式方法获得不同利益方对研究问题的看法和认识;

(4)专家咨询:选择图书馆专家,听取专家意见,以获得重要信息;

(5)问卷调查:通过事先设计的调查提纲,进行问题调查,以便得到总体情况;

(6)利用数学模型:在评价指标的筛选、权重确定等关键环节,借助一些典型的数学模型进行科学分析,以避免专家判断的主观性。

1.2.3.2 构建指标体系的方法

(1)定性与定量相结合的方法

由于自建数字资源系统的复杂性,建立指标体系也是一个极其复杂而连续的过程。在所需要的指标与现有的数据之间不可能都存在着简单的对应关系;同时现有的定量指标的数据也未必能组合出完全令人满意的指标。在定量分析的基础上,定性分析往往使认识更趋于深刻。从另一个方面分析,定性分析也是定量分析的基础,人们往往是先定性地认识某问题,然后再逐步走向定量。因此,定性分析与定量分析在分析和认识问题过程中是相辅相成的。

(2)综合与分解相结合的方法

根据系统论原理,自建数字资源质量评价指标体系分为不同的层次。在同一层次或不同层次之间,有许多指标都有分解与综合的问题。一个指标只能反映一个侧面上问题的一个侧面,如果要综合地反映某个层面,就涉及把本层次各个侧面指标加以综合。如果要建立一个反映某个问题的指标时,若没有现成的指标进行综合,则可以把这个问题进行分解,使之简单化,然后再综合。因此,综合与分解可以作为建立指标体系的最简单的方法。

1.2.3.3 技术路线

通过分析现有关于数字资源评价研究的方法发现,目前过于强调评价方法通用性,因此都试图建立一套既适合不同范围、不同发展阶段,又适应过去、现在和将来的指标体系。其结果是指标种类和数量不断增多,指标体系庞大。

建立图书馆自建数字资源质量评价指标体系需要一个由理论到实践逐步完善的过程,对自建数字资源质量的评价需要更高的实效性和适用性。更重要的是,评价模型选择的指标参数必须利用过去统计或记录的相关参数;而随着社会的发展和人类的进步,对可持续的理解将随之发生变化,并且这样的变化只有在后来的时间里进行记录或监测。因此建立一套普遍适用的评价指标体系是不现实的。

鉴于上述考虑,本研究认为,基于目前自建数字资源的发展状况,结合现阶段图书馆发展现状,构建一套现实可操作的评价方法和模型框架,从总体上描述出自建数字资源的加工建设、服务利用和管理保障的特征及其内部相互联系与影响还是有意义的。

2 数字资源评价研究与实践述评

2.1 数字资源评价研究现状

2.1.1 国外数字资源评价研究

20 世纪中期,国外着力于对数字资源评价的研究,研究的问题主要集中在传统图书馆与电子图书馆服务绩效的评价、评价指标体系的建立及其有关标准的修订、绩效评价与质量管理等方面。早期有关数字资源评价的研究集中在电子资源的选择和评估方面,后期逐步向更全面更系统的数字馆藏评价发展。

英国的伍德华德在 1991 年提出图书馆在评估电子期刊时需考虑的重点,包括内容、质量、成本、预算、使用层次、与纸本的比较、是否为图书馆用户提供了更好的服务等方面。此外,还探讨了电子期刊馆藏管理方面的问题,包括保存、访问、选择、购买和书目控制、培训和资源分配[19]。Gail K. Dickinson 在 *Selection and Evaluation of Electronic Resources* 一文中对各种类型电子资源的选择和评估进行了探讨[20]。Vicki L. Gregory 在 *Selecting and Managing Electronic Resources:A How-to-Do-It Manual for Librarians*[21] 一书中非常全面地对电子资源管理全过程进行了阐述,包括馆藏建设政策、采购前的资源选择标准和流程、经费预算、电子资源的组织与访问、版权和许可问题以及长期保存等问题。Peter R. Yong 在 *Electronic Services and Library Performance Measurement:A Definitional challenge*[22] 一文中总结了在统计和其他定性技术应用的背景下,图书馆绩效评估产生的核心问题,构建了电子服务统计和图书馆绩效评估概念模型,对图书馆电子资源及其服务的绩效评估进行了有益的探索。马克思普朗克研究所于 1999 年 4 月 15 日到 5 月 15 日进行了一项关于研究人员使用和接受电子期刊的情况的调查[23],研究人员从多个方面评价了电子期刊的优势和劣势,例如费用、轻松访问、及时性、最新信息、额外的搜索处理,等等。调查结果显示,让研究人员选择电子期刊而不是纸质期刊的主要原因除了容易访问、轻松下载和引用之外,更重要的是获取内容所需要支付的费用。Timothy D. Jewell 探讨了电子资源的选择有关的最佳实践方法,在选择策略与战略计划、机构财务与组织、初步评价与购买的内部程序、权限问题与实践、页面展示策略、用户支持、持续评估与使用信息、保存与归档、电子资源管理集成系统等方面提出了可行的建议做法[24]。

2000 年以后,有关数字资源评价的研究,从早期的偏重电子资源评估和绩效考核向图书馆数字馆藏构建的整体指标体系转移,研究更加深入广泛。相关研究较国内开始得早,建立起来的评价指标体系也较多,其中影响较大、较全面、操作性较强的有:ISO 2789(Information and Documentation—International Library Statistics)在 2003 年的修订版增加的一个附录 A:电子图书馆服务使用评价,定义了图书馆电子信息资源和电子范围统计指标及其数据的收集。Saracevic 在 *Digital Library Evaluation:Toward Evolution of Concepts* 一文中提供了数字图书馆评价所必需的要素、级别选择、标准、指标和方法[25]。Tefko Saracevic 和 Lisa Covi 认为,图书馆的一项评价工作必须包含五大要素[26]:一是评价的构成,要明确评价所包含的内容、涉及元素,以及数字图书馆的真正含义;二是评价的背景,选择评价目标、框架观点或评价层面;三是评价标准,根据选择的评价目标确定适合的评价标准;四是测量方法,根据评价标准确定测量方法以记录相关的性能指标;五是评价方法,包括测量工具、样本、数据采集程序、数据分析,等等。2004 年,美国信息标准化组织 NISO(National Information Standard Organization)发布了建立良好数字馆藏的框架指导第二版,包括对馆藏、资源、元数据和项目的评价标准[27]。Younghee Noh 的研究致力于提高图书馆电子资源评价的当前状态,专门为高校图书馆电子资源评价提出了一套改良的详细的评价机制。以在线数据库、电子期刊、电子图书和其他数字资源为评价对象,采用德尔菲法最终从电子资源的获得、利用和使用环境三个方面选择了 11 个二级指标和 22 个三级指标构成最终的评价体系[28]。Catherine E. Hall,Robin A. Naughton,Xia Lin 在 *Three Rs of Digital Collections*[29] 一文中,提出了数字馆藏评价的三个 R 理论,即评论、排行和推荐(reviewing,ranking,and recommending),并从内容、服务、可用性、管理四个方面给出具体评价指标。印度国立海洋研究所的 M. P. Tapaswi 在 *Building Digital Collections:An Evaluation*[30] 一文中,阐述了"数字馆藏"(digital collection)和"数字图书馆"两个概念的不同,并提出了数字馆藏评价的具体指标。

提升数字图书馆的评价标准是图书馆界面临的共同挑战,国外图书馆界一直重视相关标准规范的研制和应用推广,由国际标准化组织(International Organization for Standardization,ISO)或其他组织相继出台了一系列标准,为基于事实与数据的定量评估管理提供了一整套的统计和评估工具,使数字资源质量评价活动逐步走向更大范围的标准化。

ISO 2789《信息与文献——国际图书馆统计》和 ISO 11620《信息与文献——图书馆绩效指标》是国际上传统图书馆统计和评价的主要标准,为使其能够适应数字图书馆评价的需求,ISO 于 2006 年和 2008 年分别更新了这两项标准,新版本重点增加了针对数字资源和服务等方面的统计指标,以及开展和验证评价效果的方法和机制。

除了图书馆统计以外,一些国际组织也制定了针对数据库商的评价标准,内容主要是规范数字资源提供者提供的使用统计数据。国际图书馆集团联盟(International Coalition of Library Consortia,ICOLC)于 1998 年 11 月推出了《基于 WEB 的索引、文摘及全文资源的使用统计评价指标指南》[31],该指南主要是针对数据库商提出数字图书馆的统计数据要求,2001 年推出的修订版统计指标有所简化,提供了一个更加实用的框架。COUNER(Counting Online Usage Network Electronic Resources)实施规范由社会组织发起,适用于各类型图书馆、数据库出版商、数据库服务商。2002 年发布以来,已经被越来越多的出版商所采用,使图书馆有了更可靠、稳定的依据来评价和比较本馆数字资源的价值和使用情况[32]。这类针对数据库商的标准规范现实需求强烈,而且操作性强,因此,对图书馆进行数字资源质量评价的实践影响也比较大。

关于数字图书馆的评价标准问题也引起了国际图书馆协会联合会(International Federation of Library Associations and Institutions,IFLA)的关注,IFLA 统计与评估组2008—2009年战略规划中明确提出,该小组将致力于倡导使用定量的和定性的评估方法和工具,鼓励标准化方法的发展和应用,具体措施可以是与国际标准化组织(ISO)、联合国教育科学及文化组织(United Nations Educational,Scientific and Cultural Organization,UNESCO)及其他一些国际性组织开展合作,以促进与定标比超和对比分析相关的公认标准的发展和应用。同时,该小组也将支持国际化比较与国际机构间的合作,计划就图书馆统计与绩效评测标准的制修订活动与 ISO 及其他一些标准化组织建立工作关系,就发展一种新的全球图书馆统计方法的问题与 UNESCO 统计机构即其他相关机构团体继续进行讨论[33]。这些与标准规范相关的活动都对图书馆制定数字资源质量评价原则带来了积极影响。

2.1.2 国内数字资源评价研究

20 世纪 90 年代,数字图书馆建设开始在我国兴起并获得了长足发展,但国内对数字图书馆评价的研究起步较晚,近十年来,数字图书馆评价研究逐渐引起图书馆界的重视,人们希望通过评价促进对数字图书馆认识的相对统一性,从而推动数字图书馆的健康和可持续发展。在这种背景下,对图书馆数字资源质量的评价成为图书馆界研究的重要内容。一般认为,国内数字图书馆评价研究发轫于 2001 年,周欣平提出适应新型图书馆的评估新体系,此后,数字图书馆评价问题开始进入研究者的视野,并逐步成为数字图书馆领域的研究热点。

在传统图书馆初步转型阶段,数字图书馆本身发展不完善,因此,早期国内的数字图书馆评价研究仍然建立在传统图书馆评价的基础上。国内研究始终注重引进和借鉴国外相关的研究成果和实践经验,一批研究者先后介绍了美国、英国、欧洲等国外数字图书馆评价的研究和实践活动,乔欢针对数字图书馆评价的基本理论进行了较为全面的介绍,张玲对国外重要的评价实践项目进行了系统梳理,其中就包含对数字资源质量评价的探讨,在理论界产生了较大反响。

2.1.2.1 数字资源评价对象

数字资源评价对象即实施评价的客体,由于当前国内对其内涵的认知并不统一,因此,从不同的角度和层面考虑,对评价客体的认识存在很大的差异性。研究文献认为,数字资源评价实际上是对图书馆中数字资源服务体系的评价,其评价客体可以划分为数字资源评价和相关现象评价[34],数字资源内容、服务、相关技术、管理等都属于评价客体。从数字图书馆要素分析出发,数字资源质量的评价也涉及"管理"这一要素[35]。

2.1.2.2 数字资源评价标准与原则

数字资源评价原则是评价指标筛选和构建的基本依据,国内学者结合图书馆的实际情况和数字资源的特点,提出了具有针对性的评价原则。盛小平认为,数字馆藏评价应基于可靠性、合理性、可用性、全面性、权威性、时效性和积极性 7 个原则[36]。索传军在盛小平观点的基础上提出了更为全面的 10 个原则:准确性、可靠性、科学性、实用性、全面性、可获得性、特色化与协调性、时效性、共享性和经济性。并对其增加的共享性、可获得性和特色化与协调性进行了进一步的阐述说明[37]。宋迎迎在分析数字馆藏构成的基础上提出图书馆自建数字资源馆藏评价应依据科学性、经济性、实用性原则[38]。张会田在谈到高校数字图书馆评估指标体系制定时指出要注重评估体系的导向性、评价对象的确定性、评价标准的通用性和灵活性、评价体系的科学性和评价手段的技术性[39]。李卓卓、肖希明的研究认为保证数字馆藏评价长效运行,需要建立过滤、推荐和协调三大机制及其运作机制[40]。肖希明和张璇认为在信息资源共享系统绩效评估指标选取上应遵循开放性、可操作性、定性与定量指标相结合原则和统筹兼顾原则[41]。

2.1.2.3　数字资源评价方法

恰当、有效的评价方法是获得准确、客观的评价结果的重要保证,国内开展的数字图书馆评价研究都十分重视评价方法的探索,研究者大量引入了各学科领域的科学方法进行评价研究,涉及指标体系确定、指标权重赋予、评价信息获取、评价模型建立、资源评价等各个评价环节的操作方法,既包括主观评价法,如专家评价法和用户评价法,同时,也包括客观评价法,如信息计量法和结构—功能分析法,此外,定性定量相结合、主观客观相结合的综合评价方法也受到很多研究者的青睐[42]。

在众多评价方法中,应用广泛、相对比较成熟的评价方法主要是层次分析法、模糊数学模型法、专家系统评价法、基于学习的网络神经评价法、平衡记分卡法等,具体评价中一般采用多种方法相结合的方式。采用层次分析法确定评价指标体系有概括性强、指标定义清楚、解释标准化和规范化、判断明确等优点,且可从定性分析入手,最后与定量相结合,使结果更趋实际,方法更趋简单有效,适用于数字资源建设成果的评价[43]。而结合模糊数学模型法,采用多层次模糊综合评判法则可以极大消降传统权数确定过程中的主观随意性成分,避免繁杂计算的错误,采用优序图法和模糊线性加权变换法确定因素权重集,能够较全面地反映评价对象的优劣程度,因而评价结果具有较好的客观性[44]。2004年,清华大学开展的基于LibQUAL+TM的图书馆服务质量评估活动,是对平衡计分卡法的典型应用,对我国数字资源质量实践具有现实的参考意义。目前,国内研究者不断开发新的评价方法应用,焦点团体法、信息构建法等方法被引入数字资源质量评价领域。吕娜、余锦凤尝试针对不同的评价对象和评价目的,分别制定基于专家、用户和馆员的焦点团体分析框架,侧重焦点团体方法工具的有效实施,设计并验证框架和指标体系的适用性,并通过具体案例,模拟试验了馆员和用户分析框架下的焦点团体方法应用[45]。

深入分析数字资源质量评价的理论和实践研究以后不难发现,国内研究者倾向于采用以一种方法为主、其他方法为辅的综合评价方法路线,例如,刘炜在总结30种国外常用的评价方法的基础上,提出数字图书馆评估方法应该是一套可以综合运用的方法论体系,并且每个指标都需要采用一定的方法[46]。同理,科学、合理的数字资源质量评价也需要综合运用多种评价方法,在评价实践基础上对这些已有方法改进和创新很重要,只有构建通用的、合理的、易于操作的评价方法,才能真正完成数字资源质量的客观评价。

2.1.2.4　数字资源评价指标

从数字资源建设的实务角度出发,普遍认同的评价指标有资源购买前评估、资源内容评价、资源使用评价、资源售后服务评价、已有馆藏资源评估等几个方面[47]。

在国内的研究论文中,肖珑和张宇红的《电子资源评价指标体系初探》一文引用量极高。文中论述了电子资源评价指标体系的建立意义、方法及其主要内容,将电子资源评价指标划分为电子资源内容、检索系统及功能、使用情况、价值与成本核算、出版社/数据库商服务和存档六个方面,并阐述了各方面包含的基本内容和评估指标[48]。2008年,中国高等教育文献保障系统(China Academic Library & Information System,简称CALIS)对其在2002年提出的数字资源指标体系进行了扩展和完善,从数字资源的数量与规模、内容与质量、体系与结构、获取与信息组织能力、可持续发展能力、效益评估、共享能力7个角度建立了一个包括12个一级指标及若干可根据实际需要选择使用的二级指标的数字资源评估指标体系。CALIS数字资源评价指标体系的发展表现出明显的协变性,即随图书馆环境变化而变化。除了对数字资源数量、结构、内容质量和使用效益等基本要素的评价外,这套指标体系还明确提出了将数字资源的可持续发展能力和共享能力作为一级评价指标,体现了一定的前瞻性和扩展性。不但如此,基于这套指标体系,CALIS还为不同的评价环境设计了不同的评价模型[49]。

张会田在《馆藏数字化资源评估方法探讨》中从馆藏资源的构成特点上分析了馆藏电子文献和虚拟文献的评估要素[50]。他认为馆藏电子文献应从信息类型、信息量、存取方式、利用条件和系统易用性等方面,采取定量、定性和经验评估相结合的方法进行全方位的评估。虚拟文献的评估应包括图书馆远程连接数据库的种类和数量、利用网络信息资源的设备配备及布局、允许上网远程查询专业数据库的人员范围、上网远程查询收费标准、网络开通时间、网络带宽和速率等6个指标。此后,张会田在《数字图书馆评估指标体系研究》中从数字图书馆办馆条件、数字化馆藏、网络化信息服务水平与信息利用率、数字图书馆馆员队伍、数字图书馆综合效益5个方面进一步论述了数字图书馆评估体系的构建[51]。他认为数字图书馆办馆条件可具体分解为硬件基础条件、自动化集成管理系统及应用情况、网络系统管理水平、互联网通联性和数字图书馆建设与维护经费投资情况。数字化馆藏资源建设包括馆藏电子文献、虚拟馆藏资源和特色数据库3个方面,评估指标依照数字馆藏的不同特点具体分析。网络化信息服务水平与信息利用率的评估指标主要从网站建设水平、网上馆际互借和电子文献传递、虚拟咨询、网上公告与电子论坛、网络资源导引、网络用户教育与培训、网站点击率、数字馆藏利用率等几方面考虑。数字图书馆馆员队伍评估包括馆员队伍构成状况和馆员素质与信息能力两个方面。数字图书馆综合效益主要包括信息需求满足率、资源配置质量与利用率、用户满意率、资金利用率等显性效益指标和来自于专家评估的隐性效益指标。

索传军在《论数字资源评价/评估研究》[52]、《论数字馆藏的质量评价》[53]、《数字馆藏质量管理系统研究》[54]等多篇论文中,将虚拟馆藏分为购入式、自建式、开发式三类,先提出共性指标,再提出各自特有的指标。用于评价数字馆藏内容质量的共性指标包括:数字资源收录信息的质量、数据加工格式、信息描述与组织方法、数据构成的时间共5个指标。对于购入式数字馆藏还需要评价其相对质量、一次文献信息的数量、数据库检索系统的先进性等;自建式数字馆藏则需考虑选题的新颖性、针对性和特色性,数据内容的准确性、完整性、描述的规范性,管理系统的先进性、方便性、可维护性以及效益性等;开发式数字馆藏较为适用网络信息内容评价指标体系,具体指标包括权威性、准确性、新颖性、客观性、针对性、覆盖面、切题性、设计与美感等几方面。作者同时认为,相关性和完整性两个指标对数字馆藏的评价也十分重要。

宋迎迎在《论数字馆藏的评价》中将数字馆藏评价归纳为馆藏数字资源和数字资源存储系统两个方面[55]。馆藏数字资源包括数据库、网络资源导航、馆藏其他数字资源,其中数据库的评价包括数据库的内容、检索系统和经济性;网络资源导航的评价包括网络信息资源的内容、资源揭示和描述、导航系统的易用性等;馆藏其他数字资源主要从内容和经济性两方面进行评价。在他的研究中"数字资源存储系统"成为评价数字馆藏质量的一个重要方面,他认为数字资源存储系统可以从传输速度、安全性、兼容性、经济性和易用性5个方面进行评价。

李卓卓在《数字馆藏资源评价标准的选择》中从数字馆藏资源质量、效用以及整个馆藏结构关系的角度对数字馆藏资源评价指标进行了选择和分析,从数字馆藏资源内容、数字馆藏资源形式、数字馆藏资源站点相关服务与支撑、数字馆藏资源利用、数字馆藏资源结构5个方面设定了数字馆藏评价标准,建立了定性和定量相结合的数字馆藏评价标准选择体系,并对评估指标体系内的每个指标进行内涵阐述,界定了考察范围和评价来源[56]。

在数字资源评价指标体系建立方面,一些学者从数字资源构成、数字资源建设、数字资源利用、数字资源服务等不同角度提出了各自的观点。盛小平从数字资源构成角度出发,将评价指标体系分为实体馆藏评价指标与虚拟馆藏评价指标两部分[57]。实体馆藏评价指标包括信息拥有、信息检索、信息揭示、信息组织、信息加工与信息利用6方面。虚拟馆藏评价指标则在张会田研究的基础上增加了能实现远程访问的免费数据资源和网络信息资源的分类组织两个指标。安月英从数字资源建设的角度,基于层次分析法建立了由数字资源内容、检索系统、经济性、存储系统4个方面组成的数字馆藏评价模型[58]。李文文等从数字资源使用的角度出发,采取层次分析法建立了由资源内容、检索系统、用户使用行为、成本效益、管理、服务6个要素组成的数字馆藏评价指标体系[59]。索传军从数字馆藏服务角度提出以技术设施、使用、成本、服务及用户满意度5个方面构建数字馆藏服务绩效评估指标体系[60]。

较传统文献资源管理而言,数字资源的管理不但扩大了管理范围,而且提高了管理要求。刘炜等人指出,数字资源管理测度的指标主要反映为绩效和成本评价,例如:电子资源支出占总资源支出的比例、资源使用成本、用户培训数量、馆员培训情况等[61]。

2.2　数字资源评价实践进展

2.2.1　国外数字资源评价实践进展

2.2.1.1　EQUINOX 项目[62]

EQUINOX(Library Performance Measurement and Quality Management System)即图书馆绩效评估和质量管理系统。项目由欧联盟委员会资助,研究重心是图书馆绩效和质量测评。项目目标是在网络环境下进一步发展现行的图书馆绩效评估国际标准,并检测面向图书馆管理者的整合的图书馆质量管理与绩效评估工具。项目确定的很多绩效指标已被ISO图书馆统计活动所采用。

EQUINOX项目是ISO 11620的一个应用实例。依据传统图书馆的业绩指标,建立了管理异构图书馆(电子图书馆+传统图书馆)的系统。使之在图书馆业绩评估和质量管理中处于领先地位。EQUINOX项目组设计了一套电子图书馆的业绩评估指标。制定这些指标主要是为了对ISO 11620进行补充,使之不仅包括传统图书馆服务的业绩指标,同时也包括电子图书馆服务的业绩指标。项目目标是为发展网络环境下的咨询服务绩效评价方法。其针对图书馆的电子资源服务进行绩效评估,使图书馆的绩效评估指标愈来愈完整,所涵盖的服务层面也愈来愈广。

EQUINOX项目的研究方法有E-metrics法(美国研究型图书馆联合会研究项目分类法)和问卷调查法。在制定评价指标体系时,项目遵循的原则包括评价指标须有意义、须有明确的定义、须有可操作性和可比性。具体做法为,先根据已有的相关了解和实践,提出初步的评价指标体系。再针对已提出的指标体系收集数据。最后在多个图书馆测试指标体系,根据反馈结果修订确定指标,见表2-1。该项目在台湾大学得到了应用实践。

表2-1 EQUINOX项目评价指标

序号	指标
1	使用电子资源的人数占总服务人数的比例
2	服务人群中平均每人使用各项电子服务的时段数
3	服务人群中平均每人远程使用电子资源的时段数
4	各项电子服务平均每个使用时段被查看的文献和记录数量
5	各项电子服务平均每一使用时段所需的费用
6	各项电子服务使用一篇文献或记录所需的平均费用
7	用电子方式提交的信息请求所占全部信息请求的比例
8	图书馆为用户提供的计算机的使用比率,即被使用的计算机数量除以计算机总数
9	平均每个用户拥有的图书馆计算机的使用时间(小时数)
10	被拒绝的登录数占所有登录数的比例
11	用于采购电子资源的经费占全部经费的比例
12	平均每个服务对象接受电子资源使用培训的时间
13	采购、管理、提供电子资源服务,以及培训读者的图书馆员占全部人员的比例
14	用户对电子资源及其服务的满意程度,测量方法为:请用户打分,人平均分数为此指标的数值

2.2.1.2 马里兰大学图书馆实践项目[63]

马里兰大学图书馆项目 *Best Practice Guidelines for Digital Collections*(2007),该指南第一版介绍马里兰大学图书馆在创建数字馆藏过程中遇到的机遇和挑战,主要解决跨媒体的现行标准、元数据应用和项目管理等3个方面问题。指南第二版,增加了音频和运动图像格式的解决办法,还包括数字资源主文件(Digital Masters),以用户为中心的设计(Use r-Centered Design),网页编写指南(Web Authoring Guidelines)的章节。

指南还介绍了马里兰大学图书馆的数字化项目的整个生命周期,涉及待数字化资源的遴选政策,工作流程,项目经理和项目组成员,项目预算,质量控制,数据迁移,对象命名要求等。马里兰大学图书馆的数字化资源遴选政策,如除了考虑版权和技术水平,还应考虑资源的范围和性质、潜在读者等因素,待数字化资源还应该具有有助于促进教育、研究和教学服务的特点。

强调数字化项目要以用户为中心,最终用户的需求尤其要贯穿整个项目周期。项目实施的每个阶段都要强调用户的重要性,且将用户为中心的设计方法集成到工作流中。以用户为中心的方法被分为:①让用户参与到项目实施中;②定义用户及其需求;③基于可用原则的站点评估;④可用性测试。共4类。分别介绍了这4种分类的具体方法。

作为展示项目成果和资源的网页是项目设计的组成部分,涉及内容、设计和管理三部分内容,并对每一部分进行了深入的研究。

此指南详细介绍了马里兰大学图书馆在数字馆藏建设实践中的各方面内容。内容全面,叙述详尽,为业界工作者提供大量信息。

2.2.1.3 加拿大英属哥伦比亚大学针对数字馆藏及服务的评价[64]

评价报告完成于 2008 年 6 月,用于英属哥伦比亚大学图书馆的数字馆藏和服务。评价项目突出强调实现数字图书馆评价的各种方法,包括系统为中心的方法,以人为中心的方法,易用性为中心的方法,民族志学的方法,社会学和人类学的方法,经济法等。该报告中提到的评价是将这些方法集成到一起,因为单一的方法并不能实现数字图书馆的完整的评价。大学图书馆数字馆藏和服务分成 4 大类:数字馆藏(包括数字化地图、照片、信件和日记),数字化出版物和文件(全文档案,包括早期法律报告、期刊和其他历史文献),教职工及其研究项目(包括一个关于教职工和学生的研究的开放获取的杂志)和网站(包括英属哥伦比亚大学历史的数字馆藏)。

评价包括两个方法:易用性方法和以系统为中心的方法。易用性方法着重于评价图书馆不同的特征,例如门户网站。以系统为中心的方法着重于绩效评估,以及包括某个特征、要素或专门设计的有效性或效率的评测。

评价研究报告中提到了两个标准:易用性和以系统为中心。易用性是用户和系统之间的交互,帮助用户有效操控系统。评价报告指出,易用性标准可进一步分为内容、过程(执行的各种任务如浏览、搜索等)和格式。这些类别将被用来作为一个清单列表去完成系统的可用性评估。以系统为中心的评价标准分为 3 类:技术级,侧重于如何使硬件、网络和相关的技术工作更加有效;工艺级,侧重于如何使各种程序、技术、算法、操作等执行得更加有效;内容级,侧重于如何有效地选择信息资源、表示、组织、结构和管理。

总体来说,这个数字图书馆的可用性标准是相当令人满意的。用户了解图书馆主页的不同馆藏,通过简要介绍,用户很容易确定哪些馆藏对他最有用。此外,用户使用系统也非常顺畅。使用图书馆系统是一个很好的学习体验。

2.2.1.4 E-Metrics 项目

美国研究图书馆协会(Association of Research Libraries,ARL)发起并主持该项目。该项目从用户对电子资源的使用角度出发,为数字图书馆中电子资源的使用建立了一个科学化的评估指标体系,改变了传统图书馆把馆藏规模作为评价的标准,实现了对电子资源进行系统化的评估,为图书馆电子资源采选、续订等决策及评估工作提供了良好的指导和借鉴。

项目是由图书馆资源评价方面的专家,同时也属于佛罗里达州大学信息利用管理和政策学院的 Charles R. Mcclure 和 Wonsik J. Shim 带领[65]。研究图书馆学会成员馆专门成立科研小组,共同研究一个新的标准方法对网络电子资源进行计量和评价。在研究过程中,成员们认识到该评价指标体系要解决"图书馆在电子资源方面的投资是否对其用户有用""有多大用处""用户又是怎样使用这些电子资源的"等问题。

项目经历 3 个阶段。第一阶段是在 2000 年 5 月至 2000 年 8 月,主要是弄清当前美国研究图书馆学会成员馆有关数字资源统计数据、评价指标、处理方法及服务活动的情况[66];第二阶段是在 2000 年 11 月至 2001 年 6 月,主要是进行统计数据、推荐评价指标、统计数据收集文件的确认及测试评价指标;第三阶段是在 2001 年 7 月至 2001 年 12 月,主要是开发一种机制,确保研究图书馆学会成员能够继续使用并改进电子资源及服务使用统计和性能测量方法[67]。最后,该项目制定了相关计量指标的标准分类,处于国际电子资源计量的前列,发展成为比较成熟的计量方法和计量研究的代表。

E-Metrics 项目将图书馆购买的电子资源分为 3 个大类,分别为电子全文期刊、电子参考资源和电子图书。电子全文期刊主要包括学术期刊出版社出版的电子期刊、由供应商提供的中小型出版社出版的电子期刊、专业学会电子期刊;电子参考资源主要指供应商提供的全文数据库和参考型资源;电子图书主要是学术专著类电子图书以及教科书等[68]。

E-Metrics 项目经过不断修改与完善,终于确定了评价指标体系,包含5 个类别,共20 个指标,平均每个类别分别含有 4 个评价指标。这 5 个类别可以简单地用"数量""使用""成本""馆藏"和"绩效"来表示。E-Metrics 将其指标压缩为 5 类,E-Metrics 在使用统计的基础上增加了评价指标,如数字资源获取可能性等;注重对现有馆藏规模和结构情况的评估;大量使用了静态数据,如各类数字资源的数量等。此外,它还考量了成本因素。具体评价指标见表2 -2 所示。

表 2 – 2　E-Metrics 项评价指标

用户可获取的资源数量	R1 – 电子全文期刊的数量
	R2 – 电子参考资源的数量
	R3 – 电子图书的数量
评价电子资源可使用指标	U1 – 虚拟参考咨询的数量
	U2 – 电子数据库登录的数量
	U3 – 电子数据库检索的数量
	U4 – 电子数据库项目请求的数量
	U5 – 图书馆网站和目录的虚拟访问数
电子资源及相关设施的成本	C1 – 电子全文期刊的成本
	C2 – 电子参考资源的成本
	C3 – 电子图书的成本
	C4 – 图书馆书目加工和网络组织的维护成本
	C5 – 图书馆书目加工和网络组织的额外成本
本地数字化馆藏情况	D1 – 图书馆数字化馆藏的规模
	D2 – 图书馆数字化馆藏的使用
	D3 – 数字化资源建设和管理的成本
绩效指标	P1 – 虚拟参考咨询在整体参考咨询中的比例
	P2 – 图书馆虚拟访问在所有访问中的比例
	P3 – 电子图书在所有图书中的比例
	P4 – 电子期刊占全部期刊的比例

E-Metrics 应用于电子资源服务的质量评价体系中,可以认清网络环境下图书馆电子资源及服务使用统计及性能测量方法所面临的问题:

(1)数据的准确性受影响。目前许多用户在检索时,不仅仅是在图书馆的自购资源和数据库中检索,还在供应商的本地数据库检索,导致一部分数据就需要供应商来提供。这样就影响了数据的准确性与真实性。

(2)数据分析存在困难。通过统计和分析用户的检索和操作记录判断用户的喜好、习惯等,是非常困难的。

(3)计量方法缺乏标准。由于不同图书馆之间的发展环境、发展策略的差异性,导致缺乏统一的计量标准。但制定统一的标准也因差异存在困难。

(4)电子资源及其服务不断变化的特点,使得用户具有一定的流动性,这对评价工作造成困难,也影响评价指标体系的可持续性。

E-Metrics 应用于电子资源服务的质量评价体系中,可以从用户对资源的使用角度出发,改变传统图书馆把馆藏规模作为评价的标准,建立了一个符合自身情况的科学化的评估指标体系,实现对数字资源及其服务效果进行系统化的评价。充分利用 E-Metrics 指标、工作程序及相关技术,为开展数字图书馆自建数字资源质量评价体系提供良好的借鉴与指导。

2.2.1.5 图书馆统计标准[69]

ISO 2789(Information and Documentation—International Library Statistics 信息与文献—国际图书馆统计)是国际标准化组织(International Organization for Standardization)与国际图书馆协会联合会(International Federation of Library Associations)为图书馆统计制定的国际标准,旨在促进图书馆统计和图书馆界的交流。其最新版本 ISO 2789:2006。该标准既规定了传统图书馆服务的统计测量定义,又从服务类型、使用统计、附加调查方法三方面对电子图书馆服务使用情况提供了标准的统计测量定义。

ISO 2789 以数字图书馆的服务类型划分为基础,从图书馆提供数字服务的利用形式、使用地点和对电子服务的分项数据收集等三方面提供了被认为最能反映图书馆电子服务使用情况并需要测量的数据项。

2.2.1.6 图书馆绩效评估标准[70]

ISO 11620(Information and Documentation—Library Performance Indicators 信息与文献—图书馆绩效指标),国际标准化组织(ISO)信息文献技术委员会制定图书馆业绩指标评估标准。为了保证 ISO 11620 的权威性和准确性,在选取业绩指标时,经过了严格的检验和判定,确保每个指标可以为图书馆的决策提供有价值的参考,并和图书馆希望达到的目标相适应。ISO 11620 中的业绩指标有下列特点:①数据可靠。在相同的环境中重复使用会持续产生相同的结果;②行之有效。能计量图书馆期望计量的工作;③具有实践性。通过图书馆力所能及的努力,可以获得指标计量中使用的数据;④具有可比性。可用于图书馆之间的比较。目前在 ISO 11620 中总共包含 29 个用于评估传统图书馆相关服务和活动的业绩指标。主要用于评估读者反映,文献提供、检索、借阅、获取、编目、处理,参考咨询,馆际互借,图书馆设备等。

表 2-3 ISO 11620 绩效评估指标的描述框架

名称	每个指标应该有一个唯一的可描述的名称
目的	每个指标应该有一个明确的评估目的,根据要评估的服务、活动或资源的使用来描述
范围	指出指标适用的图书馆类型,是否适合用于图书馆范围之间的比较,比较时是否有一些限制及应用时的其他限制
指标定义	应根据所收集的数据及数据之间建立的关系给每个指标做唯一性的定义。包括用于指标定义的特定词条的定义
方法	详细说明生成指标数据的收集和计算方法,对于需要重复计算来决定指标数值的情况要详细陈述,对于有两种或多种方法计算同一指标值的方法也要详细说明。一般要把最重要的方法放在前面说明

续表

名称	每个指标应该有一个唯一的可描述的名称
解释及影响指标的因素	解释使用该指标时需要注意的情况。例如,如果指标值总的范围给出了,告诉用户指标值最大、最小或某个最佳值代表的意思。也包括图书馆内部或外部影响指标值的因素等
指标来源	说明指标来源的参考文献,说明指标是否是对其原始文献中的状态进行了修改,并提供指标来源的原始文献的出处
相关的指标	说明这个指标与标准中其他指标的关系

2.2.1.7 电子图书馆服务绩效指标[71]

ISO/TR 20983(Information and Documentation—Performance Indicators for Electronic Library Services 信息与文献—电子图书馆服务绩效指标),关注电子图书馆服务评估指标,主要目的是传播评估电子图书馆服务的实践知识。ISO 20983 仅有少部分是服务质量的指标。有关这一领域的工作远远没有成熟到可以包揽服务质量测评。指标已经经过许多图书馆测试,或是由测试过的相似指标经细微改变得来。也就是说每一个指标都是具有丰富内涵、可靠性、有效性、适宜性、实用性的,并在某种情况下也可以用来进行比较。

为电子图书馆服务定义指标时,一开始会从传统图书馆服务绩效指标中寻找相似性。从电子图书馆公共服务、人力资源的有效性与利用两个方面规范了 15 个指标,对电子图书馆的服务和活动绩效进行测评。

表 2-4　ISO 20983 电子图书馆服务绩效指标一览表

被测评的服务、活动或其他方面	指标
概要	电子服务对服务人群的覆盖率
	虚拟访问的比率
电子图书馆服务的提供	电子馆藏建设的费用支出比率
文献检索	每次登录平均下载文献数
	每次数据库登录平均成本
	登录被拒率
	远程 OPAC 登录比率
	虚拟访问比率
咨询和参考服务	通过电子方式递交的信息请求比率
用户教育	人均用户参加电子服务培训课程的次数
设备	人均工作站有效时间
	每公共开放工作站的平均服务人数
	工作站利用率
人力资源的有效性与利用	每员工参加正式的 IT 和相关培训课程的平均时数
	提供和发展电子服务的员工比率

并非所有的指标对每一类型的图书馆或是每一个个体图书馆都是有用的。图书馆必须决定哪些指标是最适合评价其专项服务和产出的。决定要考虑到图书馆的任务、目标和目的,以及所服务的人群。

2.2.2　国内数字资源评价实践进展

从 20 世纪 90 年代开始,随着商业化数据库的快速发展,数字图书馆经历了一个短暂、无序和快速的发展历程,国内外关于数字资源的评价研究也随之被带动,2000 年之后,关于数字资源的评价研究如火如荼。就目前来看,图书馆界对于数字资源的评价大体经历了几个阶段,即从对互联网上免费网络资源的评价到对商业数据库的评价;从对单独的某个数据库的定性评价到多个数据库的定性比较评价;发展到现在,许多研究则是通过先建立系统且完整的评价指标体系,再将某个数据库的实际指标输入评价体系,通过计算分析等步骤得出评价结论。虽然评价过程越来越复杂,但是越来越能够保证评价工作的科学性、合理性和客观性。

国内针对数字资源的评价有较多的各种不同的评价方法和评价指标,下面仅针对有具体评价实践应用的评价指标进行分析和研究,并从各个实践应用的案例获取本研究可以参考的经验、方法、指标等。

2.2.2.1　国家图书馆数字图书馆评价项目

国家数字图书馆工程自 2005 年开始建设,截至目前已基本完成建设任务。为对其数字图书馆评价体系研究进行科学评价,2007 年,国家图书馆立项"数字图书馆评价体系研究"科研项目,以期通过对数字图书馆评价体系的研究,建立一套适用于国家数字图书馆的评价指标体系,从而有助于采用科学的方法对国家数字图书馆进行评价,促进国家数字图书馆的规范化和特色化建设,引导其科学发展。

项目评价指标体系构建遵循如下原则:

(1)科学性原则。科学性是评价指标体系构建最基本的原则,数字图书馆评价指标体系要在充分调研、试验、修正的基础上确定,要能真实、客观、科学地反映数字图书馆发展的状况。

(2)系统性原则。数字图书馆评价指标体系要具有系统性,全面地反映一个数字图书馆系统的各个方面,并要考虑到数字图书馆的建设者、使用者、管理者等各种群体的不同视角。

(3)可行性原则。数字图书馆评价指标体系要具有可行性,评价指标数据应易于获取且尽可能地易于量化,评价指标不要过于复杂、求全,可操作性的评价指标才具有现实意义。

(4)可扩展原则。数字图书馆是在不断发展中的,其评价指标体系亦应是在不断完善中的,在体系最初构建时即应考虑到未来扩展的问题。

(5)模块化原则。对数字图书馆进行整体综合的评价是一项非常复杂的工作。在实践应用中,有些评价项目或实践可能只侧重不同的方面,如专门针对数字资源的评价或专门针对某一类服务的评价,在评价指标体系构建时要充分考虑到不同的应用需求,以模块化的方式,尽可能使评价指标灵活运用。

项目在调研分析国内外数字图书馆及其评价研究相关文献、实践活动的基础上,结合我国数字图书馆建设实践,尤其是国家数字图书馆工程的建设,建立了一套包括馆藏、服务、技术、管理、综合效益 5 个维度的数字图书馆评价指标体系框架,制定了评价原则、评价方法、评价指标,并通过问卷调查的方式,向国家图书馆、中国高等教育文献保障系统等机构的专家、馆员进行了调研,开展了主要针对国家数字图书馆评价的实证研究,验证了该评价指标体系的可行性。

2.2.2.2 北京大学图书馆

为了对数字资源进行全面的评估,北京大学数字图书馆研究所、中国高等教育文献保障系统(CALIS)管理中心先后设立了"数字资源评估"项目、"数字资源与服务评估"子项目,并于2004年发布了《高校图书馆数字资源计量指南》,2007年又对其进行了修订,在此基础上,2008年,肖珑等人又总结出一套完整的数字资源评估指标体系,并针对这套指标体系提出了应用指南。CALIS数字资源评估指标体系适用于图书馆联盟和个体图书馆,以图书馆所有形式的数字资源为评估对象。CALIS在集团采购的过程中,按照组团工作流程,各组团牵头单位运用评估指标体系对引进的资源做出综合性的评估报告,在组团之前发布给各成员馆作为必要的参考,受到了成员馆的广泛欢迎。

迄今为止共完成"Lexis Nexis Academic学术大全数据库及Lexis. com数据库资源评估报告""《自然》周刊及相关电子出版物评估报告""JSTOR西文过刊全文库资源评估报告""ISI Web of Science评估报告""ASME数据库评估报告""AIP数据库评估报告""SAGE、ASCE数据库评估报告"等数十个评估报告。

北京大学图书馆在2006年进行的"电子资源文献保障率学科样本评估"则是应用此评估指标对单个图书馆的数字资源做整体性的评估。此评估指标的应用,可以全面了解馆藏数字资源整体状况,检查数字资源的建设情况是否符合本馆数字资源的发展政策,并指导下一步的发展计划,如有疏漏和偏离可以及时做出调整和修订。

CALIS评估指标体系是一套非常完整的指标体系,在实践过程中具有可选择性和可扩展性,且具有很强的适用性,适用于图书馆联盟和个体图书馆,以图书馆所有形式的数字资源为评估对象。目前,属于国内比较成熟的数字资源评价指标体系。

2.2.2.3 国家科技图书文献中心

国家科技图书文献中心(NSTL)作为具有联盟特征的科技文献保障系统,其测评框架以"国家保障"的实质内涵和整体效益观为出发点,构建了包括基础资源保障程度、直接服务效益测度、直接减负效益测度和资源放大效益的指标体系,其效用水平呈多元体现形式,具有相当的特色[72]。

为严格把好文献资源引进关,有针对性、有目的地采集文献资源,国家科技图书文献中心(NSTL)进一步加强了对预订文献的评价,并且在评价上采用了文献计量学和信息分析等方法,在工作中,将定性指标与定量指标相结合,对文献进行引进前的初步评价。引进后的实际利用效果和用户反映评价,仍然是文献信息资源评价的最主要指标[73]。

国家科技图书文献中心(NSTL)在相关指标的获得上,尤其可以参考评价方法,定性指标主要采用问答法、网上或网下问卷调查法和专家评议法;定量评价采取信息分析方法,从客观量化角度对网络信息资源进行优选和评价。

2.2.2.4 江苏省高等教育文献保障系统

江苏省高等教育文献保障系统(Jiangsu Academic Library & Information System,JALIS)的建设项目于1997年正式启动,集团引进电子资源是该项目建设的重要子项目。

南京工业大学将该指标体系应用于实际评价,从集团层面对JALIS图书馆联盟引进数字资源的活动进行绩效评价。根据引进数字资源的实践情况,利用德尔菲法(Delphi),聘请专家组成的咨询团队以备咨询,并反复归纳和修改;利用层次分析法(AHP法)确定评价指标的权重,并开展社会调查,然后采用模糊综合评价的方法计算每个评价指标的重要程度,最后得出相应结论,从而建立包括7个一级指标、42个二级指标的指标体系。该项目从集团层面的角度,采用定性和定量相结合的办法对引进的数字资源进行绩效评价,在国内比较少见,且其评价体系的科学性和可行性值得关注和借鉴[74]。

该体系将研究对象定位为引进数字资源的评价,总目标又分解为数据库内容、系统功能、利用情况、成本、采购模式、服务情况、共享情况等7个一级评价指标。

2.2.2.5　华东大学图书馆

华东大学图书馆对数字资源的质量评价,比较倾向于信息资源的学术性、权威性等指标。具体针对其购买的15个外文数据库进行了质量评价[75]。他们从电子资源的使用绩效评价、引文情况评价两个角度进行了质量评价,通过比较和对照两个层面的分析结果,明确数据库供给与师生实际信息需求的差异,为数据库的续订或调整工作提供参考依据,为图书馆确定和优化馆藏结构提供参考。

在华东大学图书馆的评价中,电子资源的使用绩效评价,分别从文摘数据库检索量及使用成本分析、全文数据库使用情况及使用成本分析两个角度来分析数据库,从而为图书馆专业数据库的购买提供指导。数据库引文情况评价,则借助Scopus数据库的引文分析功能,得到用户在学术研究过程中使用信息资源的行为特征,间接获得读者实际利用数据库的情况和馆藏是否满足读者实际需求等相关信息。

华东大学图书馆的外文资源库评价,是从资源库本身出发,进行自身价值评价、使用绩效评价及参考文献分析,为图书馆购买数据库提供依据。

2.2.2.6　山东烟台和威海地区的5所高校图书馆

研究者参考了国内外数字馆藏质量评价指标体系和指标获取方法,并考虑到数字馆藏构成复杂,涉及因素较多,单纯地运用定性或定量的方法进行评价难以做到准确、客观和全面,故提出了应用径向基神经网络对数字馆藏质量进行评价,克服评价过程中人为因素的干扰,提高评价的准确性和客观性。

同时,利用"基于径向基神经网络的数字馆藏质量评价方法",选取山东省的75所高校图书馆数字馆藏质量评价指标作为训练样本,烟台、威海地区的5所高校图书馆的数字馆藏质量评价指标值作为检测样本。通过实例分析证明了,该研究方法在数字馆藏质量评价方面合理可行,能够确定数字馆藏质量评价的所属等级,具有直观性和可操作性,为数字馆藏质量评价提供了新的途径[76]。当样本数量达到75时,数字馆藏质量评价的网络模型输出值相对误差≤3.1%,与用户主观评价结果具有一致性,体现了评价结果的客观与合理性。

2.3　图书馆馆藏评价内容和方法

馆藏是图书馆的物质基础,是满足读者需求和图书馆发展的根本保证。馆藏评价是对馆藏的质量和价值的评估,其目的是为制定馆藏发展规划及馆藏发展方针、合理分配经费、调整文献资源建设策略提供依据。

2.3.1 传统图书馆馆藏评价

图书馆馆藏评价是对图书馆文献采购、馆藏结构、读者需求满足程度等进行调查研究并做出评价的过程,是馆藏建设的基本内容之一[77]。它对提高馆藏效益、了解读者满意度、查找馆藏建设的缺失有着重要的指导意义。

传统图书馆的馆藏评价主要从藏书数量、藏书质量、藏书结构和藏书利用效能等方面进行,评价的对象主要指印刷型书刊资料以及少量的缩微资料、声像资料、机读资料和光盘,等等,其评价主要侧重于本馆藏书体系的完整性、系统性和学术性。

国内对馆藏评价的探索主要以理论研究为主,近年来借助图书馆集成系统的统计功能,从藏书结构、图书利用率等方面入手,在一定程度上推动了传统馆藏评价的实证性研究。

2.3.1.1 评价内容

评价指标体系是馆藏评价的核心和基础,科学合理的指标体系是决定馆藏评价工作成功与否的关键,因此评价指标的选取是馆藏评价的重要内容之一。

阚德涛在《馆藏评价研究》中提出,指标体系建立时应遵循以下原则:完备性原则、科学性原则、实用性原则、导向性原则、正向性原则、可比性原则。明确了从定量和定性两个方面,提出包括人均藏书量指标、文献占比合适率指标、标准馆藏目录覆盖率、馆藏利用率、流通册次、用户需求满足率11项二级指标[78]。

何静在《馆藏资源评价研究述评》中阐述了以藏书保障率、复本率、增长率、最佳入藏量等为依据来评价藏书总量及增长量控制程度;以藏书内容的情报含量和科学性、藏书的利用率和拒借率为依据来评价藏书质量的高低;以分析藏书的学科结构、等级结构、文种结构、时间结构、文献类型结构来评价藏书体系结构的合理性[79]。

从以上研究中可以看出,传统馆藏评价指标主要包括藏书量、资源质量、馆藏结构、馆藏效能等4个方面,结合实际使用情况,设定具体的评价指标体系。

对馆藏评价要基于一定的方法,图书馆传统馆藏的评价经历了从定性评价、定量评价发展到定性与定量相结合的综合评价方法[80]。常用的定性评价方法包括:专家判断法、用户评议法、直接观测法、使用标准书目法、实际使用分析法等。常用的定量评价方法有:统计分析法、书目核对法、引文分析法和藏书结构分析法等。定性定量相结合的方法,如层次分析法、系统综合评价等使评价方法更加科学和准确。可以说,经过图书馆长期的评价实践,传统馆藏评价方法已比较成熟。

2.3.1.2 评价存在的问题

传统馆藏评价对提高馆藏效益、了解读者满意度、查找馆藏建设的缺失有着重要的指导意义。但从我国图书馆传统馆藏评价与评估的实践来看,也存在一些问题:

(1)从国内外总的研究和实证来看,对于复杂资源结构的全面馆藏评价仍缺乏权威的评价标准和完善的评价体系。

(2)主题过于集中,不够全面深入。大部分文献集中在评价指标体系和资源使用后评估两个领域,分布过于集中,但在评价工作的具体实施、评价方法的实际应用等领域目前国内还很少涉及,相关文献也寥寥无几。

(3)馆藏评价方法缺乏可操作性。有关评价方法的实际应用和具体实施的相关文献很少,具体量化研究较少,而且实践验证的研究也不够具体、深入,执行较为困难,有些评价方法比较复杂,实际应用时不便于操作。

2.3.2 数字图书馆馆藏评价

2.3.2.1 评价内容

一般认为数字馆藏评价是对数字资源体系的建设状况、功能及利用情况进行的检测和评价。张宏玲、索传军的研究给出了更详细的数字馆藏(数字资源)评价的内涵:数字馆藏评价就是在网络环境下,对图书馆提供给用户的具有一定保藏功能和使用价值的数字信息资源及其服务的评价。数字馆藏的评价包括对资源购买前的内容和检索功能评价;购买后的使用和服务绩效评价;数字馆藏各个元素之间及其与传统馆藏资源之间结构合理性的评价;数字馆藏的系统性和连续性评价;数字馆藏存取能力和保藏功能的评价等[81]。

数字资源评价开始之初就借鉴了传统馆藏评价的经验,采用了定性定量相结合的方法[82],来测评达到目标的程度。索传军提出对数字馆藏的评价采用绩效方法,进行定量测量和综合评价。李正兰等提出从成本效益分析角度评价图书馆数字馆藏。目前常用的方法有:层次分析法、横向比较分析法、纵向比较分析法、使用成本分析法、用户满意度分析法[83]。

多年研究数字馆藏的索传军教授认为应主要从两个角度来评价数字馆藏:一是从图书馆馆藏资源建设的角度,审视分析馆藏数字资源的体系结构是否科学合理以及在整个图书馆馆藏中是否科学合理,对传统馆藏是否有互补性;二是从馆藏资源的利用和服务角度,探讨数字馆藏的建设质量。一般认为,数字资源需要在评价时关注纳入到馆藏的数字信息资源质量和效用以及和整个馆藏结构的关系,按照数字馆藏资源内容、数字馆藏信息资源形式、数字馆藏信息资源站点相关服务与支撑、数字馆藏资源利用和数字馆藏资源结构这5个方面展开[84]。

2.3.2.2 评价的主要问题

数字资源评价从图书馆馆藏资源建设和馆藏资源利用与服务的角度,审视分析数字馆藏体系结构是否科学合理,并借鉴其他信息资源评价方法来评价馆藏质量。但从图书馆实践馆评价来看,也存在一些问题:

(1)理论研究较多,实证研究不足

国内一般较注重理论研究,如评价指标体系的建立、评价方法的研究等,很少将其应用于资源评价的实践中予以检验,缺乏实证研究的有力证明和支撑。

(2)研究者来源构成单一,缺乏行业机构的支持,研究缺乏可持续性

国内数字资源评价领域研究者来源较为单一,且研究者往往各自选题、独立研究,交流合作很少,无法在学术交流中取得共识,更谈不上通过合作实现优势互补和资源共享。此外,除少量论文来自文献作者参与的基金项目外,多数文献均非基金项目成果,这也从一个侧面反映出数字资源评价领域核心团队的缺乏。

(3)未建立统一的评价方法体系。

到目前为止,国内还没有形成一套系统、规范的评价方法体系,以至于在数字资源建设和评价过程中存在许多盲目性,对馆藏资源中的电子图书、电子期刊、各类综合数据库评价较多,但对于自建数字资源及学科导航中的信息评价比较欠缺,对馆藏资源的整体性评价尤其缺乏。

2.3.3　图书馆馆藏评价主要方法

恰当、有效的评价方法是获得准确、客观的评价结果的重要保证,国内外开展的数字图书馆评价研究都十分重视评价方法的探索,研究者大量引入了各学科领域的科学方法进行评价研究,涉及指标体系确定、指标权重赋予、评价信息获取、评价模型建立、资源评价等各个评价环节的操作方法,既包括主观评价法,如专家评价法和用户评价法,同时,也包括客观评价法,如信息计量法和结构—功能分析法,此外,定性定量相结合、主观客观相结合的综合评价方法也受到很多研究者的青睐[85]。

2.3.3.1　综合评判法[86]

（1）指数评判法

指数评判法主要用于评价对象发展进程的评判。指数的基本公式可写为:

$$P = C/S$$

其中,P 为评价对象的指数;C 为评价对象的某项指标的数值;S 为其比较的标准值。上面公式一般用于只对评价对象的某一个指标进行评价,计算求得评价对象的指数可以反映评价对象的概况。若对多项因素进行评判,计算公式可写为

$$P = C1/S1 + C2/S2 + \cdots + Cn/Sn$$

指数可以为专家评判法提供比较客观的量化依据,并对评价对象进行分级,便于对评价对象的不同层面、不同时期进行比较;同时,将大量的数据归纳为少数有规律的指数表达形式,可提高评价对象评判方法的可比性。

用指数评判的主要环节有:

1）收集整理数据和资料。

2）确定所要评判的指标。确定评判指标的依据是所选择的评判要素应能满足预定项目的目的和要求;选择评价对象所规定的分析因子;选择有监测数据和测试条件的要素。

3）评判指标的选用和综合。应尽可能选择通用的评判指标,或较成熟的指标,这样使指标具有可比性。在必要情况下可自行设计指标,自行设计的指标要求概念明确、易于计算。综合的目的在于能从整体上评判评价对象。

（2）专家评判法

专家评判法是组织相关领域的专家运用专业经验和理论进行评判的方法。该方法可将某些难以用数学模型定量化的因素考虑在内。现代的专家评判法已形成一套如何组织专家,充分利用专家们的创造发散思维进行评判的理论和方法。比较有代表性的专家评判法是德尔菲法。

德尔菲法是美国兰德公司于 1964 年首先用于技术预测,它是专家会议预测法的一种发展。它以匿名方式通过发函征求专家们的意见。预测领导小组对上一轮的意见进行汇总整理,作为参考资料再发给每个专家,以供他们分析判断,提出新的论证。如此反复论证,专家们的意见日趋一致,结论的可靠性越来越大。为能够对未来发展中的各种可能出现和期待出现的前景做出概率估价,德尔菲法为决策者提供了多方案选择的可能性,而用其他任何方法都难以获得这样有价值的、以概率表示的明确答案。

德尔菲法有以下特点:

1）匿名性。德尔菲法采用匿名函询征求专家意见,可以消除某种心理因素的影响。

2)轮回反馈沟通情况。为了使参加评判的专家掌握每一轮的汇总结果和其他专家的评判意见,达到相互启发的目的,组织领导小组要经过 4 轮匿名函询,对每一轮的结果做出统计,并作为反馈材料发给每个专家,提供下一轮评判时参考。

3)评判结果统计特性。德尔菲法另一个重要特性是采用统计方法,对结果进行定量处理。

2.3.3.2 层析分析法

层次分析法(Analytic Hierarchy Process,简称 AHP),是美国运筹学家 Saaty T. L. 教授提出的一种定量与定性相结合的多目标决策分析方法。这一方法的核心是将决策者的经验判断给予量化,从而为决策者提供定量形式的决策依据,在目标结构复杂且缺乏必要数据下更为实用。

采用层次分析法确定评价指标体系有概括性强、指标定义清楚、解释标准化和规范化、判断明确等优点,且可从定性分析入手,最后与定量相结合,使结果更趋实际,方法更趋简单有效,适用于数字资源建设成果的评价[87]。

层次分析法的基本过程是:把复杂问题逐级分解成多个子问题,也可称为元素,按所属或者支配关系将这些元素分组,使之形成有序的递阶层次结构。通过两两比较,判断各层次中诸元素的相对重要性,并进行进一步的一系列计算,从而获得各层元素各自的权重。再针对最后一层元素,两两比较解决问题的各方案权重。层次分析法的基本步骤可以分为:

(1)明确问题,建立层次结构是层次分析法中最重要的一步。根据对问题的了解和初步分析,把复杂问题分解成元素的组合部分,把这些元素按属性不同分成若干组,已形成不同层次。层次数与问题的复杂程度和所需要分析的详细程度有关。每一层次中的元素一般不超过 9 个,因为同一层次中包含数目过多的元素会给两两比较判断带来困难。

(2)构造两两比较的判断矩阵。在建立递阶层次结构以后,上下层之间的隶属关系就被确定了。假设上一层的元素作为准则,对下一层的元素有支配关系,那么目标是在准则之下按它们相对重要性赋予下一层元素相应的权重。对于大多数社会经济问题,特别是对于人的判断起重要作用的问题,直接得到这些元素的权重并不容易,往往需要通过适当的方法导出它们的权重。层次分析法多用的是两两比较的方法。

(3)各元素相对权重的计算。

(4)判断矩阵一致性的检验。

2.3.3.3 模糊综合评判方法[88]

所谓模糊概念是指边界不清楚,即质上没有确切含义,量上没有明确的界限。这种模糊不是人的主观认识不足,而是事物的一种客观属性,是事物的差异之间存在中间过渡的结果。在客观对象评判中,需要研究的变量有很多,而且错综复杂,既有确定的可循的变化规律,也有不确定的随机变化规律,所以既需要精确语言来表述,也需要模糊的语言来表述。模糊综合评判是根据专家给出的评价集合,通过模糊变换来对事物进行评价的方法。图书馆利用综合评判法对图书馆质量进行综合评价的步骤如下:

(1)确定因素论语。

(2)确定评价论语及其权重。

(3)确定单因素综合评判矩阵。

(4)确定综合评判模糊向量。

采用模糊综合评判法可以极大消降传统权数确定过程中的主观随意性成分,避免繁杂计算的错误,采用优序图法和模糊线性加权变换法确定因素权重集,能够较全面地反映评价对象的优劣程度,因而评价结果具有较好的客观性[89]。

2.3.3.4 SERVQUAL 法

对于服务质量的评价研究,塞随莫尔(Zeithaml)、贝利(Berry)、派瑞塞姆(Parasurama)三人在1988年最早提出的 SERVQUAL 模型被认为是适用于评价各类服务质量的典型方法。SERVQUAL 模型采用5大属性、21个指标用来对服务质量进行评价。这些指标使原本抽象的服务质量转化成具体的、看得见的质量。早在1985年,塞随莫尔等人就提出"顾客感知服务质量(Perceived Service Quality)"的高低取决于服务过程中顾客的感觉(Perception)与对服务的期望(Expectation)之间的差异程度,该理论成为进行服务质量研究的理论基础。SERVQUAL 法的服务质量5大属性受到国际服务质量研究专家的广泛认可,是一套应用于各类服务性机构的用户满意度测评体系,包括指标和方法。SERVQUAL 法5大属性:

(1)可靠性(Reliability)。可靠和准确地履行服务承诺的能力。

(2)反应/响应性(Responsiveness)。帮助顾客并提供即时的服务。

(3)保证性(Assurance)。使顾客感到可以信赖和信任,包括服务机构人员的知识、礼貌等。

(4)情感性/移情性(Empathy)。关心顾客,为顾客提供个性化服务。

(5)可感知性(Tangible)。服务机构利用实物,包括设施、设备、人员和文字材料给顾客留下的服务印象。

2.3.3.5 LibQUAL + 法

LibQUAL 法是 ARL(美国研究型图书馆联合会)对 SERVQUAL 进行"图书馆化"修正研究而形成的对于传统图书馆服务质量进行评价的体系方法。早在1999年12月,ARL 根据TEXAS 大学图书馆6年来对 SERVQUAL 的研究和实践经验,共同发起了"LibQUAL +"研究计划。"LibQUAL +"研究计划对不同大学图书馆作为一个读者调查为基础的大规模评价。其目的是克服 SERVQUAL 用于图书馆评价中所存在的不足,明确并建立一种最实用的图书馆服务质量评价方式,以评价、改进和提供图书馆的服务质量。

LibQUAL + 服务质量包括服务、图书馆整体环境、馆藏的获取、可靠性等4个层面。经过多次论证,LibQUAL + 的科学性、可靠性不断得到完善,2003年随着 LibQUAL + 计划的完成,一种更为标准化的以读者感知为基础的图书馆服务质量评级模式产生了,它不仅能客观、科学地衡量现代图书馆的作用和价值,其评价结果还能在不同图书馆之间做横向比较,从而推进图书馆事业的发展。

3 自建数字资源质量影响因素分析

3.1 图书馆自建数字资源内容

3.1.1 内容分类

3.1.1.1 学科分类

学科分类对象为某一主题或一组主题领域,按照不同的研究方式及其现象确定。学科分类根据其研究对象,明确学科的划分及其相互关系,确定每门学科在学科分类体系中的位置。学科分类各种具体应用,是以文献分类、行业分类等为基础[90]。

图书馆文献分类是以学科分类为基础,特别是在处理专门领域学科之间关系时尤其重要。图书馆自建数字资源是图书馆馆藏资源的组成部分,采用图书馆应用的学科分类,原则上一般采用《中国图书馆分类法》制定。《中国图书馆分类法》是新中国成立后编制出版的一部具有代表性的大型综合性分类法,是当今国内图书馆使用最广泛的分类法体系,简称《中图法》[91]。自建数字资源按照《中图法》可分为22个大类,其中包括马克思主义、列宁主义、毛泽东思想、邓小平理论类,哲学、宗教类,社会科学总论类,政治、法律类,军事类,经济类,文化、科学、教育、体育类,语言、文字类,文学类,艺术类,历史、地理类,自然科学总论类,数理科学和化学类,生物科学类,天文学、地球科学类,医药、卫生类,工业技术类,农业科学类,交通运输类,航空、航天类,环境科学、安全科学类和综合性图书类。

自建数字资源内容采用学科分类法,比主题分类法有更大的容量,这种分类系统可细化到三级学科,具有很大的深度。科学的分类体系,是图书馆提供文献研究和内容服务的保障。图书馆以学科为单位向服务学科提供更多的专业性更强的数字资源。除了提供专业性的数据库、专业信息导航之外,还提供学科介绍、学科动态、重要人物、会议通知、核心期刊、精品课程、课堂服务、参考咨询的学科资料库等多项特色服务信息。

3.1.1.2 主题分类

主题分类法的特征是一个主题充当一个类目,类目像主题词表一样按字顺排列,而不是以逻辑顺序排列。一个类目又可分为若干细目,同位类的细目也是按字顺排列,这种分类法实质上是分类法和主题法互相融合的产物。自建数字资源数据内容庞杂,主题分类目录选取专业、热点事物,如文化、社会、历史、教育、健康等。主题分类法一般设置主题类目层次多为四级。最末一级就是列成表的超文本链接点,每个链接点对应内容简要介绍。主题分类法的优点是以事物分类,和此事物相关的内容全部集中在一起,这种分类法以事物为纲,而不以学科为纲,适应交叉学科的主题。

3.1.1.3 时空分类

图书馆数字资源内容从纵向和横向两个方面分析,可覆盖时域、空间两个范畴。纵向上资源时间指馆藏信息资源按出版时间或公布时间划分的层次结构,用以反映人类科学文化知识的源远流长、继承发展的纵向关系,也是图书馆馆藏系统性的反映。按照时代划分,形成了古典文献、近代文献、现代文献与当代文献。横向上资源内容包含多地域多地区的文献信息,随着社会发展、地域迁徙变化,在自建数字资源内容组织中,地域分类将成为研究地方历史发展的主要知识点。

3.1.1.4 专题文献分类

根据文献类别和自建数字资源内容,图书馆可以组织各种专题数字资源集合。图书馆从用户切入点,开展深层次的专题服务,变被动服务为主动服务,提高图书馆的服务能力和水平,促进图书馆发展。国家图书馆以专题文献分类方式,建设自建数字资源项目,如地方文献、文津讲坛、甲骨、金石拓片、民国法律等专题数字资源。专题文献分类专指度高,因而具有较高的查准率,但要提高专题文献的容量,需要进行全面分析,保障专题文献资源建设进度,才能获得良好的效果。

3.1.2 内容质量

自建数字资源依赖于资源内容的质量,因为用户最关注的就是资源内容。因此,影响自建数字资源质量的因素主要有权威性、规范性、合理性、独特性、可持续性几个方面。

3.1.2.1 权威性

资源的权威性是指资源具有较高的学术水平和较高的知名度,在本学科领域内具有一定的影响力。资源的权威性是评价资源质量优劣的基本要求,是资源内容准确性和客观性的基本保障。数字资源是否具有权威性可以通过源文献来判定。如某一学科领域的专家因具有多年的研究经验与造诣,发表的专业领域作品;一些专业的出版机构出版的作品。图书馆通过文献内容遴选、甄别,有选择地组织自建数字资源建设,以保障数字资源内容的权威性。

3.1.2.2 规范性

资源的规范性是指数字资源的创建、描述、组织应遵循相关的标准规范。资源内容创建的标准规范涉及内容编码、内容对象格式、内容对象标识等方面;资源内容描述的标准规范涉及元数据的标引与格式。资源内容组织的标准规范是对数字资源的描述以及对组织整合过程本身的描述,由于数字对象可能按照一定的主题、资源类型、用户范围、生成过程、使用管理范围等因素被组织在一起,形成实际使用的馆藏集合。

3.1.2.3 合理性

资源的合理性是指数字资源内容和利用方式要限定在法定要求范围之内。资源内容选择倾向于具有优秀文化传承,科学研究价值较高的资源,在资源服务利用过程中,图书馆对部分资源本身只有资源内容的使用权,而无内容的所有权。版权问题是影响资源内容的一个因素,没有版权意味着对自建数字资源缺乏强有力的内容控制。

3.1.2.4 独特性

资源的独特性是指数字资源内容具有独特的风格和特点,并有一定的代表性。如国家图书馆自建的数字善本资源,其内容为 1795 年以前书写或印刷的古代书籍,具有历史文物性、学术资料性和艺术代表性,体现了资源具有一定时期和地域范围特点的独特性。同时国家图书馆馆藏的数字善本资源其内容上较为完整,对比其他省市级图书馆具有一定的资源优势,也体现了该资源的独特性。不同主题的资源内容,也体现着独特性。如国家图书馆征集资源中青海民族歌舞、长沙大传说等,都具有当地的民族文化特色,其数字资源也体现着独特性。

3.1.2.5　可持续性

资源的可持续性是指数字资源可长久地维持当前状态并能够满足未来用户的需求和使用。资源内容应记录某一时期、某一地域具有代表性的资源信息集合,如数字敦煌遗书,满足未来查询该时期或地域相关信息的需求,同时也实现该资源的可持续性建设,不断记录与更新。资源组织建设中尽可能完整地描述资源内容特征,方便未来对资源内容的深度开发,以新的表现形式为用户提供服务,实现资源内容的可持续发展。

3.2　图书馆自建数字资源表现形式

自建数字资源结构分析是对图书馆现有数字馆藏收藏体系所具有的各个属性进行考察、做出评价的过程。对自建数字资源数量、载体形态、媒体类型、馆藏级别、语种结构、时间结构、来源结构、传播结构的综合分析和总体评价[92][93][94]。

3.2.1　数字资源类型

3.2.1.1　文献载体类型

文献载体结构是指图书馆馆藏中记录于不同介质的文献资源的构成状况。按照文献载体的发展历史,可以划分为刻写型载体、印刷型载体和感应型载体。由于载体形式的不同,形成了甲骨文献、纸质文献、缩微文献、视听文献等馆藏传统文献。图书馆自建数字资源是传统文献经数字化转换后形成的,从文献载体构成比例来看,纸质文献、缩微文献、视听文献组成了图书馆自建数字资源的三大主体载体类型,以图书、报刊、学位论文为代表的纸质文献占据了自建数字馆藏的大多数,缩微文献所占比例基本保持稳定,视听文献所占比重逐步增加。

自建数字资源的载体构成受传统文献馆藏规模和数字资源建设规划的影响。纸质文献在数字馆藏中所占比例较高,与传统馆藏中纸质文献数量庞大有关。另外,数字资源建设规划也一定程度上影响了文献载体构成。由于自建数字资源的建设速度与馆藏纸本文献的增长量不平衡,长此以往将会影响自建数字资源的文献载体构成。

文献载体类型体现着图书馆自建数字资源结构的多样性,图书馆应根据馆藏发展情况,统筹考虑数字文献与传统文献的相互协调,统筹考虑不同载体文献的共存互补,合理调整资源建设规划,保证自建数字资源持续稳定发展。

3.2.1.2　数字对象媒体类型

数字资源指以数字化的形式,将文字、图像、声音、动画等多种形式的信息存储在光、磁等非纸质载体中,以光信号、电信号的形式传输,并通过计算机和其他外部设备再现出来的信息资源。按照数字资源存储信息的形式,可以划分为文本型、图像型、音频型、视频型和复合型。

在自建数字资源中图像型资源所占比例较高,这与文献数字化中广泛使用的扫描、拍照技术有关。文本型资源也是自建数字资源的主要类型,由于其可实现基于内容的知识发现,在检索领域具有图像型资源不可比拟的优势。音频型和视频型资源伴随多媒体技术的出现迅速发展,受到了越来越多用户的关注,随着音视频技术的不断提升,发展前景可观。复合型资源是一个数字资源的复合体,包含了不同类型(文本、图像、音频、视频)的数字资源,现阶段复合型资源所占比重较小。

图书馆自建数字资源类型多样、格式复杂、信息量大,图书馆应针对不同类型的数字资源提出相应对策,加强不同类型自建数字资源的建设工作,建立多样化的数字资源类型结构,满足用户不断增长的多元化需求。

3.2.1.3 数字馆藏级别

馆藏级别是图书馆根据信息内容的水平程度及读者需求的不同层次,划分出的若干层次的收藏级别,它是图书馆馆藏结构的基本框架。数字资源的馆藏级别一般划分为长期保存级(Archives)、复制加工级(Process)和发布服务级(Service)。长期保存级用于数字文献的保存及必要时的出版印刷,不用于发布服务,可作为格式转换和复制的母本。复制加工级具有较高的质量,是加工复制各种精度、大小的数字资源的母本文献,供专家、合作伙伴及专门组织成员通过网络进行有权限的访问。发布服务级用以提供普通读者通过网络浏览[95]。对于图书馆自建数字资源来说,各个馆藏级别间应保持平衡,协调发展,还需注意长期保存级资源的存档和永久使用,保障资源的可持续性发展。

3.2.1.4 数字资源类型统计方式

数字资源数量包括总数量和增长量,体现了图书馆馆藏资源的建设规模和服务能力,其中总量用于说明资源的总体建设与服务规模,增量体现资源的持续建设和服务能力。自建数字资源数量既可以通过数字文献的入藏数量计量,也可以通过数字馆藏占用的物理存储空间体现。由于自建数字资源存储格式多样、应用级别各有不同,还可以从资源对象类型、馆藏级别、建设方式、时间结构等多角度细分。

图书馆数字资源的复杂性决定了数字文献的计量单位各有不同,数字资源类型统计应从"数字文献"角度出发考虑评价对象。可参考《图书馆数字资源统计标准和应用指南》中的"自建数字文献"的统计原理,但不需要在指标的评价方法中具体说明统计方法。自建数字资源统计和评价时可能用到"内容单元"的概念。内容单元是数字文献的基本粒度,GB 13191—2009 对其定义是计算机处理的已出版作品的唯一可识别文本、图片或视听单元,这些已出版的作品可能是其他已出版作品的全文或者摘要形式。内容单元一般对应文献"种""册""篇""幅"(图片)等层级的文献,不细化到章节、页的程度。在数字资源类型中,图书类一般以种、册作为主要计量单位;图片类一般以幅、张作为主要计量单位;视听类一般以小时、首、部作为主要计量单位。数字资源的存储容量采用"字节"作为基本计量单位。

3.2.2 数字资源结构

3.2.2.1 语种结构

语种结构指馆藏中各语种的文献信息的构成状况,反映图书馆对文献信息覆盖的程度,也反映馆藏水平和对用户多方面需求的满足程度。根据文献记录所用的文字不同,形成了汉文文献、少数民族语文文献或外文文献等。在国家图书馆自建数字资源中,中文资源规模庞大,其中汉语文献占主要部分,少数民族语文文献所占比例较小且主要集中在藏、蒙、维吾尔、哈萨克 4 个语种。相对于海量的中文资源,外文资源在图书馆自建数字资源中所占比例极小,但其中不乏极具特色的馆藏资源,国家图书馆从数百万册外文藏书中精选出的精美的西文藏书票便是典型代表。

语种结构体现了馆藏资源收录范围的全面性和广泛性,图书馆应重视与加强自建数字资源语种结构的合理性,有重点、有计划地收录本国与外国语言、本民族与外来民族语言、过去与现在的文字。

3.2.2.2 来源结构

图书馆自建数字资源主要来源于特色馆藏资源数字化。特色馆藏是图书馆在文献收集过程中逐渐形成的具有独特性的信息资源,在图书馆馆藏中占有重要地位。在此基础上开展的文献数字化既有利于保护馆藏传统文献,又提高了资源的利用率、扩大了资源的影响范围。为了更好地实现特色馆藏数字资源共享,2010 年启动了全国图书馆数字资源征集项目,广泛征集全国公共图书馆的特色数字资源,截至 2013 年 12 月,共有 44 家单位的 179 种资源包完成上网发布,资源内容涵盖地方志、家谱、民国文献、老照片、专题视频资料、少数民族资源、少年儿童资源、历史文化、科普动漫等 13 个主题,极大地丰富了国家数字图书馆的资源内容,实现了全国范围内的数字资源共享。

近年来,随着国际合作的加强和文化交流的日益频繁,以受赠、交换或合作形式建设的数字资源越来越多,日本东京大学东洋文化研究所藏中文古籍、美国犹他家谱学会所藏家谱资源、美国哈佛大学哈佛燕京图书馆馆藏中文善本古籍等一批珍稀文献通过数字化形式回归,有效地促进了海内外中文古籍的研究与利用,也是对中华典籍文化传播方式的革新。

3.2.2.3 传播结构

随着通信技术的飞速发展,用户接收信息资源的渠道呈现多样化,不同的媒介终端具有不同的传播特性和效果。图书馆作为数字资源的传播者,需要根据不同用户类型和传播模式,结合自建数字资源的特点,设计不同的传播结构。

按照用户群体的不同可以划分为立法决策、科学研究人员、普通读者、少数民族、少年儿童、残障人士。针对这 6 类人群的不同特点,图书馆应考虑推送更具针对性的数字资源。按照传播渠道的不同可以分为互联网、移动通信网和广播电视网。在三网融合的环境下,图书馆信息服务渠道日益增多,平板电脑、智能手机、数字电视都成为自建数字资源传输与交流的平台。

图书馆信息资源的传播模式由单向传播到双向互动,提高了自建数字资源的传播效率,增强了资源推送的针对性、便捷性和时效性。

3.2.2.4 版权结构

图书馆馆藏资源的版权状态大体上可分为公有领域作品、不确定是否进入公有领域(介于进入公有领域的时间段,但无法确定是否进入公有领域,下文暂称"类公有领域作品")、版权保护期内作品、权利人不明作品和权利人下落不明的作品。

作品版权状态不同,利用范围和限制不同。对能够确定进入公有领域的作品,可以无忧利用;对类公有领域的作品,可以依著作权法"合理使用"条款进行长期保存,并推出目录、文摘等服务;对能查找到权利人的版权保护期内作品,需要先获权再利用;对权利人身份不明的作品,可以作为原件合法所有人行使除署名权以外的权利;对权利人下落不明的作品,应当慎用,如确需利用,也要选择充分进行勤勉查找、责任风险较小的作品进行利用。具体情形见表 4-1 作品利用方式对比表。

因此,辨明资源的版权状态是合理、合法利用资源的必经之路,也是全盘整合馆藏资源的前提。

表 3 - 1 作品利用方式对比表

作品类型 \ 利用方式	局域网	互联网	印刷	数据库	交换补藏
公有领域作品	可利用	可利用	可利用	可利用	可利用
类公有领域作品	可利用	不可用,风险大,确定进入公有领域后再利用	不可用,风险大,确定进入公有领域后再利用	不可用,风险大,确定进入公有领域后再利用	可利用其中的濒危作品
权利人明确并找到	可利用	先获权后利用	先获权后利用	先获权后利用	先获权后利用
权利人不明确(著作权法实施条例规定的"作者身份不明的作品")	可利用	可利用,需证明本馆合法所有原件,且勤勉寻找权利人无果。公益行使除署名权以外的著作权	可利用,需证明本馆合法所有原件,且勤勉寻找权利人无果。公益行使除署名权以外的著作权	可利用,需证明本馆合法所有原件,且勤勉寻找权利人无果。公益行使除署名权以外的著作权	可利用,需证明本馆合法所有原件,且勤勉寻找权利人无果。公益行使除署名权以外的著作权
权利人身份确定,但下落不明	可利用	可利用,需证明勤勉寻找无果,公益利用,权利人出现后需补偿	可利用,需证明勤勉寻找无果,公益利用,权利人出现后需补偿	可利用,需证明勤勉寻找无果,公益利用,权利人出现后需补偿	可利用,需证明勤勉寻找无果,公益利用,权利人出现后需补偿

3.3　图书馆自建数字资源利用服务

数字资源以类别特征作为组织信息,以学科、主题等分类标识作为检索符号,按标识性质对检索内容做信息排列,为用户提供信息服务。数字资源的价值是潜在的,只有通过利用才能得以体现,而使用后产生的效益又是预期的,难以测定。遵从"以用户为中心"的指导思想,从图书馆自身利用、读者利用的效果以及满足利用需求的角度出发讨论自建数字资源的质量,才具有现实意义。

3.3.1　利用范围

图书馆自建数字资源内容质量和属性决定可提供资源的利用范围。利用范围即为图书馆可以提供自建数字资源服务的范围,有助于提高图书馆自建数字资源服务的能力和广度。图书馆用户按用户类型可划分为个人用户与机构用户、实名用户与非注册用户、到馆用户与互联网用户等,图书馆按用户类型,根据数字资源权限提供不同层面的数字资源内容服务。利用范围中还包括地域划分,由于我国各地区发展不平衡,东、西部地区、城市、乡村偏远地区网络技术环境的差异性,根据不同情况,图书馆应考虑提供相应的数字资源服务方式,保障数字资源的可用性。

3.3.2 服务模式

3.3.2.1 主动服务

图书馆数字资源的服务模式具有多方位扩展功能,其资源丰富,具有开放性、多样性和知识密集性等特点。数字图书馆数字资源服务模式从被动资源服务方式开始转变为主动的资源服务方式。信息技术以及信息环境的不断发展与革新,对于用户的信息资源需求以及资源利用行为都产生了深刻影响,呈现多样化、多元化、多层次等特点。所以,用户希望图书馆能够根据自己的需求主动提供资源服务;同时,数字图书馆资源服务人员意识到如何有效利用数字资源的重要性,采取行之有效的主动服务模式为用户提供信息服务,是数字图书馆实现自身价值、提高服务能力的关键。以"资源为主"的图书馆主动服务模式有利于提高服务质量,促进图书馆的发展。首先,图书馆数字资源服务模式的创新将带动数字资源的更新和稳定,新的内容将不断出现,图书馆资源将体现出强大的生命力,在无形中提高了资源服务的质量。

3.3.2.2 个性化服务

图书馆遵循著作权相关法律规定,为广大社会公众以及未成年人、残障人士、特殊人群提供多样化、个性化的数字资源服务。通过互联网、移动、数字电视、专网以及文献传递等方式为图书馆读者卡用户、实名认证读者、非实名认证读者以及特殊用户提供资源服务。图书馆个性化服务,一是突出学科性、专业性,有针对、有侧重、有选择、有系统地收集具有独特专业个性的重点学科或专题的数字资源,并要认真做好数据完整性保存;二是创建个性化服务品牌。图书馆不断寻求自主开发具有自己特色的个性化服务,采取多种方式了解用户的想法、主动跟踪相关学科的研究进展、研究热点、发展方向,不断开拓信息服务功能,努力开发出多种类型、多种形式的特色资源,保证信息的高质量和实用价值,打造图书馆服务的品牌,如图书馆特色文献、历史专著、专题资源、网络资源导航、多媒体数据库、其他资料数据库等。

3.3.2.3 资源整合服务

资源整合充分反映出用户对于资源的质和量的判断,是价值感知的关键因素。数字资源整合是数字资源优化组合的一种存在状态,依据一定的需要对各个相对独立关系进行融合、聚类和重组,重新结合为一个新的有机整体,形成一个效能更好、效率更高的数字资源体系[96]。根据资源的内容特征,整合方法可分为元数据整合法、主题整合法和分类整合法。元数据整合法是通过描述数字资源的内容特征,并选用一定数量的元素来描述数字资源的检索特征,进而实现资源的组织、分类与索引。主题整合法是依据资源的主题概念及特征来整合资源的方法。该方法以关键词、主题词、标题等作为表示,直接面向具体概念、事实和对象,进而实现资源的整合与信息检索。分类整合法是按照一定的学科或体系范畴,以宏观的角度依据资源的类别特征来整合资源的方法。该方法将资源按学科性质分门别类,并以学科作为检索标识,给人一种良好的层次性和系统性,方便用户检索。

3.3.2.4 资源长期保存

数字资源在经过长时间之后,即使原有环境发生变化,仍然能够被相应的目标群体访问和理解,确保授权用户能够准确定位、存取、理解、长期保存系统中已保存的数字资源。

由于数字资源长期保存系统复杂、多样,不易做出评价,所以关键是慎重定义保存系统中信息的本质及它是如何运用的。影响长期保存的因素有:

（1）资源管理。数字资源长期保存系统的一个主要目的是对保存资源的管理，主要是指资源的提交、评价、组织和版本转换等相关问题。同时也包括检索与浏览等功能，如元数据搜索、全文检索、目录浏览等。另外，系统需要支持各种常用的长期保存格式编码，如影像（TIFF、JPEG、PDF）、文本（如WORD、XML）、音频（如MP3、WAVE）、视频（MPEF2、MPEG4、WMV、AVI）等。

（2）用户界面。用户界面要求界面的友好性与灵活性，以实现数字资源长期保存多维用户的需求。

（3）用户管理。这方面设计要求通过关注用户需要管理与改善相应的功能。如需要通过密码认证、IP限定等访问相应内容。另外，在保证用户隐私的前提下了解用户的使用模式及用户反馈，这样基于反馈分析可以更好地了解用户需求。

（4）系统管理。系统管理主要指系统软件的相应后台维护。如自动化工具包括自动化资源获取、元数据的自动生成、过期格式检测、资源完整性检测等功能，这样能使维护工作变得相对容易。同时，数字资源长期保存系统需要支持不同格式的存储标准与文件识别，这样可以保证数字资源的迁移不受限制。

（5）可持续性要求：这方面设计要求系统的整体架构应具备处理海量信息资源的能力和良好的扩展能力，避免由于系统功能和性能出现瓶颈，整个系统出现重新改造，数据大量迁移和调整的现象。如可考虑采用灵活的构架设计，有效结合SOA（Service-Oriented Architecture）技术、集群技术等技术手段，保证整个系统架构中的各个环节无论是从容量上还是从性能上都具备无限扩展的能力，以达到系统规模的可持续性是非常重要的。

（6）可信性要求：数字资源长期的可信性，涉及保证数字资源的生存能力、可呈现能力和可理解能力。数字资源的生存能力是指保持完整的数字位流文件；可呈现能力是指具有将数字位流文件转换成人或机器可读取的记录资源；可理解能力是指保存的资源可以被用户群体所理解。系统评价主要从微观技术层面考虑，如对相关的元数据、数字格式与处理方式的信息，关于编码、格式、标记、结构、压缩、加密的数据，内容校验、版本演变、知识产权管理等数据的管理。

（7）其他要求。数字图书馆需要与相关的其他系统之间能够互操作。这就允许每个系统遵循相应的协议，如Z39.50和OAI-PMH。此外，数字资源长期保存系统必须符合已经确立的数字资源长期保存标准和策略。最后，数字图书馆还需要为管理员和开发商提供相应机制，通过这些机制可以获得系统的支持和帮助。

3.3.2.5 用户培训服务

数字资源利用的用户培训是从用户的角度出发，旨在引导和帮助读者学习并更好地使用数字资源。可根据年龄段、受教育程度、职业分布、专业分布、外语水平、计算机和网络应用能力等用户特征进行分类。同一自建数字资源针对不同的用户进行培训，培训内容选择不同，培训效果也不尽相同。培训主题应丰富，尽量全面覆盖各类用户的需求。科学的内容体系需满足全面性原则、系统性原则、层次性原则。随着计算机网络技术的发展和新媒体科技的广泛应用，培训方式也从早期单一的现场授课方式逐步转变为图书馆导引、现场集中授课、互联网终端培训、远程培训、数字电视培训等多种方式并存的状态。培训方式的丰富无疑使自建数字资源的培训工作事半功倍。

3.3.3　利用效果的影响

图书馆作为提供数字信息服务的重要机构,数字资源建设与利用成为其重要工作,在图书馆信息资源保障体系中具有举足轻重的地位,其资源的丰裕程度和服务水平的高低将直接影响图书馆发展水平。自建资源的利用受到多种因素的综合影响。对此,不同学者从多种角度进行了分析和论证。主要包括基于用户感知价值的数字资源丰裕度、新技术运用、资源整合力度等诸多方面的因素。

3.3.3.1　数字资源统一化建设

在传统的图书馆管理思想影响下,图书馆数字资源建设盲目追求大而全,以藏或占有资源为主导,在这种情况下自建数字资源方面缺乏统一规划与技术标准、难以开发出规范化的产品,造成有效资源供给不足,而又有大量的信息资源闲置、浪费的局面。建设数字资源需要科学规划并在一定技术与标准支撑下,才能保证信息采集、信息加工、信息处理、信息存储和信息发布等工作的完成,提高数字资源建设的质量。现阶段数字资源建设所需要的技术主要包括数字转化技术、数字加工技术、数字压缩技术、数字存储技术和数字对象唯一标识符技术。

3.3.3.2　数字资源易用性

数字资源的易用性是指能够满足用户多样化的获取需要,并通过快捷灵活的方式提高用户利用数字资源的效率。包括以下方面:

（1）查全率和查准率

查全率和查准率是信息检索领域内的概念,用于反映系统的检索效果。查准率指检出的相关文献与检出的全部文献的百分比。查全率是检出的相关文献与全部相关文献的百分比。目前关于查全率和查准率关系的研究很多,但很难同时让两个要素都令人满意。自建资源投入使用后,资源系统已基本确定,更多的是希望以花费尽可能少的经费来获得用户信息需求的最佳效果。这就需要在满足用户信息需求的基础上,最大限度地提高信息检索的查准率,而一定程度上也要兼顾查全率。

（2）数字资源关联方式

图书馆对数字资源设置链接的方式也影响着用户利用数字资源的情况。图书馆是否设置了数据库的快速链接,使用户能够直接通过图书馆主站找到所需数据库资源,是对数字资源易用性考察的指标之一。

（3）并发用户限制

数字资源系统出于多种考虑设置了并发用户的限制。并发用户是指在同一时间只有固定数量的用户能够登录数据库,超出数量之外的用户则无法同时登录,这在数字资源使用的高峰期会限制部分用户的正常使用,限制了资源库的易用性功能。

（4）检索时间和响应速率

资源服务系统的性能,与系统配置和资源的加工、组织方式相关。检索时间与资源的检索点设立、资源库的使用说明关系密切,如资源库未将某重要的主题词设为检索点,则用户查找相关资源时将走很多弯路、很多操作,花费相当多时间才能找到所需资源,更有甚者可能消耗大量时间也未必能找到目标资源。响应速率是用户提出请求后,系统返回检索结果的时间。资源的组织方式影响其响应速率。

3.3.3.3 数字资源更新与维护

数字资源更新率是一个资源库建成并投入使用后,对原有内容的更新速率,同时伴随功能调整。对于自建资源库来说,针对某主题或响应某事件短期建设的资源,很少进行更新;但大多数的自建资源项目属持续性建设项目,按照项目的加工周期定期更新数据。数据更新的时间间隔和更新的数据量能体现项目的成长情况。自建数字资源安全维护与自建数字资源使用系统的物理安全、网络安全、数据库安全及安全管理息息相关。要保证文献资源的安全,就要从这四个方面对图书馆文献信息资源的安全提出相应的对策。

3.3.3.4 用户满意度

用户满意度作为图书馆服务质量的衡量指标从20世纪90年代被引入到图书馆领域。用户满意度是用户自身的一种内心感受和主观评价,是用户对所接受的有形产品和无形服务感到满意的一种状态。用户接受产品或服务时的实际感受与之前所抱期望之间的差距决定了满意程度的大小。满意度一方面体现了用户对产品或服务的满意程度,另一方面也反映出产品或服务的提供部门为满足用户需求所做努力的成效。

对用户满意度的研究主要围绕图书馆员的行为、图书馆员的能力,图书馆的资源,图书馆员的响应度和图书馆设施等方面来进行。也可从服务角度划分,如人员服务、检索系统易用性、资源取得便利性、检索设备服务、资源参考服务。总而言之,提高用户的满意度就是要想尽一切办法,以用户为中心,以用户需求为导向,尽可能地让用户感知到满意。

3.4 图书馆自建数字资源建设保障

数字资源可持续利用受到诸多因素的影响,有来自图书馆层面的,有来自数据系统层面的。

3.4.1 经费制约

数字资源在最初开始建设时需要大量的资金投入。为了确保资源建设的连续性和规模性,为保证数字资源的可持续利用,就必须首先保证数字资源的可持续发展,而要保证数字资源的可持续发展,就必须保证数字资源建设经费相应地维持或适度增长。然而,除了一些国家及省市级大型图书馆,我国大多数图书馆还没有建立有效的经费保障机制,有些图书馆每年经费几乎不增加,甚至在某个年份还会被削减。在这种状况下,图书馆要保证数字资源的可持续利用,就受到根本性的制约。

3.4.2 系统完备性

一般而言,自建类数据库需要将数据和检索系统存储于本地服务器中,这就需要图书馆配备相应的存储和配套设备,而且必须考虑到这些物理设备的使用安全期限和更新问题。如果物理设备超期服役或超负荷运转,存储资源的安全性和持续利用问题则很难得到保障。

3.4.3 数据安全

随着数字资源的应用和普及,人们也逐渐发现数字技术并非十全十美:首先,网络系统存在安全隐患,黑客攻击、病毒感染、信息盗窃等造成信息丢失、系统瘫痪等情况时有发生;其次,数字化存储设备存在一定的安全风险,如硬盘、光盘、磁盘等数字信息保存的物理载体,在保存过程中容易受到震动、辐射、火灾、潮湿、老化等因素的影响,导致设备损坏,数据丢失;最后,数字化的信息具有可修改性,无法保证与原件信息的一致性和真实性。这些安全问题,也是影响数字资源建设和使用的重要因素之一。

3.4.4 队伍建设

目前,图书馆存在着部分读者对现代化信息技术掌握不好、文献信息检索知识和检索技能较低等问题。缺乏检索技巧直接影响到检索结果的查全率和查准率,进而影响读者使用数字资源的热情,降低图书馆数字资源的使用率。另外,现代图书馆要求图书馆员应成为信息资源的管理者、组织者、传播者和导航者,而普通高校图书馆部分馆员自身知识结构不能满足信息时代的需求,使得图书馆开展的数字资源文献服务不能很好地与科研需求相对接,一些高层次的信息服务工作无法全面开展[97]。

数字化资源的可持续利用,一方面是数字资源自身的可持续利用,另一方面是使用对象即读者的信息交互能力,即是否具备持续利用数字资源的能力。受专业限制,绝大多数读者很难通过自身努力获取这些能力,这就要求图书馆加强读者培训,提高读者的信息素养水平。但目前在一些中小型图书馆里,能够承担培训任务、具备数字资源检索知识的馆员还相对缺乏[98]。图书馆人才队伍建设,也是影响数字资源使用的重要因素之一。

4 自建数字资源质量评价体系构建方法

自建数字资源是数字图书馆发展过程中产生的数字馆藏,自建数字资源质量评价对数字图书馆可持续发展具有重要作用。由于数字图书馆数字资源的复杂性,自建数字资源的特殊性,目前,图书馆界还没有一套可运用的指标体系。经过多年的研究与探讨,尽管对数字资源的内涵已经达成了共识,但关于图书馆自建数字资源质量的评价理论、方法和指标体系尚处于研究发展阶段。建立衡量自建数字资源的发展,构建科学的自建数字资源质量指标体系框架,实施质量评价工作,为科学决策提供理论支撑,为自建数字资源实践提供科学指导,对推动自建数字资源发展具有现实的指导意义。

4.1 指标与指标体系的一般理论

4.1.1 指标的内涵

指标内涵是评价客体的特征属性,它揭示反映评价客体某方面的内容特征。一般我们所研究的社会现象客体内容往往是复杂的、多方面的,因此需要确定若干概念以概括评价客体的内容特征,在概念指标化过程中,需要确定指标概念的内容特征,说明一个简单的事实。把若干有联系的指标结合在一起,就可以从多方面认识和说明一个比较复杂现象的许多特征及其规律性[99]。在概念指标化过程中,应尽量避免各指标间内涵内容的交叉和重叠,使各指标间内容的关联程度尽量地小,这是保证指标体系可靠性的重要条件。

由此可见,如果用指标认识和说明所研究现象的特征,就必须把反映总体现象的特定概念和具体数值结合起来。依据指标名称所反映的内容,通过统计工作所获得的统计数字,就是指标数值。因此,指标是质与量的结合与统一。

4.1.2 科学指标的基本评价标准

指标是反映某种社会现象数量特征的概念和数值。指标既规定了指标指示和反映的内容,也规定了指标内容的具体范围。若指标概念不科学,根据不科学的指标概念而得到的指标实际观测值,即使数值再准确,也是没有多大意义的。相反,根据科学的指标概念而得到的指标观测值,即使不很准确,经过调整后仍可使用。可见指标的评价中,指标概念的科学性是根本,指标数值的准确性是保证。科学的指标概念和准确的指标数值,是指标理论研究和实际工作中追求的目标。

根据指标的这个特点,指标的研究者提出科学指标的两个基本评价标准:一是指标的有效性,又称指标效度,它描述的是指标概念是否反映了它们所应该反映的事物,即指标概念与所反映现象内容的一致性。另一个是指标的可靠性,又称指标的信度,它描述的是指标值重复观测结果的一致性特征。具体来说,就是指标值的准确性。

影响指标的有效性,除了指标概念本身的内在规定性,还受到指标数量化过程中的一些人为因素的影响,比如个人偏见、知识水平、责任心等,都会影响指标的有效性。因此发现和消除误差,必须经过经验的定性分析,以消除各种重要影响因素。影响指标的可靠性,主要是指标数量化过程中的随机性因素而造成的指标随机性误差。当前利用统计学对指标可靠性检验方面已发展了比较成熟的方法。指标的有效性是可靠性的基础和前提,指标的可靠性是有效性的保障。在实际评价中指标的有效性与可靠性相辅相成,缺一不可。这样才能发挥指标的应有作用[100]。

4.1.3 指标体系的概念及其特征

指标不是一个一个孤立地存在着,它是作为一个体系建立起来并发挥作用。因此,编制评价指标体系要从评价目的出发,首先确定评价的内容对象,然后根据评价对象内容进行编制。

"体系"的一般含义是:一个由某种有规则的相互作用和相互依赖的关系统一起来的事物的总体和集合体;一种由发展或事物的相互联系的性质所形成的各部分的自然结合或组织;一个有机的整体。评价指标体系是由一系列相互联系的评价对象指标所构成的、用于分析和评价的指标整体[101]。

指标体系具有以下几个显著的特征:

第一,目的性。任何指标体系的设计都是为了一定目的、一定需要服务的。因此,没有明确的目的,就难以设计出指标体系。

第二,理论性。指标体系的设计,都是以一定理论观点做指导的。理论观点不同,设计指标思想不一样,设计出来的指标体系就会有很大差异。

第三,科学性。指标体系的设计,应该符合客观实际、符合已被实践证明了的科学理论。一切不符合实际、不符合科学理论的设计,都不能算是科学的指标体系。

第四,系统性。指标的设计,应该是有层次性和内在联系的指标系统。指标可分为许多层次。但是不管层次多少,各指标之间和各层指标组之间,都应该具有内在联系,共同形成一个有机的系统。

4.2 自建数字资源质量评价指标体系的特性

对自建数字资源进行评价时,主要是根据自建数字资源生命周期特征确定评价指标。指标是反映资源生命周期中活动和管理的要素的数量概念和具体数值,是对事物现象、本质和效率的表征,可以为人们提供事物状态、进程和趋势的信息,提供描述、评价的框架。

按照系统论的观点,系统中各要素不是孤立地存在的,每个要素在系统中都处于一定的位置上,起着特定的作用。要素之间相互关联,构成了一个不可分割的整体。自建数字资源的要素是整体中的要素,如果将要素从系统整体中割离出来,它将失去要素的作用。自建数字资源评价指标体系本质上是自建数字资源发展条件的集合,是由若干相互联系、相互补充、具有层次性和结构性的要素(指标)组成的有机系列。

构建自建数字资源评价指标体系的指标,有直接从原始数据得来的基本性质指标,如自建数字建设数量与功能。有用来验证基本指标的利用能力和利用效果的验证指标,如服务、获取能力。还有作为系统支撑的保障指标,如安全和经费保障。使自建数字资源系统作为一个整体所具有的性质,将各要素之间相互联系。指标体系反映了自建数字资源加工质量、服务利用质量以及图书馆投入基础设施和管理水平的直接关系。

4.3 自建数字资源质量评价指标选取原则

图书馆开展自建数字资源建设是增强图书馆能力、实现持续发展的有效途径。图书馆自建数字资源发展,在实践中表现为建设发展、服务利用和管理保障的协调统一。建设发展是自建数字资源可持续发展的前提条件和物质基础,服务利用是自建数字资源的原动力,而管理保障则是促进自建数字资源开发和利用的支撑力。实现三者综合效益最大化是自建数字资源发展的目标。

自建数字资源的指标之间相互作用、相互关联。因此,需要用多个指标组成一个有机的整体,通过建立指标体系来描述自建数字资源的发展状况。构建自建数字资源质量评价指标体系,必须遵循以下原则:

(1)系统性原则

自建数字资源本身就具有系统性特征。质量评价指标体系中的各项指标既相互联系,又不能重叠,能够全面反映系统的完备性和功能性。

(2)实用性原则

建立指标体系是为了更好地指导图书馆自建数字资源实践活动,因此选取的指标应尽量实用,容易获得、易于量化,使得构建的指标体系具有较强的操作性。

(3)层次性原则

完整的指标体系由不同层次组成,在选择指标时应注意把握从整体到个体,从安全保障、标准规范到资源独特性、服务增值等不同层面反映资源状态和趋势,便于纵向分析、横向比较,及时发现问题,及时调整。

(4)定性与定量相结合原则

自建数字资源质检评价是一项十分复杂的工作,如果对指标逐一量化,缺乏科学依据,在实际操作过程中必须充分结合定性分析,因此定性指标不可少。

(5)通用性原则

指标体系的建立要具有良好的通用性,以便用于不同图书馆自建数字资源评价对象之间进行比较,不同的自建数字资源评价整体之间进行比较,不同的自建数字资源评价个体之间进行比较。

(6)稳定性和动态性原则

选择的评价指标在一定时期、一定范围不会发生重大的变动,保持指标体系的稳定性。同时,自建数字资源特征的差异性,反映的评价指标不能一成不变,因此指标选择要充分考虑评价对象特点做相应调整选择。

(7)相关性原则

单个指标不能作为自建资源质量的度量,任何一个指标都要结合其他指标来考虑。在指标的衡量上,通常一个指标是另一个指标的基础或互为补充。

4.4 自建数字资源质量评价指标体系层次结构

图书馆自建数字资源发展是一个综合性目标,涉及面广,既抽象又具体。根据系统论、控制论的基本原理,通过科学合理的分解、归纳和综合,采用层次分解方法构建图书馆自建数字资源质量评价指标体系,明确各类指标所处的地位和相互之间的内在关系。图书馆自建数字资源质量评价指标体系由三个层次构成,第一层为目标层,第二层为准则层,第三层为指标层。指标体系层次结构见图4-1。目标分若干个准则,准则下面分若干个指标,对指标进行重要性调查、分析后,得出分值。然后根据指标的分值得出准则分值,再根据各个准则的分值,计算出目标的得分。

基于分析,自建数字资源质量评价的目标、准则、指标以及验证因子之间,在概念上存在层次关系。

目标层:该层次只有一个元素,即自建数字资源质量。

准则层:这一层次中包括了实现自建数字资源质量评价所涉及的中间环节,由若干个层次组成,包括所考虑的准则,因此也称为准则层。准则可以整合指标提供的各种信息,可以看作知识的反映,并使描述性的评价具体化。

指标层:用于测定某一特定准则相关情况的任一变量或组分,指标表达一种"单一意义的消息",即信息。这里表示为自建数字资源质量评价可供选择的各种具体措施或方案。

指标验证是指某一指标的进一步详细说明或使其评价简便化的数据或信息。验证步骤,提供了表明或反映某一指标预期状态的特定详细情况,增加了指标的含义和精确性。

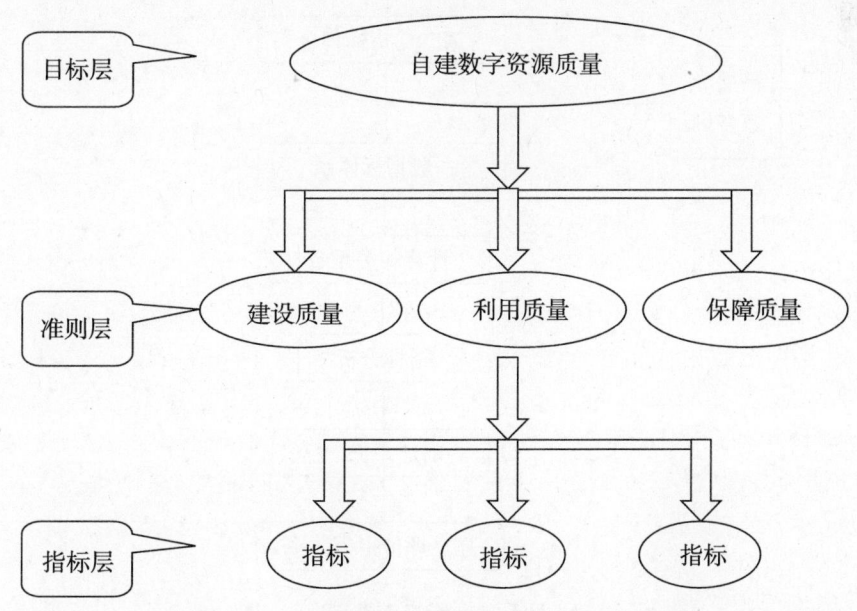

图4-1　自建数字资源质量评价指标体系层次结构

4.5 自建数字资源质量评价指标筛选步骤与方法

建立科学、合理的评价指标体系,关系到评价结果的正确性。目前研究数字图书馆相关评价指标体系,在评价指标的选择方面,存在以下两个方面的问题:一是注重评价指标体系的完备性,不断提出新指标,其结果是导致指标数量增多、种类增多;二是缺乏科学有效的指标筛选方法,大部分依靠评价者的主观经验选择指标,因此存在很大主观性,其结果是指标体系中存在指标重叠,最终影响了评价结果的准确性。在图书馆自建数字资源质量评价指标构建过程中,采用反复过滤产生法(Iterative Filtering and Generation Methods)筛选指标流程,同时采用频度统计方法、理论分析法和专家咨询法,设计如下具体程序与步骤。见图4-2。

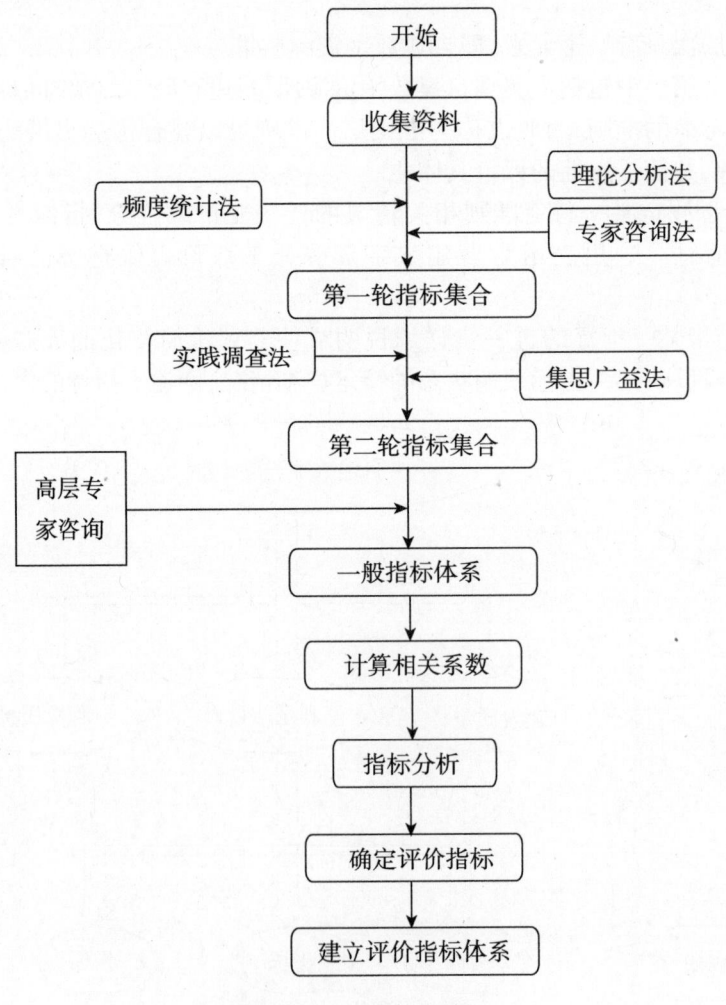

图4-2 指标筛选程序

采用反复过滤法和频度统计法对目前收集的现有国内外相关文献,进行频度统计和反复过滤,采取宁多勿缺的原则,选取那些使用频度较高的指标。

采用理论分析对图书馆自建数字资源质量的内涵、特征、基本要素、建设目的和功能,以及和图书馆基础条件、主要问题等进行比较、分析与综合,选取那些关键发展条件的和针对性比较强的指标。

在初步选出评价指标的基础上,采用专家咨询法,进一步征求专家意见,对指标进行调整。经过综合运用上述三种方法,形成第一轮指标集合。邀请图书馆领导、专家、工作人员,分三组,扩大范围进行指标意见征询。在介绍指标体系研究背景、各指标内涵和测量方法后,采用集思广益法,请调查对象根据自己的知识和经验对指标进行分析和综合评价,同时对指标的重要性进行描述,并对筛选的指标进行补充和归并。

通过前面一系列筛选指标的过程不难看出,在选择指标的决策过程中,由于不同岗位、不同关注度的调查对象取得对选择指标很难达成共识,如果没有一个逻辑清楚、结构合理的决策方法,必然导致决策混乱。为了达到最佳的决策选择,在决策过程中将首先评估与决策相关的每一个标准的重要性。本研究采用层次分析法(Analytic Hierarchy Process,简称AHP),将复杂的决策过程简化为决策因子相互之间的一系列简单的比较,通过综合比较结果来对指标进行最终筛选。

5 自建数字资源质量评价指标体系

　　自建数字资源质量评价是对图书馆自建数字资源建设、服务、管理质量和效益进行分析,对自建数字资源体系功能、发挥作用以及基础保障的情况进行检测和评估。通过这种检测和评估,反映各种状况信息,从而为制定自建数字资源的建设规划和发展政策,控制自建数字资源质量提供客观依据。在自建数字资源建设、服务、管理全过程中,其内部质量之间相互影响,相互促进。定期进行自建数字资源质量评价工作,可以改善和促进其内部关系的协调发展,使图书馆资源建设效益最大化,指导资源建设未来的发展,促进资源服务与共享。

　　国家图书馆是国家总书库,其馆藏的建设和发展对于全国文献信息资源保障体系功能的建设与完善具有重要且不可替代的影响。本研究致力于建立适应国家图书馆资源特点和服务需求的质量评价指标体系及管理机制,对国家图书馆自建数字资源的质量与效益进行系统测评,并根据测评结果对制定馆藏建设与管理的方针政策提出参考意见。本研究过程力求科学严谨,研究分为三个阶段,在第一阶段对国内外本领域相关研究和实践成果进行系统调查分析的基础上,开展第二阶段研究图书馆自建数字资源质量评价指标体系,并在第三阶段运用研究构建指标选择评价客体对象实例进行评价验证。

　　数字馆藏是指图书馆员或信息专家为满足一个或多个特定的用户群体的需求而建设起来的信息资源总体[102],是数字图书馆存在的基础。本研究针对图书馆自建数字馆藏作为评价对象和内容,研究设计指标体系和评价方法。指标体系设计三级指标,从自建数字资源的建设、利用、保障三个维度进行质量评价。评价工作根据现实需要综合采用多种定量或定性的方法,以内部分析和专家评价相结合的方式进行。

5.1 评价总则

5.1.1 评价说明

　　《图书馆自建数字资源质量评价体系总则》(以下简称《总则》)阐述"图书馆自建数字资源质量评价体系"的一般背景和通用性规则,适用于对图书馆自建数字资源加工、利用与保存以及管理情况的综合分析和总体评价,同时适用于针对各类型自建数字资源的评估和测定。《总则》主要规定图书馆自建数字资源评价的目的、原则、范围、内容、工具、方法、程序等,包括自建数字资源评价指标体系的构建、修订、选择和应用以及评价结果的内容与使用。

5.1.2 评价目标

　　图书馆应用本研究指标体系,通过对自建数字资源科学、客观、全面的评估与测定,力求实现以下目标:

　　(1)客观掌握、揭示和宣传图书馆自建数字资源的整体情况。从不同维度调查分析图书馆自建数字资源的现状,更好地把握图书馆资源建设,全面揭示和宣传图书馆自建数字资源,提升图书馆公众认知度。

(2)通过评价了解图书馆自建数字资源馆藏发展是否符合本馆的职能定位,是否可以满足读者用户对文献信息的需求,发现并改进自建数字资源工作中存在的不足。

(3)提高图书馆自建数字资源建设、利用与保障的质量。通过持续、定期的资源质量评价,为制定馆藏发展政策提供支持,协调馆藏建设方式,促进馆藏资源的合理配置,推动馆藏资源的开发和利用。

5.1.3 评价原则

图书馆开展自建数字资源建设是增强图书馆能力、实现持续发展的有效途径。图书馆自建数字资源发展,在实践中表现为建设发展、服务利用和管理保障的协调统一。评价工作应坚持"立足馆情,面向发展,实事求是,科学评价"的指导思想,遵循以下基本原则:

(1)客观评价。针对图书馆的建设和发展目标、职能、任务和现实情况,准确采集评价数据,合理选用评价指标和评价方法,客观反映图书馆自建数字资源质量水平,为图书馆文献资源建设工作提供有效参考。

(2)系统评价。自建数字资源本身就具有系统性特征。针对图书馆自建数字资源的不同层次,开展自建数字资源整体、各类型自建数字资源或自建数字资源个体质量的评价。评价指标选用尽可能完整、全面,能够准确、系统地反映评价对象的质量水平。同时,自建数字资源作为图书馆馆藏资源体系的组成部分,在评价时应充分考虑其地位和功能,并考虑图书馆内外的协调与合作。

(3)动态评价。从图书馆馆藏资源建设可持续发展的角度出发开展评价,科学制定评价规划,合理确定评价周期,客观描述和评价馆藏资源建设现状,同时重视对馆藏发展过程及其发展趋势的动态分析。根据实际需要,评价工作可以分阶段、分批次地逐步推进。

(4)科学评价。根据评价对象的实际情况,选择适用的评价指标和评价方法,重视不同评价环节中多种评价方法的有机结合。

5.1.4 评价范围

评价工作围绕图书馆自建数字馆藏开展,针对图书馆各类型自建数字资源建设质量、利用质量与保障质量三方面进行综合评价。评价有利于图书馆珍贵典籍文献的保存,促进信息资源的传播利用。评价对象包括图书馆通过实体馆藏数字化、资源征集、联合建设、海外文献数字化回归、呈缴等方式,主要依靠图书馆力量建设的数字资源,涉及数字资源所有载体形态。评价对象区分不同层次,针对自建数字资源整体、某类型自建数字资源以及个体自建数字资源均可开展评价。

图书馆自建数字资源的加工、保存、管理等问题具有共同的特征和属性,是考察自建数字资源的主要方面。从技术发展和应用的角度来看,数字图书馆检索信息和发布服务系统评价目的在于检测计算机技术、系统性能和运行效果。在实际应用中,系统平台针对图书馆所有数字资源开发建设,更强调功能的通用性,独立于数字资源内容。本研究评价对象是自建数字资源的质量,因此,数字资源检索服务系统的评价指标不纳入本研究评价指标体系。

本研究指标体系的评价范围不包括利用网络信息采集方式建设的数字资源;数字资源检索与发布服务系统;经过整合再加工的数据库或资源库。

5.1.5 评价内容

图书馆自建数字资源质量评价内容包含"建设质量""利用质量"与"保障质量"三个方面,即本指标体系中的三个一级指标。其中,"建设质量"主要考查自建数字资源数量、结构、内容、加工与组织等方面;"利用质量"主要从自建数字资源的服务、获取、长期保存以及利用效果方面考查资源;"保障质量"涉及数字化加工、存储、安全保障、经费以及综合管理方面。指标评价内容遵照"向下扩展"的原则设立二、三级指标,指标定义不交叉。

5.1.6 评价工具

图书馆自建数字资源质量评价的主要工具是一套有效适用的评价指标体系。

在评价工作开展之前,应首先明确评价对象及评价范围,针对评价对象的评价需求,从本指标体系中选择适用的评价指标,确立用于指导评价实践的具体指标体系。

本指标体系指标的描述参考 ISO 11620 框架,并根据实际情况进行必要内容的补充。每一个具体指标遵循同样的描述方法,由 8 个方面的内容构成,包括指标名称、目的、范围、定义、方法、影响指标的解释和因素、出处、相关指标,具体说明如下:

(1)名称【必选】

每个指标都应该有一个唯一的、描述性的名称。

(2)目的【必选】

每个指标应该有明确的目的,根据对服务、活动和资源等估计的使用结果进行描述。

(3)范围【可选】

表明指标适用的自建数字资源类型和所涉及的各个方面,由此指明指标的适用界限,包括适用整体、适用个体、适用整体和个体的评价。

范围可以包括应用指标的限制、举例和条件,以达到指标使用目的。

(4)定义【必选】

根据收集的数据和(或)已经建立起来的数据间关系来定义每个指标。

(5)方法【必选】

简单描述指标使用过程中收集数据和进行评价的情况。对于需要重复计量来决定指标数值的情况应该予以清楚地陈述。可以用两种或多种方法对产生同一指标的不同数据和计算过程进行描述。

说明:

如果描述一个以上的计算方法,应先描述一个最普遍适用的。随附的说明不包括一般的统计方法。

如果使用调查问卷,只能统计调查的问题和所占的得分,而不是整个问卷设计的详细描述,调查问卷可作为附件。

方法描述尽可能注明必要的准备、数据收集和分析结果。

(6)影响指标的解释和因素【可选】

给出影响指标结果的内部和外部因素,同时提供信息,提示图书馆采取什么行动可以使结果产生可预料的变化。

（7）出处【可选】

提供指标来源的参考，给出指标的源文件，以及关于指标适用、数据收集和分析方法等的文献。

说明：

本指标来源参考的国家图书馆数字图书馆评价体系研究、CALIS 数字资源评估指标体系文件、电子资源使用评估（E-Metrics）等报告和文献。对于只是指标名称相同，但定义、用法等不同的，为"自创"指标。

（8）相关指标【可选】

给出某指标与所在指标体系中其他指标之间的关系。

说明：指标体系中的其他指标指同一级别下的指标。

本指标体系的构建力求实现系统性和完整性的要求。在具体评价实践中，图书馆可根据评价需求适当选择使用指标，并可对指标体系进行横向和纵向的扩展，或通过一定方法为指标权重赋值，以达到科学有效评价的目的。

5.1.7　评价方法

评价工作采用定量指标和定性指标相结合的方法，使评价目标可测度，可比较，可发展。以内部分析和外部评价（主要是专家评价）相结合的综合方式进行。

内部分析主要是由图书馆收集、整理、分析自建数字资源的基本情况，并明确图书馆的发展目标、建设与服务需求等，提供定量或定性的基本信息作为进行进一步评价的参考依据。内部分析的主要方法包括统计分析法、层次分析法、文献调研法、用户调查法等。

外部评价则主要依据同行业专家或用户的主观判断进行定性评价。其中用户主要是针对自建数字资源利用中能被用户感知的指标进行评价，一般通过问卷调查等方式完成；同行业专家评价是依据图书馆提供的定量或定性的基本信息，以及指标体系规定的评价方法完成。外部评价的主要方法包括专家评判法以及通过李克特量表（Likert scale）完成指标体系中具体指标的评价。

5.1.8　评价程序

图书馆可成立专门的评价委员会组织开展自建数字资源质量评价工作。委员会负责制定评价工作相关的规章制度及管理办法，并对评价工作的过程及结果进行监督，以评价成果指导馆藏资源建设实践。

委员会成员可包括：

主任委员 1 人：负责组织规划、实施与协调评价工作，建议由主管馆藏资源建设的副馆长担任；

实施委员 10～15 人：负责执行评价工作的具体实施，建议由各相关业务部门负责人及其所指定的业务骨干担任；

顾问委员 5～10 人：负责提供专家评价意见和建议，建议由图书馆内外从事资源建设及相关领域研究或实践工作的专家担任。

图书馆应定期开展自建数字资源质量评价工作，并划拨专项经费保障评价工作的顺利开展。一般情况下,评价工作应在启动后三个月之内完成,评价工作结果应形成评价报告,详细说明评价过程、分析与评价结果、对自建数字资源现状的综合分析和系统评价结果等,并且尽可能提出对未来发展趋势的预测及相关建议。

5.2 术语和定义

下列术语和定义适用于本项目。

5.2.1 数字资源 digital resource

以数字形式发布、存取和利用的信息资源。

5.2.2 数字馆藏 digital collection

图书馆为实现可持续发展目标,满足服务和利用需求而建设的信息资源总体,包括通过自建、购置、捐赠等方式获得使用权或保存权的数字资源。

5.2.3 自建数字资源 self-built digital resources

以图书馆为主体,主要依托本馆人力、物力和财力组织建设的数字资源,具有长期保存功能和利用价值。是图书馆数字资源建设方式之一。

5.2.4 质量 quality

反映产品或服务,满足明确或隐含需要能力的特性总和。通常可用"优秀""好"或"差"等形容词来描述。

本研究中,"质量"指自建数字资源的建设质量、利用质量和保障质量。

5.2.5 数字文献 digital document

由图书馆数字化、购买或通过其他途径获得的,以数字形式存在的带有特定内容的信息单元。不包括数据库。

5.2.6 内容单元 content unit

计算机处理的已出版作品的唯一可识别文本、图片或视听单元,这些已出版的作品可能是其他已出版作品的全文或者摘要形式。

内容单元是数字文献的基本粒度,一般对应文献"种""册""篇""幅"(图片)等层级,不细化到页、场次、段落的程度。

5.2.7 原始文献 original document

由其产生副本的初始创建的文献。

5.2.8 存储 storage

为数据和文献的后续利用而进行的放置和保持的过程。

5.2.9 长期保存 long-term preservation

用于维护数字资源或集的整体性和延长它们寿命的所有的措施(包括相关决策)。

5.2.10 资源发布 published

通过特定渠道将数字资源提供给用户的服务利用。

5.3 评价指标体系

本研究指标体系由三级指标构成。一级指标包含"建设质量""利用质量"与"保障质量"三个方面。其中,"建设质量"主要考查自建数字资源数量、结构、内容、加工与组织的情况;"利用质量"主要从自建数字资源的服务、获取、长期保存以及利用效果方面考查资源;"保障质量"涉及数字化加工、存储、安全保障、经费以及综合管理方面。一级指标包含 14 个二级指标,二级指标包含 51 个三级指标。二级指标下包含的三级指标可以根据实际需要,在不同应用层面上选择使用。

基本信息属性是指图书馆为进行指标评价而收集的关于指标的描述信息,分为定量信息和定性信息。

应用层面是指指标在评价中的适用范围,分为整体资源适用和个体资源适用。

表 5 – 1 自建数字资源评价指标体系

一级指标	二级指标	三级指标	基本信息属性		应用层面	
			定性信息	定量信息	个体资源	整体资源
A 建设质量	A1 数量	A11 总量		√	√	√
		A12 年增率		√	√	√
		A13 占馆藏比重		√		√
	A2 结构	A21 文献类别结构		√		√
		A22 学科结构		√	√	
		A23 来源结构		√	√	
		A24 时间结构		√		√
		A25 版权结构		√	√	
		A26 数字对象类型结构		√		√
		A27 馆藏级别结构		√	√	√

续表

一级指标	二级指标	三级指标	基本信息属性		应用层面	
			定性信息	定量信息	个体资源	整体资源
	A3 内容	A31 完整性	√		√	√
		A32 独特性	√		√	
		A33 替代功能		√	√	√
		A34 补藏功能		√	√	
	A4 加工	A41 资源规范	√		√	√
		A42 资源功能性	√		√	
		A43 数据完整性	√		√	√
		A44 资源保真性	√		√	
	A5 组织	A51 资源整合	√			√
		A52 数据关联	√		√	√
		A53 检索能力	√		√	√
		A54 专题导航	√		√	√
B 利用质量	B1 服务	B11 服务范围		√	√	√
		B12 服务方式		√	√	√
		B13 服务滞后		√	√	
		B14 服务增值		√	√	
	B2 获取	B21 获取有效性		√	√	√
		B22 访问量		√	√	√
		B23 响应速度		√	√	
	B3 长期保存	B31 实现方式		√		√
		B32 保存与利用比重		√	√	√
		B33 更新及时性		√	√	√
		B34 保存体系		√		√

一级指标	二级指标	三级指标	基本信息属性		应用层面	
			定性信息	定量信息	个体资源	整体资源
C 保障质量	B4 利用效果	B41 用户评价		√	√	√
		B42 共享能力	√		√	√
		B43 社会效应	√		√	√
	C1 加工系统能力	C11 软件系统	√		√	
		C12 硬件设备	√		√	
	C2 存储能力	C21 存储系统	√			√
		C22 存储空间		√	√	√
	C3 安全保障能力	C31 环境安全	√			√
		C32 系统安全	√			√
		C33 载体安全	√		√	
		C34 数据安全	√		√	
	C4 经费	C41 自建数字资源年度经费平均比重		√		√
		C42 自建数字资源年度经费增长率		√	√	
		C43 自建数字资源基础设施经费保障率		√		√
	C5 综合管理	C51 规划与实施	√		√	√
		C52 规章制度	√			√
		C53 人员管理	√		√	√
		C54 标准规范	√		√	√

5.4 指标具体描述及说明

A 建设质量

A1 数量

A11 总量

【名称】总量

【目的】评价图书馆组织建设的自建数字资源的总体规模。

【范围】适用于自建数字资源的整体和个体评价。

【定义】图书馆通过实体馆藏数字化,以及资源征集、联建、交换、海外数字化文献回归、资源缴送等方式组织建设的数字资源的数量和容量。

【方法】

(1)采用定量评价和专家评价相结合的方法。依据图书馆年鉴、年度报告发布的统计数据或由资源建设部门提供的统计数据进行客观描述,分别统计各类型资源内容单元的数量和存储容量,如涉及多个部门多个建设周期,按汇总情况进行描述。将统计结果提供给专家进行评估。

(2)依据《图书馆数字资源统计标准》,按照统一的统计计量方法,重点参考"自建数字文献的数量""自建数字文献的容量"等相关指标。

(3)专家根据图书馆提供的相关职责、馆藏政策、资源建设目标等要求,对自建数字资源总数量和总容量进行总体评价。按照该指标与图书馆提供资料的匹配程度,依次从高到低给予评分,分为"5、4、3、2、1"。

【影响指标的解释和因素】计量单位、计量方法的统一

【出处】(国家图书馆)数字图书馆评价体系研究

【相关指标】占馆藏比重、文献类别结构、来源结构、时间结构、版权结构、数字对象类型结构、馆藏级别结构、规划与实施

A12 年增率

【名称】年增率

【目的】以年度为周期,评价图书馆自建数字资源增长速度,为图书馆制定自建数字资源建设政策和规划提供参考,评估建设成果,保障自建数字资源建设的均衡发展。

【范围】适用于自建数字资源的整体和个体评价。

【定义】统计周期内,图书馆自建数字资源的建设数量较上一统计周期的增长比例。

【方法】

(1)采用定量评价和专家评价相结合的方法。根据图书馆年鉴、年度报告发布的统计数据或由数字资源建设、数字资源保存部门提供的统计数据进行客观描述,按照年度周期图书馆新增的各类型自建数字资源的数量进行统计。

(2)一般以年度为一个统计周期,计算公式:

$$自建数字资源建设\atop 数量年增率 = \frac{当年自建数字资源建设数量 - 上年自建数字资源建设数量}{上年自建数字资源建设数量} \times 100\%$$

（3）年增量统计分为两种情况：

● 延续性项目的数字资源建设的年增量统计，应注意与上一统计周期的协调性，在统计项目、计量单位、统计原则等方面保持一致；

● 新增项目的数字资源建设统计，应遵从统计原则，使用统一的计量单位。如无法使用推荐计量单位，则自定计量单位，但应在统计报表中说明。

（4）将上述统计结果和自建数字资源客观描述资料汇总提供给专家进行综合评估。

（5）专家根据图书馆提供的相关职责、馆藏政策、资源建设目标等要求，对图书馆组织建设数字资源的新增率进行总体评价。按照该指标与图书馆提供资料的匹配程度，依次从高到低给予评分，分为"5、4、3、2、1"。

【影响指标的解释和因素】统计标准

【出处】自创

【相关指标】自建数字资源年度经费平均比重、规划与实施

A13　占馆藏比重

【名称】占馆藏比重

【目的】评价图书馆自建数字资源总量在图书馆数字馆藏总量中占有的比重，为图书馆数字馆藏建设和服务发展提供参考依据，及时调控建设策略，保障自建数字资源建设发展的科学性、合理性、有效性。

【范围】适用于自建数字资源的整体评价。

【定义】自建数字资源总数量在图书馆数字馆藏总数量中占有的比重。

【方法】

（1）采用定量评价和专家评价相结合的方法。根据图书馆年鉴、年度报告发布的统计数据，以及自建数字资源保存部门提供的统计数据、引进数据库建设部门等相关部门提供的统计数据，进行数据汇总、客观描述。参考《图书馆数字资源统计标准》中"自建数字文献"的统计方法，自建数字资源按照统一内容单元统计总数量，其他数字馆藏按照外购数字资源、外购数据库等资源类型统计总数量。

（2）统计细则：

● 自建数字资源内容单元，原则上统计作为独立单元存在的文献所对应的元数据的数量包括"种""册""篇""幅（图片）""场（讲座）"等层级；

● 引进资源（数字资源、数据库）数量遵循相关统计原则，并保持与自建数字资源统计的内容单元一致；

● 数字馆藏总数量为在统一内容单元的计量方式下，进行统计的自建数字资源数量和引进数字资源、数据库数量的累加总数量。

（3）自建数字资源建设总数量占数字馆藏总数量的比重，计算公式：

$$自建数字资源总数量占馆藏比重 = \frac{自建数字资源总数量}{数字馆藏总数量} \times 100\%$$

（4）专家根据图书馆提供的相关职责、馆藏政策、资源建设目标等要求，对自建数字资源总量在图书馆数字馆藏总量中占有的比重，进行总体评价。按照该指标与图书馆提供资料的匹配程度，依次从高到低给予评分，分为"5、4、3、2、1"。

【影响指标的解释和因素】统计标准

【出处】自创

【相关指标】总量（总数量）、规划与实施

A2　结构

A21　文献类别结构

【名称】文献类别结构

【目的】分析图书馆组织建设的自建数字资源的内容资料类别构成（专著、期刊、报纸、学位论文等）。包含两个层面，分析自建数字资源中内容资料类别的构成和占有比重，用以评价自建数字资源在类别结构方面的合理性；分析自建数字资源各种资料类别占传统文献类别的比重，用以评价馆藏各类型文献的数字化程度。

【范围】适用于自建数字资源的整体和个体评价。

【定义】图书馆自建数字资源内容资料类别（专著、期刊、报纸、学位论文等）的占比构成。

【方法】

（1）采取定量评价和专家评价相结合的方法。根据图书馆年鉴（或年度报告）发布的统计数据进行客观描述，分别统计自建数字资源中的文献类别，馆藏实体文献类别，如涉及多个部门，按各部门汇总情况进行描述。将统计结果提供给专家进行评估。

（2）文献类别指自建数字资源中传统馆藏文献资料类别，包括但不限于专著、报纸、期刊、学位论文等。根据 GB/T 3469—2013《信息资源的内容形式和媒体类型标识》规定，以资料类别的内容限定代码标识。

（3）统计自建数字资源文献类别的构成和占有比重，用以评价自建数字资源在类别结构方面的合理性。

（4）统计自建数字资源各种文献类别占馆藏实体文献类别的比重，用以评价馆藏各类型文献的数字化程度。馆藏实体文献的多个复本按一个版本统计数量。

（5）专家根据图书馆提供的相关职责、馆藏政策、资源建设目标等要求，对自建数字资源文献类型进行总体评价。按照该指标与图书馆提供资料的匹配程度，依次从高到低给予评分，分为"5、4、3、2、1"。

【影响指标的解释和因素】统计单位

【出处】CALIS 数字资源评估指标体系

【相关指标】总量（总数量）、替代功能

A22　学科结构

【名称】学科结构

【目的】评估图书馆自建数字资源馆藏是否合理，能否与图书馆职能、目标用户需求相适应。是否基本覆盖相关学科专业，学科分配比例均衡。

【范围】适用于自建数字资源的个体评价。

【定义】按照学科分类法入藏的文献各学科门类的数量、结构比例。

【方法】

(1)采取定量评价和专家评价相结合的方法。根据图书馆年鉴(或年度报告)发布的统计数据,以及自建数字资源学科结构的客观统计,如涉及多个部门,按各部门汇总情况进行描述。将统计结果提供给专家进行评估。

(2)依据《中国图书馆分类法》基本大类分别统计指定时间内某学科自建数字资源数量占该统计时间自建数字资源所有学科数量的比例。

(3)学科结构采用如下计算公式:

$$自建数字资源学科比例 = \frac{某学科自建数字资源数量}{所有学科自建数字资源数量} \times 100\%$$

(4)专家根据图书馆提供的相关职责、馆藏政策、资源建设目标等要求,对自建数字资源来源结构进行总体评价。按照该指标与图书馆提供资料的匹配程度,依次从高到低给予评分,分为"5、4、3、2、1"。

【影响指标的解释和因素】《中国图书馆分类法》版本差异影响具体学科类别数量的精确性

【出处】(国家图书馆)数字图书馆评价体系研究

【相关指标】服务范围、服务方式

A23 来源结构

【名称】来源结构

【目的】分析图书馆组织建设的自建数字资源的来源结构(自建、资源征集、联建、交换、海外回归、缴送等),用以评价自建数字资源建设布局的合理性。

【范围】适用于自建数字资源的整体和个体评价。

【定义】图书馆通过实体馆藏数字化、资源征集、联建、交换、海外回归、缴送等方式组织建设的数字资源种数的占比构成。

【方法】

(1)采取定量评价和专家评价相结合的方法。根据图书馆年鉴(或年度报告)发布的统计数据进行客观描述,分别统计各种来源的自建数字资源的数量(种数),如涉及多个部门,按各部门汇总情况进行描述。将统计结果提供给专家进行评估。

(2)图书馆自建数字资源来源,包括但不限于本馆自建、联建、征集、交换、海外回归、缴送等方式。

(3)计算同一种来源方式建设的资源数量在图书馆自建数字资源总数量中的占比构成。

(4)专家根据图书馆提供的相关职责、馆藏政策、资源建设目标等要求,对自建数字资源来源结构进行总体评价。按照该指标与图书馆提供资料的匹配程度,依次从高到低给予评分,分为"5、4、3、2、1"。

【影响指标的解释和因素】数字资源的来源、数量统计

【出处】自创

【相关指标】总量(总数量)、补藏功能

A24　时间结构

【名称】时间结构

【目的】分析图书馆自建数字资源的内容编辑、出版、创建等时间结构(如古籍、民国文献、现代文献等),用以判断自建数字资源在时间跨度方面构成占有比重的合理性。

【范围】适用于自建数字资源的整体评价。

【定义】以版本时间、内容时间或按古籍、民国文献、现代文献来划分图书馆自建数字资源,分别计算不同时间段自建数字资源数量在评价对象总量中占有的比重。

【方法】

(1)采取定量评价和专家评价相结合的方法。根据图书馆年鉴(或年度报告)发布的统计数据进行客观描述,分别统计自建数字资源的时间结构,如涉及多个部门,按各部门汇总情况进行描述。将统计结果提供给专家进行评估。

(2)按自建数字资源内容的编辑、出版、创建等时间划分,可按古籍、民国文献(近代)、现代文献等时间区域,进行数量统计和描述。

(3)计算不同时间年代的数字资源数量在图书馆自建数字资源总数量中的占比构成。

(4)专家根据图书馆提供的相关职责、馆藏政策、资源建设目标等要求,对自建数字资源的时间结构进行总体评价。按照该指标与图书馆提供资料的匹配程度,依次从高到低给予评分,分为"5、4、3、2、1"。

【影响指标的解释和因素】文献内容时间区域划分、数量统计

【出处】自创

【相关指标】总量(总数量)

A25　版权结构

【名称】版权结构

【目的】评估图书馆自建数字资源的版权结构分布是否合理,作为调整数字资源建设布局和建设方针的参考。

【范围】适用于自建数字资源的个体评价。

【定义】图书馆自建数字资源中公有领域资源、已获得使用授权资源、未获得使用授权资源以及版权状态不明确的资源在评价对象中分别占有的比重。

【方法】

(1)采用定量评价和专家评价相结合的方法。对评价对象中各种版权状态的资源进行甄别和统计,将统计资料提供给专家进行综合评估。

(2)版权状态甄别方法由数字资源管理部门根据相关法律规定制定。

(3)统计数据由数字资源建设部门或管理部门提供,如涉及多个部门,按内容单元类型进行汇总统计。

(4)在统计粒度选择上,一般统计不同版权状态的"内容单元"的数量,以评价对象包含的内容单元总量作为分母计算所占比重。如无法精确统计到内容单元层次,可在"资源包"

层次上进行统计和分析,对于包含多种版权状态的资源包进行说明。

(5)专家根据图书馆提供的相关职责、建设目标、服务需求等文件,按照该指标与图书馆的职责、目标、需求相匹配的程度,从高到低分别给予评分为"5、4、3、2、1"。

【影响指标的解释和因素】版权甄别

【出处】自创

【相关指标】总量(总数量)、保存与利用比重

A26 数字对象类型结构

【名称】数字对象类型结构

【目的】分析图书馆自建数字资源的数字对象类型,即文本数字资源、图像数字资源、音频数字资源、视频数字资源、复合型数字资源构成的合理性,作为调整数字资源建设布局和服务方针的参考。

【范围】适用于自建数字资源的整体评价。

【定义】图书馆自建数字资源以文本、图像、音频、视频及复合类型为数字对象,计算每种数字对象在评价对象中分别占有的比重。

【方法】

(1)采取定量评价和专家评价相结合的方法。分别统计自建数字资源的数字对象类型,如涉及多个部门,按各部门汇总情况、统计数据进行客观描述。将统计结果提供给专家进行评估。

(2)数字对象类型包括文本资源、图像资源、音频资源、视频资源、复合型资源等五种类型。

(3)针对数字对象的格式类型进行统计归纳。同一类型数字对象的不同格式按一种资源统计,复合型资源按封装后"数字对象"统计。

(4)专家根据图书馆提供的相关职责、馆藏政策、资源建设目标等要求,对自建数字资源的数字对象类型进行总体评价。按照该指标与图书馆提供资料的匹配程度,依次从高到低给予评分,分为"5、4、3、2、1"。

【影响指标的解释和因素】数字对象类型划分

【出处】自创

【相关指标】总量(总数量)、服务方式

A27 馆藏级别结构

【名称】馆藏级别结构

【目的】分析图书馆自建数字资源的馆藏级别的合理性,为图书馆数字馆藏建设和服务发展提供保障。评价对象的馆藏级别分布及数量可用于评估自建数字资源的功能性。

【范围】适用于自建数字资源的整体和个体评价。

【定义】图书馆自建数字资源对象资源加工的档案典藏级、复制加工级、发布服务级的数量占评价对象的比重。

【方法】

(1)采取定量评价和专家评价相结合的方法。根据图书馆年鉴(或年度报告)、资源管

理部门、建设部门、保存部门对馆藏级别结构及数量的统计,进行客观描述。涉及多个部门,按各部门汇总情况进行描述。将统计结果提供给专家进行评估。

(2)根据评价对象数字化目的和要求,图书馆自建数字资源馆藏级别至少包括档案典藏级和发布服务级。可分为以下几级:

档案典藏级:档案典藏级必要时复制做高品质的出版印刷等使用,也可做格式转换,是复制加工级的母本。加工精度最高。

复制加工级:专家浏览级或普通印刷级。属于档案典藏级与发布服务级中间的一个过渡级别。加工精度介于档案典藏级和发布服务级之间。

发布服务级:用于网络发布或终端用户使用,供用户以在线或其他方式浏览使用。加工精度较低。

(3)依据图书馆数字对象加工标准和数字对象馆藏级别,针对自建数字资源个体,按资源馆藏级别分别统计和计算;自建数字资源整体,按各资源的馆藏进行累加后统计和计算。

(4)专家根据图书馆提供的相关职责、馆藏政策、资源建设目标等要求,对自建数字资源的馆藏级别结构进行总体评价。按照该指标与图书馆提供资料的匹配程度,依次从高到低给予评分,分为"5、4、3、2、1"。

【影响指标的解释和因素】统计标准

【出处】自创

【相关指标】总量(总数量)

A3　内容

A31　完整性

【名称】完整性

【目的】评价图书馆自建数字资源的可持续建设,以保障图书馆数字资源类型丰富,历史、知识内容的完整,避免因数字资源建设停滞导致资源服务间断、媒体类型单一化、内容更新不及时等问题。

【范围】适用于自建数字资源的整体与个体评价。

【定义】图书馆自建数字资源的可持续建设水平以及建设内容全面化程度。

【方法】

(1)采用定性评价和专家评价相结合的方法。通过对自建数字资源项目以及建设内容进行客观描述,将年度建设任务计划,项目验收报告等工作文档,提供给专家进行评估。

(2)针对个体资源,主要评价要素有覆盖原始文献范围、数据类型完备、数字内容更新、连续性建设等方面。因原始文献不完整导致数字资源加工的缺失,应记录原始文献内容缺失情况。

(3)针对整体资源,主要评价数字资源覆盖原始文献类型、学科范围、时间范围以及图书馆自建数字资源的可持续建设等方面。

(4)专家根据图书馆提供的相关职责、馆藏政策、资源建设目标等要求,以及定性描述进行总体评价。按照该指标与图书馆提供资料的匹配程度,依次从高到低给予评分,分为"5、4、3、2、1"。

【影响指标的解释和因素】定性描述、图书馆政策

【出处】自创

【相关指标】服务滞后、获取有效性、规划与实施

A32 独特性

【名称】独特性

【目的】评价自建数字资源的独有性和价值性,使图书馆在长期发展建设中形成自己的特色数字馆藏。评价结果为图书馆制定自建数字资源建设、服务与长期保存政策提供参考。

【范围】适用于自建数字资源的个体评价。

【定义】自建数字资源内容的珍贵性和特殊性。

【方法】

(1)采用定性评价和专家评价相结合的方法。将描述资料提供给专家,说明资源内容包括历史文物性、学术资料性、艺术代表性等,由专家进行评价。

(2)评价对象主要指针对图书馆馆藏中具有较高价值的文献资源的数字化或根据馆藏发展政策补缺建设的文献价值高的数字化资源。这些数字资源可以形成自己的特色数字馆藏,更好地实现文献传播价值。

(3)评价要素主要包括数字对象的原始文献是否有消失风险、有无其他版本存在,是否属于不再收藏的印本文献,是否属于不可再生资源,是否属于独有数字资源等。

(4)专家根据图书馆提供的相关职责、馆藏政策、资源建设目标等要求,以及定性描述进行总体评价。按照该指标与图书馆提供资料的匹配程度,依次从高到低给予评分,分为"5、4、3、2、1"。

【影响指标的解释和因素】客观描述、数字资源内容分析

【出处】自创

【相关指标】服务增值

A33 替代功能

【名称】替代功能

【目的】评价图书馆自建数字资源服务替代馆藏其他文献类别使用的功能,为图书馆选择数字资源建设方式,制定服务政策提供参考,提高图书馆服务能力。

【范围】适用于自建数字资源的整体和个体评价。

【定义】图书馆自建数字资源代替其他类型馆藏文献利用的功能。

【方法】

(1)采用定量评价和专家评价相结合的方法。分析自建数字资源的元数据以及资源其他存在形式,统计资源和资源其他存在形式可用于服务的方式,如全文、文摘等。将统计信息与分析结果提供给专家,专家结合进行综合评估。

(2)定量评价要素包括资源可替代的对象、可替代的数量和可替代本馆实体资源的比重。

(3)可替代本馆实体资源的比重采用如下公式计算:

$$可替代本馆实体资源的比重 = \frac{自建数字资源可替代本馆实体资源的数量}{自建数字资源总数量} \times 100\%$$

(4)专家根据图书馆提供的相关职责、馆藏政策、资源建设目标等要求,以及定量描述进行总体评价。按照该指标与图书馆提供资料的匹配程度,依次从高到低给予评分,分为"5、4、3、2、1"。

【影响指标的解释和因素】馆藏文献数字化

【出处】自创

【相关指标】文献类别结构、获取有效性

A34　补藏功能

【名称】补藏功能

【目的】以自建数字资源方式,针对图书馆缺失的馆藏实体文献进行补藏。用于评价图书馆自建数字资源补藏实体文献的能力,指导数字资源建设政策的制定。

【范围】适用于自建数字资源的个体评价。

【定义】图书馆通过数字资源自建方式补充实体馆藏文献的能力。

【方法】

(1)采用定量评价和专家评价相结合的方法分析自建数字资源的来源并统计数量,针对非馆藏文献数字化的自建数字资源,进行客观资料描述,提供给专家进行综合评估。

(2)资源的总体评价主要分析内容覆盖范围,如同一主题不同的时间与地域、同一时间覆盖的不同学科等。

(3)定量评价要素包括资源补藏对象、补藏数量和可补藏本馆实体资源的比重。

(4)可补藏本馆实体资源的比重按如下公式计算:

$$可补藏本馆实体资源的比重 = \frac{自建数字资源可补藏本馆实体资源的数量}{自建数字资源总数量} \times 100\%$$

(5)专家根据图书馆提供的相关职责、馆藏政策、资源建设目标等要求,以及定量描述进行总体评价。按照该指标与图书馆提供资料的匹配程度,依次从高到低给予评分,分为"5、4、3、2、1"。

【影响指标的解释和因素】馆藏建设、自建数字资源来源

【出处】自创

【相关指标】来源结构、服务增值

A4　加工

A41　资源规范性

【名称】资源规范性

【目的】规范化数据是数字资源交流与共享的基础,是高质量数字馆藏的标志之一。评价图书馆自建数字资源的标准化和规范化程度,有助于提高自建数字资源加工质量,保障自建数字资源可靠性、完整性、可用性和兼容性。对自建数字资源建设具有指引和评价作用。

【范围】适用于自建数字资源的整体和个体评估。

【定义】图书馆自建数字资源的标准化和规范化程度。

【方法】

（1）采用定性评价和专家评价相结合的方法。对评价对象遵从已有数字资源加工标准的偏离性进行考察和评估，由图书馆数字资源建设部门、技术部门将相关背景材料和客观描述提供给专家进行综合评估。

（2）整理和归纳自建数字资源加工采用的标准、规范和相关质量要求，统计采用标准规范的数量；提供评价对象的参照标准情况，例如参照国际、国家、行业标准或是图书馆根据实际需要和目标自定规范和规则的情况。

（3）提供自建数字资源建设成果相关情况的介绍，如数字资源加工数据包、服务数据包、长期保存数据包的组织构成和要素，必要时还可提供样例数据。

（4）专家根据图书馆提供的描述材料和样例数据，按照标准规范符合国际、国家、行业和图书馆要求程度、对资源加工工作的支持程度，以及资源对标准规范的遵从程度，对该指标从高到低分别给予评分为"5、4、3、2、1"。

【影响指标的解释和因素】数字资源加工与管理

【出处】（国家图书馆）数字图书馆评价体系研究

【相关指标】资源功能性、数据完整性、资源保真性、资源整合、数据关联、检索能力、专题导航、共享能力、标准规范

A42　资源功能性

【名称】资源功能性

【目的】评价图书馆自建数字资源支持相关应用需求的能力，保障自建数字资源的价值实现和可持续发展。

【范围】适用于自建数字资源的整体和个体评价。

【定义】评价对象满足图书馆资源建设和应用要求的能力水平。

【方法】

（1）采用定性评价和专家评价相结合的方法。汇总、统计相关材料，必要时可提供样例数据。提供专家进行综合评估。相关文字材料和样例数据由图书馆数字资源建设部门、技术部门提供。

（2）评价对象的功能性指满足图书馆数字资源发布、交换、共享、长期保存和二次加工需求的能力。

（3）专家根据图书馆提供的相关职责、建设目标以及服务需求等文件资料，按照该指标与图书馆的职责、目标、需求相匹配的程度，对该指标从高到低分别给予评分为"5、4、3、2、1"。

【影响指标的解释和因素】数字资源加工与组织

【出处】自创

【相关指标】资源规范性

A43　数据完整性

【名称】数据完整性

【目的】分析不同程度下组成的自建数字资源数据包的数据齐备程度，保证数字资源承

载和传递的信息的价值,防止在加工、保存、迁移等数据处理过程中,因数据的缺失,造成数据的不完整性。

【范围】适用于自建数字资源的整体和个体评价。

【定义】图书馆自建数字资源在数据类型和数量方面的完备程度。

【方法】

(1)采用定性评价和专家评价相结合的方法。考察评价对象是否具备元数据、数字对象、唯一标识符等构成要素;进一步考察其各类型数据是否齐全,记录是否翔实,数字对象文件数量是否缺失。对评价对象进行归纳和描述,形成描述材料,提供专家进行综合评估,必要时还可提供样例数据。相关文字材料和样例数据由图书馆数字资源建设部门、技术部门提供。

(2)该指标评价要素包括数据类型完整和数据文件完整。

数据类型完整,即评价对象在元数据、数字对象(不同加工级别)、数字对象唯一标识符等数据类型及说明管理型文件的齐备;

数据文件完整,主要评价同一数字资源不同加工级别的数据文件及数量的一致性。

(3)专家根据图书馆提供的描述材料和样例数据,结合图书馆提供的资源建设目标和要求,以及相关规范和标准,对该指标从高到低分别给予评分为"5、4、3、2、1"。

【影响指标的解释和因素】数字资源加工与保存

【出处】自创

【相关指标】资源规范性、资源整合、数据关联、检索能力、专题导航

A44 资源保真性

【名称】资源保真性

【目的】图书馆文献数字化应保留原始资料特征。该指标用于评价图书馆自建数字资源与原始文献的一致程度,体现数字资源对原始文献的忠实程度,有助于提升资源质量和应用效果。

【范围】适用于自建数字资源的个体评价。

【定义】自建数字资源反映原始文献真实信息的程度。

【方法】

(1)采用定性评价和专家评价相结合的方法。对从实体馆藏进行数字化的数字资源进行评价,将其与原始文献进行比较,归纳和描述数字资源反映和呈现原始文献内容、样式及细节的程度。

(2)将相关文字材料提供给专家进行综合评估,必要时还可提供样例数据和对应原始文献,相关文字材料和样例数据由图书馆数字资源建设部门提供。

(3)专家根据图书馆提供的描述材料和样例数据,结合图书馆提供的资源建设目标和要求,以及相关规范和标准,对该指标从高到低分别给予评分为"5、4、3、2、1"。

【影响指标的解释和因素】标准选择和技术应用

【出处】自创

【相关指标】资源规范性

A5　组织

A51　资源整合

【名称】资源整合

【目的】评价图书馆不同自建数字资源之间的资源整合状态,主要表现在是否能通过解剖与重组的方式为各部分馆藏建立充分的联系。资源整合能力考察的是自建数字资源重组的能力,提供整体数字图书馆服务,从而促进馆藏利用的能力。

【范围】适用于自建数字资源的整体评价。

【定义】自建数字资源内部以及与其他资源之间进行整合的能力。

【方法】

(1)采用定性评价和专家评价相结合的方法。将所有描述材料提供给专家进行综合评估,相关文字材料由图书馆建设部门、技术部门提供。

(2)基于元数据层面,分别对自建数字资源内部的整合情况、与其他数字资源的整合情况、与对应的印本资源的整合情况、与多媒体资源之间的情况进行描述和整理,同时将整合平台和整合技术等对资源整合的支持程度进行描述。

(3)评价的整合情况主要考虑资源本身和与其他资源的整合方式、整合程度等能力。与印本资源的整合应根据自建数字资源来源方式进行针对性评测。

(4)专家根据图书馆提供的相关职责、馆藏政策、资源建设目标等要求,对自建数字资源的整合能力进行总体评价。根据该指标与本馆提供的资料的匹配程度,对该指标从高到低分别给予评分"5、4、3、2、1"。

【影响指标的解释和因素】元数据标准、元数据置标、应用系统功能

【出处】CALIS 数字资源评估指标体系

【相关指标】资源规范性、数据完整性

A52　数据关联

【名称】数据关联

【目的】评价图书馆自建数字资源是否具备关联数据的功能,使其能够与不同来源的数据之间创建连接,从而拓展图书馆资源的发现和利用。

【范围】适用于自建数字资源的整体和个体评价。

【定义】自建数字资源中同一类型内部或不同类型之间,数字内容相互关联的能力。

【方法】

(1)采用定性评价和专家评价相结合的方法。将所有描述材料提供给专家进行综合评估,相关文字材料由图书馆建设部门、技术部门提供。

(2)基于各类元数据,分别对在同一对象体内部、相同类型资源之间、不同类型资源之间的关联词抽取、建立等情况进行描述。对构建、描述其结构和内容的语义词表体系,如标题、作者、出版社、地点、时间、主题词等信息的规范性和依据进行表述,必要时还可提供样例数据。相关文字材料由图书馆建设部门提供。

(3)评价的关联情况主要考虑资源本身和与其他资源的关联方式、关联程度等能力。

(4)专家根据图书馆提供的相关职责、馆藏政策、资源建设目标等要求,根据该指标与本馆提供的资料的匹配程度,对该指标从高到低分别给予评分为"5、4、3、2、1"。

【影响指标的解释和因素】元数据标准、元数据置标、应用系统功能

【出处】CALIS 数字资源评估指标体系

【相关指标】资源规范性、数据完整性

A53 检索能力

【名称】检索能力

【目的】从自建数字资源本身的角度评价检索的方便性和准确性,能够通过搜索引擎全面、准确地反映自建数字资源内容。

【范围】适用于自建数字资源的整体和个体评价。

【定义】通过对检索点的组成、规范性的描述,反映自建数字资源的检索能力。

【方法】

(1)采用定性评价和专家评价相结合的方法。将所有描述材料提供给专家进行综合评估,相关文字材料由图书馆建设部门、技术部门提供。

(2)对自建数字资源能够提供的检索点,如题名、作者、作者单位、关键词等,以及检索方式,如单库检索、统一检索、模糊检索等,进行整理、归纳并客观描述。

(3)评价检索能力主要考虑资源本身和与其他资源之间提供应用的便利性,以及查询资源的全面性、准确性等能力。

(4)专家根据图书馆提供的相关职责、馆藏政策、资源建设目标等要求,根据该指标与图书馆提供的资料的匹配程度,对该指标从高到低分别给予评分为"5、4、3、2、1"。

【影响指标的解释和因素】元数据标准、元数据置标、应用系统功能

【出处】CALIS 数字资源评估指标体系、(国家图书馆)数字图书馆评价体系研究

【相关指标】资源规范性、数据完整性

A54 专题导航

【名称】专题导航

【目的】评估图书馆可以为用户提供快速获取可访问的、有学术价值的自建数字资源的通道,有助于自建数字资源揭示和用户快速获取访问。

【范围】适用于自建数字资源的整体和个体评价。

【定义】按学科、专题、分类等方式组织发现自建数字资源的能力。

【方法】

(1)采用定性评价和专家评价相结合的方法。综合考虑图书馆的自建数字资源可以提供的专题导航的相关要素,将相关文字材料提供给专家进行综合评估。

(2)采用元数据著录的相关内容,对自建数字资源满足学科分类、应用分类、专题分类等方法和情况进行描述,对各种分类、词表加以说明,必要时还可提供样例数据。相关文字材料由图书馆建设部门和技术部门提供。

(3)专家根据图书馆提供的相关职责、馆藏政策、资源建设目标等要求,根据该指标与本馆提供的资料的匹配程度,对该指标从高到低分别给予评分为"5、4、3、2、1"。

【影响指标的解释和因素】元数据标准、元数据置标、应用系统功能

【出处】CALIS 数字资源评估指标体系

【相关指标】资源规范性、数据完整性

B 利用质量
B1 服务
B11 服务范围

【名称】服务范围

【目的】评价图书馆可以提供自建数字资源服务的范围,有助于提高图书馆自建数字资源服务的能力和广度。

【范围】适用于自建数字资源的整体和个体评价。

【定义】图书馆可以提供自建数字资源服务的用户范围和地域范围。

【方法】

(1)采用定量和专家评价相结合的评价方法。综合考虑图书馆的自建数字资源可以提供服务的范围的相关要素,首先对可量化评价的要素进行定量描述,最终将所有描述材料提供给专家进行综合评估。统计数据和相关文字材料,由图书馆资源服务部门提供,如涉及多个部门,按"内容单元"汇总进行描述。

(2)服务范围的评价要素包括:服务用户范围和服务地域范围。服务用户范围,指针对不同的用户类型,自建数字资源可以服务的覆盖使用对象;服务地域范围,以国内、国外为区分,自建数字资源可以服务的地域覆盖范围。

(3)专家根据图书馆提供的相关职责、建设目标以及服务需求等文件资料,按照该指标与图书馆的职责、目标、需求相匹配的程度,对该指标从高到低分别给予评分为"5、4、3、2、1"。

【影响指标的解释和因素】用户分类、地域划分

【出处】(国家图书馆)数字图书馆评价体系研究

【相关指标】学科结构、用户评价、共享能力、社会效应

B12 服务方式

【名称】服务方式

【目的】有助于提高图书馆自建数字资源的服务能力和揭示能力,提升服务方式的灵活性和变化性。

【范围】适用于自建数字资源的整体和个体评价。

【定义】图书馆通过可利用的服务渠道提供给用户的自建数字资源服务。

【方法】

(1)采用定量和专家评价结合的评价方法。综合考虑图书馆的自建数字资源的版权情况、资源的自身属性特点,对自建数字资源可以提供服务的终端模式、服务方式等进行分析和统计,最终将统计结果及相关描述材料提供给专家进行综合评估。

(2)服务的终端模式可以包括移动终端、网络、电视、手持阅读器、离线载体、文献传递等。服务方式可以包括局域网、互联网、镜像、光盘等。

(3)由图书馆资源服务部门提供服务的终端模式及服务方式的统计和分析,如涉及多个服务部门或管理部门,按资源种数进行汇总描述。

(4)专家根据图书馆提供的相关职责、建设目标以及服务需求等文件资料,按照图书馆

该指标的定量数据,对该指标从高到低分别给予评分为"5、4、3、2、1"。

【影响指标的解释和因素】服务方式分类、服务终端分类、资源版权情况

【出处】(国家图书馆)数字图书馆评价体系研究

【相关指标】学科机构、数字对象类型结构、用户评价、共享能力、社会效应、访问量、响应速度、软件系统

B13　服务滞后

【名称】服务滞后

【目的】有助于提高图书馆自建数字资源的服务时效性和更新性。

【范围】适用于自建数字资源的个体评价。

【定义】因资源质量因素造成的图书馆可以提供自建数字资源服务的延迟。

【方法】

(1)采用定量和专家评价结合的评价方法。评价因自建数字资源的质量问题,造成自建数字资源可以提供服务时间与该资源建设完成时间之间的滞后性,最终将所有统计数据和相关描述材料提供给专家进行综合评估。

(2)对于自建数字资源的不同个体,其可以提供服务的时间与资源建设完成的时间之差,应限定时间范围。超出时间范围限定未提供服务的自建数字资源数量的统计数据,由资源建设部门和服务部门提供,如涉及多个部门,按各部门汇总情况进行描述。

(3)在评价本指标时,不考虑因自建数字资源的版权、服务政策造成的滞后性。

(4)专家根据图书馆提供的相关职责、建设目标以及服务需求等文件资料,按照图书馆该指标的定量数据,对该指标从高到低分别给予评分为"5、4、3、2、1"。

【影响指标的解释和因素】资源规范性、资源完整性

【出处】自创

【相关指标】(内容)完整性、用户评价

B14　服务增值

【名称】服务增值

【目的】有助于提高图书馆自建数字资源服务的扩展能力和社会效益。

【范围】适用于自建数字资源的个体评价。

【定义】图书馆在提供常规的资源服务基础之上,由个性化需求转换的更具价值的服务。

【方法】

(1)采用定量和专家评价相结合的评价方法。综合考虑图书馆的自建数字资源的版权状况、资源的内容及资源自身属性等制约因素,对评价对象可以提供的各种增值服务进行分析和统计,将统计结果提供给专家进行综合评估。

(2)增值服务的分类方法由资源服务部门或资源管理部门提供。

(3)专家根据图书馆提供的描述材料,按照该指标分类方法,如定题服务、电子出版等统计的定量数据,对该指标从高到低分别给予评分为"5、4、3、2、1"。

【影响指标的解释和因素】服务方式、资源版权

【出处】自创

【相关指标】独特性、补藏功能、社会效应

B2 获取

B21 获取有效性

【名称】获取有效性

【目的】用于评估图书馆自建数字资源符合用户需求的情况,在多大程度上是真正有效可获取的。

【范围】适用于自建数字资源的整体和个体评价。

【定义】图书馆馆藏中,至少有一位用户需求的自建数字资源,及时有效可获取的百分比。

本指标中,有效是指图书馆自建数字资源的各类馆藏级别可以提供给用户,或在图书馆中或通过其他服务方式利用。

【方法】

(1)采用定量和专家评价相结合的评价方法。综合考虑图书馆的自建数字资源的版权情况,根据数字资源权利的授权范围、授权期限、授权使用方式,对评价对象中的资源发布量进行分析和统计,将统计结果提供给专家进行综合评估。

(2)通过询问样本用户统计自建数字资源的利用情况,对至少有一位用户需要的自建数字资源随机抽样。仅以特定题名的自建数字资源作为样本,不包括主题检索所需求的结果。

获取的有效性可采用如下公式计算:

$$获取有效性 = \frac{样本中有效的被需求自建数字资源的数量}{样本中被需求自建数字资源总数} \times 100\%$$

(3)专家根据图书馆提供的材料,按照图书馆该指标的定量数据,对该指标从高到低分别给予评分为"5、4、3、2、1"。

【影响指标的解释和因素】统计标准、资源版权

【出处】ISO 11620 信息与文献 图书馆绩效指标

【相关指标】(内容)完整性、替代功能、用户评价、访问量、保存与利用比重

B22 访问量

【名称】访问量

【目的】评价图书馆自建数字资源被利用和受众情况,促进图书馆数字资源的合理性建设。

【范围】适用于自建数字资源的整体和个体评价。

【定义】用户成功发起的对评价对象在线服务的请求次数的总和。

【方法】

(1)采用定量和专家评价相结合的评价方法。根据数字资源服务或管理部门的统计数据进行客观描述,将统计结果提供给专家进行评估。

(2)一次成功的访问是用户行为的一个循环,一般从用户建立与服务或数据库的连接开

始,到终止行为发生时结束。按规定的统计周期提供统计数据。

(3)专家根据图书馆提供的描述材料,按照图书馆该指标的定量数据,对该指标从高到低分别给予评分为"5、4、3、2、1"。

【影响指标的解释和因素】统计数据的准确性

【出处】自创

【相关指标】服务方式　获取有效性

B23　响应速度

【名称】响应速度

【目的】评价图书馆自建数字资源提供服务时,针对用户请求反馈结果的时间长短。

【范围】适用于自建数字资源的个体评价。

【定义】从用户通过特定方式发出服务请求开始到接收到服务反馈的时间。

【方法】

(1)采用定量和专家评价相结合的评价方法。综合考虑图书馆的自建数字资源提供服务的软硬件环境和资源本身属性等相关要素,从数字资源服务部门获得可量化的统计数据,并对其他影响因素进行客观描述,最终将统计数据和描述材料提供给专家进行综合评估。

(2)自建数字资源"内容单元"以"种"为单位进行汇总统计,统计数据由数字资源服务部门提供。

(3)在评价本指标时,不考虑因网络故障、服务器性能等因素引起的网络时延。

(4)专家根据图书馆提供的描述材料,按照图书馆该指标的定量数据,对该指标从高到低分别给予评分为"5、4、3、2、1"。

【影响指标的解释和因素】加工质量

【出处】自创

【相关指标】服务方式

B3　长期保存

B31　实现方式

【名称】实现方式

【目的】评价图书馆自建数字资源保存的实现方式是否合理,以保证资源的安全性,避免因数据丢失、介质故障、软硬件过时等因素造成的威胁。

【范围】适用于自建数字资源的整体评价。

【定义】图书馆实现数字资源长期保存可提供的数据载体和系统平台。

【方法】

(1)采用定量评价和专家评价相结合的方法。对评价对象的保存载体和系统平台进行统计,将统计资料提供给专家进行综合评估。

(2)长期保存实现方式的评价要素包括保存载体和系统平台。保存载体包括介质的老化损坏率、类型、开放性等;系统平台包括海量资源的处理能力、可扩展能力、支持跨地域的分布式架构、数据安全机制、嵌入式保存策略等。

(3)统计数据、综合描述资料由数字资源保存部门或管理部门提供,如涉及多个部门,按各部门汇总情况进行描述。

(4)专家根据图书馆提供的相关职责、建设目标、服务需求等文件,按照该指标与图书馆的职责、目标、需求相匹配的程度,从高到低分别给予评分为"5、4、3、2、1"。

【影响指标的解释和因素】长期保存策略

【出处】自创

【相关指标】保存体系、载体安全

B32　保存与利用比重

【名称】保存与利用比重

【目的】评估图书馆不同自建数字资源的保存现状的合理性,作为调整保存与利用策略的参考,使二者平衡发展。

【范围】适用于自建数字资源的整体和个体评价。

【定义】已用于服务利用的自建数字资源在评价对象中所占的比重。

【方法】

(1)采用定量评价和专家评价相结合的方法。对评价对象中各种版权状态的资源进行统计,对评价对象利用总量和保存总量进行统计,将统计资料提供给专家进行综合评估。

(2)统计数据由数字资源保存和利用部门或管理部门提供,如涉及多个部门,按内容单元类型进行汇总统计。一般情况下仅依据资源数量进行统计,多种利用方式不再累计。

(3)依据《图书馆数字资源统计标准》,按照统一的统计计量方法进行计量。

(4)专家根据图书馆提供的相关职责、建设目标、服务需求等文件,按照该指标与图书馆的职责、目标、需求相匹配的程度,从高到低分别给予评分为"5、4、3、2、1"。

【影响指标的解释和因素】利用方式、统计数据的准确性

【出处】自创

【相关指标】版权结构、获取有效性

B33　更新及时性

【名称】更新及时性

【目的】评价自建数字资源长期保存数据内容维护的有效性。

【范围】适用于自建数字资源的整体和个体评价。

【定义】图书馆对长期保存自建数字资源的更新或迁移的维护机制及效果,以保证评价对象可以在发展的环境中被识别、使用和检索。

【方法】

(1)采用定量评价和专家评价相结合的方法。对评价对象中各保存状态的数据资源进行分析、统计和描述,将相关资料提供给专家进行综合评估。

(2)保存状态的设定方法由数字资源保存部门根据保存环境的实际情况和技术发展情况进行设定。

(3)评价对象针对不同保存状态的数字资源进行的更新或迁移的维护处理,评价要素包括处理方式、处理频率、处理结果。

(4)统计数据由数字资源保存和利用部门或管理部门提供,如涉及多个部门,按内容单

元类型进行汇总统计。

(5)依据《图书馆数字资源统计标准》,按照统一的统计计量方法进行计量。

(6)专家根据图书馆提供的相关职责、建设目标、服务需求等文件,按照该指标与图书馆的职责、目标、需求相匹配的程度,从高到低分别给予评分为"5、4、3、2、1"。

【影响指标的解释和因素】图书馆可提供用于自建数字资源长期保存的技术、策略和标准

【出处】自创

【相关指标】保存体系

B34　保存体系

【名称】保存体系

【目的】评价图书馆自建数字资源保存体系的完整性,确保长期保存的数字资源在经过长时间之后,即使原有环境发生变化,仍然能够被相应的目标群体访问和理解;确保授权用户能够准确定位、存取、理解长期保存系统中已保存的数字资源。作为调整图书馆数字资源长期保存管理方针、策略以及管理机制的参考依据。

【范围】适用于自建数字资源的整体评价。

【定义】图书馆可提供用于自建数字资源长期保存的技术、策略和标准。

【方法】

(1)采用定量评价和专家评价相结合的方法。对评价对象在资源提交、资源转换、资源保存等多个长期保存阶段所采用的技术、策略和标准进行统计汇总,并提供给专家进行综合评估。

(2)指标评价要素包括可持续性要求和可信性要求。

可持续性要求。适用海量信息资源的处理以及系统架构在容量和性能的扩展要求;

可信性要求。数字资源长期的可信性,涉及保证数字资源的生存能力、可呈现能力和可理解能力。评价主要从微观技术层面考虑,如针对相关的元数据、数字格式、内容校验、版本演变、知识产权管理等。

(3)统计数据由数字资源保存和利用部门或管理部门提供,如涉及多个部门,按内容单元类型进行汇总统计。

(4)依据《图书馆数字资源统计标准》,按照统一的统计计量方法进行计量。

(5)专家根据图书馆提供的相关职责、建设目标、服务需求等文件,按照该指标与图书馆的职责、目标、需求相匹配的程度,从高到低分别给予评分为"5、4、3、2、1"。

【影响指标的解释和因素】长期保存策略

【出处】自创

【相关指标】存储系统、实现方式、更新及时性

B4　利用效果

B41　用户评价

【名称】用户评价

【目的】从用户的角度评价图书馆自建数字资源的使用情况,促进图书馆资源建设更好

地满足用户需求。

【范围】适用于自建数字资源的整体和个体评价。

【定义】用户对图书馆自建数字资源的使用评价，为用户的主观感受。

【方法】

(1)采用调查问卷法和专家评价相结合的评价方法。制作图书馆自建数字资源用户使用评价问卷，将每个题目设置分值，由用户填写，根据需要进行结果统计，最终将统计数据和描述材料提供给专家进行综合评估。

(2)调查问卷统计分两个维度进行。

按题目进行统计，将待统计题目的所有得分相加再求平均值，计算公式如下：

$$s = \sum_1^n x \Big/ n \qquad (s:\text{待统计题目平均分},x:\text{待统计题目的得分},n:\text{问卷数量})$$

按问卷进行统计，将问卷总分数相加求平均，计算公式如下：

$$t = \sum_1^n y \Big/ n \qquad (t:\text{问卷平均分},y:\text{问卷得分},n:\text{问卷数量})$$

(3)资源服务部门或资源管理部门负责用户评价问卷的设计、发放、回收和统计整理，并提供相关文字材料。

(4)专家根据图书馆相关职责、建设目标、服务需求及统计问卷，按照图书馆该指标的定量数据，对该指标从高到低分别给予评分为"5、4、3、2、1"。

【影响指标的解释和因素】用户主观性、问卷题目的覆盖面

【出处】自创

【相关指标】服务范围、服务方式、服务滞后、获取有效性、规划与实施

B42 共享能力

【名称】共享能力

【目的】评价图书馆自建数字资源的延伸利用和传播情况，促进资源共享、避免重复建设，指导图书馆的自建数字资源建设。

【范围】适用于自建数字资源的整体和个体评价。

【定义】图书馆自建数字资源在其他项目、组织活动、各文化机构间的服务利用和影响力。

【方法】

(1)采用定性和专家评价相结合的评价方法。考虑图书馆自建数字资源除建设初期目标外，在其他项目、工程或文化机构中的重要地位和作用，用于项目或工程的数字资源类别和数量等，最终将所有描述材料提供给专家进行综合评估。

(2)共享能力的评价要素包括：参与的其他项目或工程性质(图书馆级、国家级等)、评价对象在项目、工程中的重要性(占总项目资源的比重、服务范围)和作用(图书馆自建数字资源在该项目中起到的作用)。相关文字材料，由图书馆资源建设部门或图书馆资源管理部门提供。

(3)专家根据图书馆提供的相关职责、建设目标以及服务需求等文件资料，按照该指标与图书馆的职责、目标、需求相匹配的程度，对该指标从高到低分别给予评分为"5、4、3、2、1"。

【影响指标的解释和因素】资源版权

【出处】自创

【相关指标】资源规范性、服务范围、服务方式、社会效应

B43　社会效应

【名称】社会效应

【目的】评价图书馆自建数字资源服务过程中对社会其他相关行业产生的效果、反映和影响。

【范围】适用于自建数字资源的整体和个体评价。

【定义】图书馆自建数字资源引起的其他社会行业的环境变化、服务质量提升、技术创新、文化进步、经济发展等。

【方法】

（1）采用定性和专家评价相结合的评价方法。综合考虑图书馆自建数字资源在服务过程中对社会其他行业的广泛影响，主要涉及环境变化、服务质量提升、技术创新、文化进步、经济发展等要素，撰写描述材料提供给专家进行综合评估。

（2）社会效应的评价要素涉及内容广泛，主要考虑由评价对象直接引起的相关行业的变化效果、反映和影响。

（3）专家根据图书馆提供的相关职责、建设目标以及服务需求等文件资料，按照该指标与图书馆的职责、目标、需求相匹配的程度，对该指标从高到低分别给予评分为"5、4、3、2、1"。

【影响指标的解释和因素】资料翔实客观

【出处】自创

【相关指标】服务范围、服务方式、共享能力、服务增值

C　保障质量

C1　数字化加工能力

C11　软件系统

【名称】软件系统

【目的】评估图书馆自建数字资源在加工过程中所依赖的软件系统和平台的功能和性能，从而提高资源加工和管理效率以及使用效果。

【范围】适用于自建数字资源的个体评价。

【定义】为实现文献数字化及其相应管理和利用功能所需要的软件平台及其数量。

【方法】

（1）采用定性评价和专家评价相结合的评价方法，对可量化的指标进行定量描述，将统计资料提供给专家进行综合评估。

（2）统计资料由资源建设部门、信息技术部门或管理部门提供。

（3）软件平台包括系统软件、支持软件、应用软件。评价要素包括系统功能完整性、系统性能、系统安全性、系统扩展性四个方面。

（4）软件平台数量是指图书馆用于自建数字资源加工的应用系统的总数量。

(5)专家根据图书馆提供的相关职责、建设目标、系统需求和指标描述资料,按照该指标与图书馆职责、目标、需求的匹配程度,从高到低分别给予评分为"5、4、3、2、1"。

【影响指标的解释和因素】标准规范、应用技术

【出处】自创

【相关指标】服务方式、自建数字资源基础设施经费保障率、标准规范、硬件设备、系统安全

C12 硬件设备

【名称】硬件设备

【目的】评估图书馆自建数字资源加工所采用的计算机、服务器、存储、数字化采集等硬件设备,以保障数字化加工工作开展的可行性。

【范围】适用于自建数字资源的个体评价。

【定义】图书馆用于文献数字化、数字资源加工所需的硬件设备及其数量。

【方法】

(1)采用定性评价和专家评价相结合的评价方法。综合考虑影响图书馆资源建设中的各个因素,对可量化的指标进行定量描述,将综合描述资料提供给专家进行综合评估。

(2)综合描述资料由资源建设部门、信息技术部门或管理部门提供。

(3)硬件设备的评价要素涉及硬件设备的可靠性、兼容性、可管理性和实用性四个方面。可从设备接口标准化、数据存储方式、存储容量、终端设备易用性等进行考量评估。

(4)硬件设备数量用来衡定图书馆自建数字资源加工实力是否满足图书馆自建数字资源的多种文献类型、多种载体形式、原生创建资源等建设需要。

(5)专家根据图书馆提供的相关职责、建设目标、服务政策等材料,按照该指标与图书馆职责、目标、需求的匹配程度,从高到低分别给予评分为"5、4、3、2、1"。

【影响指标的解释和因素】硬件参数、操作水平

【出处】自创

【相关指标】自建数字资源基础设施经费保障率、软件系统、系统安全

C2 存储能力

C21 存储系统

【名称】存储系统

【目的】评估图书馆自建数字资源数据存储与长期保存的系统架构和功能的合理性与科学性。

【范围】适用于自建数字资源的整体评价。

【定义】根据自建数字资源应用需要,保障存储对象在其生命周期内安全可靠的分级存储体系。

【方法】

(1)采用定性评价和专家评价相结合的评价方法。综合考虑影响图书馆资源建设中的各个因素,对可量化的指标进行定量描述,将统计资料提供给专家进行综合评估。

(2)统计资料由资源建设部门、信息技术部门或管理部门提供。

（3）存储系统的评价内容涉及存储系统的标准性、先进性、安全性、易管理性等。评价要素主要包括存储模型的标准化、多层次存储能力、吞吐率、权限控制、系统界面的友好性、兼容性等。

（4）专家根据图书馆提供的相关职责、建设目标、服务政策等材料，按照该指标与图书馆职责、目标、需求的匹配程度，从高到低分别给予评分为"5、4、3、2、1"。

【影响指标的解释和因素】技术策略、海量数字资源管理

【出处】自创

【相关指标】保存体系、存储空间、自建数字资源基础设施经费保障率、系统安全、载体安全

C22　存储空间

【名称】存储空间

【目的】评估图书馆对于自建数字资源数据在存储与长期保存过程中可存储能力的满足情况。

【范围】适用于自建数字资源的整体和个体评价。

【定义】图书馆可用于数字资源存储的容量，以满足数字资源存储量增长或减少的管理功能。

【方法】

（1）采用定量评价和专家评价相结合的评价方法。综合考虑影响图书馆资源建设中的各个因素，对可量化的数据进行定量描述，将统计资料提供给专家进行综合评估。

（2）统计资料由资源建设部门、信息技术部门或管理部门提供。

（3）存储空间的评价内容要素涉及存储空间容量、空间可伸缩性、数据共享能力以及经济效益等管理功能。比如存储空间大小、存储空间扩展、透明化的空间管理、存储空间的性价比、按需调配能力。

（4）专家根据图书馆提供的相关职责、建设目标、服务政策等材料，按照该指标与图书馆职责、目标、需求的匹配程度，从高到低分别给予评分为"5、4、3、2、1"。

【影响指标的解释和因素】存储系统的可扩展能力、存储管理、经费

【出处】自创

【相关指标】存储系统

C3　安全保障能力

C31　环境安全

【名称】环境安全

【目的】评估图书馆自建数字资源运行环境的安全程度，确保计算机网络设备具备良好的工作环境，为自建数字资源可靠、稳定、持续运行提供保障。

【范围】适用于自建数字资源的整体评价。

【定义】图书馆为保护计算机与网络设备、通信设施、馆藏资源免遭自然灾害、环境事故、人为失误和犯罪行为破坏所采取的控制措施和过程。

【方法】

（1）采用定性评价和专家评价相结合的评价方法，根据图书馆的实际情况进行客观描述，将汇总结果提供给专家进行综合评估。

（2）设备机房、网络通信、数字资源加工、保存空间等方面的描述材料由技术部门、管理部门或相关部门提供。

（3）指标评价要素依据国家标准 GB/T 2887—2011《计算机场地通用规范》、GB/T 9361—2011《计算机场地安全要求》，评价图书馆自建数字资源运行环境与国家标准相关指标的符合程度。

（4）专家根据图书馆提供的相关职责、建设目标、服务政策等材料，按照该指标与图书馆职责、目标、需求的匹配程度，从高到低分别给予评分为"5、4、3、2、1"。

【影响指标的解释和因素】现实环境与国家标准的匹配度

【出处】自创

【相关指标】规章制度

C32　系统安全

【名称】系统安全

【目的】评估图书馆自建数字资源加工、管理、服务的软件系统的安全能力，确保图书馆应用系统能够按照既定的目标正常运行，保障自建数字资源的有效利用服务效果。

【范围】适用于自建数字资源的整体评价。

【定义】图书馆为自建数字资源运行系统建立和采用的安全技术和管理手段，保护各个系统不因偶然或恶意的原因遭到破坏、更改和泄露。

【方法】

（1）采用定性评价和专家评价相结合的评价方法，根据图书馆的实际情况进行客观描述，将汇总结果提供给专家进行综合评估。

（2）系统运行情况、安全措施等描述材料由数字资源建设部门、技术服务部门提供。

（3）指标评价要素包括：系统维护机制、系统优化策略和系统应急预案。

系统维护机制，指从用户管理、日志管理、进程管理、文件管理、备份管理等方面所采取的程序化、规范化的管理机制，以保证系统正常、安全、可靠运行；

系统优化策略，指为优化系统性能、提高系统工作效率而执行的合理化解决方案；

系统应急预案，指出现突发安全问题时采取的必要程序和手段。

（4）专家根据图书馆提供的相关职责、建设目标、服务政策等材料，按照该指标与图书馆职责、目标、需求的匹配程度，从高到低分别给予评分为"5、4、3、2、1"。

【影响指标的解释和因素】技术方法、管理措施

【出处】（国家图书馆）数字图书馆评价体系研究

【相关指标】软件系统、硬件设备、存储系统、数据安全

C33　载体安全

【名称】载体安全

【目的】评估图书馆自建数字资源存储载体的安全性，确保经过长时间后，即使原有环境

发生变化,数字资源仍能被访问、存取和正确理解。

【范围】适用于自建数字资源的个体评价。

【定义】图书馆为保护自建数字资源保存载体安全所采取的安全策略和保护手段。

【方法】

(1)采用定性评价和专家评价相结合的评价方法,根据图书馆的实际情况进行客观描述,将汇总结果提供给专家进行综合评估。

(2)描述材料由数字资源保存或管理部门提供。

(3)指标评价要素包括载体安全性能和载体维护机制。

载体安全性能,指存储介质自身的兼容性和可靠性,兼容性是存储介质与读取设备之间相互配合的程度,可靠性是存储介质符合行业制作标准化程度;

载体维护机制,针对存储介质建立的日常保管、定期维护、灾难备份制度。

(4)专家根据图书馆提供的相关职责、建设目标、服务政策等材料,按照该指标与图书馆职责、目标、需求的匹配程度,从高到低分别给予评分为"5、4、3、2、1"。

【影响指标的解释和因素】载体的选择购置和使用保护

【出处】自创

【相关指标】长期保存实现方式、存储系统、数据安全

C34　数据安全

【名称】数据安全

【目的】评估图书馆自建数字资源在生产加工、管理、使用过程中,对于数据安全控制所采取的技术和方法,以及管理制度完备,为图书馆数字馆藏有效保存和利用提供保障。

【范围】适用于自建数字资源的个体评价。

【定义】图书馆通过数据安全技术与管理措施,防止数据在传输和使用过程中被非法增删、篡改、复制、显示和解密。

【方法】

(1)采用定性评价和专家评价相结合的评价方法,根据图书馆的实际情况进行客观描述,将统计结果提供给专家进行综合评估。

(2)描述材料由数字资源建设部门、技术服务部门提供。

(3)指标评价要素包括技术应用和防护策略。

技术应用是指数据安全技术与应用手段。图书馆采用主动保护措施,运用数据加密技术、安全认证、访问控制等技术手段,在数据传输、存取、复制等过程中保证数据自身属性不被篡改、数据不丢失;

数据防护策略,指图书馆应有数据安全管理制度和实施办法,可针对具体工作需要制定更为细致、针对性较强的规定,加强人员管理,提高安全意识。

(4)专家根据图书馆提供的相关职责、建设目标、服务政策等材料,按照该指标与图书馆职责、目标、需求的匹配程度,从高到低分别给予评分为"5、4、3、2、1"。

【影响指标的解释和因素】技术和管理

【出处】自创

【相关指标】载体安全、系统安全

C4 经费

C41 自建数字资源年度经费平均比重

【名称】自建数字资源年度经费平均比重

【目的】资金经费是自建数字资源质量的重要保障。对图书馆建设经费和自建数字资源建设、利用成本进行分析,规划自建数字资源经费投入总量和方式,确保数字化过程顺利进行。该指标评估图书馆自建数字资源建设经费投入情况,作为制定自建数字资源建设规划与编制预算的参考。

【范围】适用于自建数字资源的整体评价。

【定义】统计周期内(一般为近三年),每年用于自建数字资源的建设经费占图书馆当年全部资源建设经费的比重的算数平均值。

【方法】

(1)采用定量评价和专家评价相结合的方法。首先计算每年自建数字资源建设经费占当年图书馆全部资源建设经费的比重,可使用饼图辅助展示,计算公式如下:

$$\text{自建资源建设费占当年图书馆全部资源建设经费的比重} = \frac{\text{年度自建资源建设经费}}{\text{当年图书馆全部资源建设经费}} \times 100\%$$

其次,计算自建数字资源年度经费平均比重,计算公式如下:

$$\text{自建资源年度经费平均比重} = \frac{\text{近 n 年自建资源建设经费占当年图书全部资源建设经费的比重之和}}{n} \times 100\%$$

(2)经费统计数据由财务管理部门根据数字资源建设情况提供。

(3)统计范围涵盖本馆用于资源建设的全部经费来源,包括常规经费、专项经费、科研项目经费等。

(4)合作建设项目仅统计为本馆所承担任务支付的经费。

(5)仅统计实际支出经费,已经列入预算但在统计周期内未支出的经费不计入指标统计。

(6)专家根据图书馆提供的相关职责、建设目标、总体建设经费情况,按照该指标与图书馆职责、目标、需求的匹配程度,从高到低分别给予评分为"5、4、3、2、1"。

【影响指标的解释和因素】数字资源建设规划与需求

【出处】自创

【相关指标】年增率

C42 自建数字资源年度经费增长率

【名称】自建数字资源年度经费增长率

【目的】评估图书馆自建数字资源建设经费增长幅度,作为制定自建数字资源建设规划与编制预算的参考。

【范围】适用于自建数字资源的整体和个体评价。

【定义】每年自建数字资源建设经费占图书馆当年全部资源建设经费比重的同比增长率。

【方法】

(1)采用定量评价和专家评价相结合的方法。首先,计算每年自建数字资源建设经费所占比重,计算公式参见 3.4.1"自建数字资源建设经费占当年图书馆全部资源建设经费的比重"。

其次,计算每年的比重增长率,可使用柱图辅助展示,计算公式如下:

$$自建资源年度经费增长率 = \frac{本年度自建资源建设经费所占比重 - 上年度自建资源建设经费所占比重}{上年度自建资源建设所占比重} \times 100\%$$

(2)经费统计数据由财务管理部门根据数字资源建设情况提供。

(3)统计范围涵盖本馆用于资源建设的全部经费来源,包括常规经费、专项经费、科研项目经费等。

(4)合作建设项目仅统计为本馆所承担任务支付的经费。

(5)仅统计实际支出经费,已经列入预算但在统计周期内未支出的经费不计入指标统计。

(6)专家根据图书馆提供的相关职责、建设目标、总体建设经费情况,按照该指标与图书馆职责、目标、需求的匹配程度,从高到低分别给予评分为"5、4、3、2、1"。

【影响指标的解释和因素】统计周期

【出处】自创

【相关指标】规划与实施

C43　自建数字资源基础设施经费保障率

【名称】自建数字资源基础设施经费保障率

【目的】评估图书馆自建数字资源所利用基础设施的经费保障情况,作为制定自建数字资源建设规划、编制预算以及调整图书馆基础设施建设方案的参考。

【范围】适用于自建数字资源的整体评价。

【定义】统计周期内,图书馆累计为自建数字资源建设投入的各项基础设施所支出的经费占数字馆藏建设经费的比重。

【方法】

(1)采用定量评价和专家评价相结合的方法。累计专用于自建数字资源建设工作的各项基础设施支出经费之和。

(2)经费统计数据由财务管理部门和资产管理部门共同提供。

(3)基础设施包括计算机网络、软件、硬件设施。

(4)统计内容包括用于基础设施采购、运行、维护、管理的经费。

(5)统计范围涵盖本馆用于自建数字资源建设的全部经费来源,包括常规经费、专项经费、科研项目经费等。与引进资源、合作建设资源共用的基础设施经费不计入指标统计。

（6）仅统计实际支出经费，已经列入预算但在统计周期内未支出的经费不计入指标统计。

（7）专家根据图书馆提供的相关职责、建设目标、总体建设经费情况，按照该指标与图书馆职责、目标、需求的匹配程度，从高到低分别给予评分为"5、4、3、2、1"。

【影响指标的解释和因素】统计周期、重大建设项目

【出处】（国家图书馆）数字图书馆评价体系研究

【相关指标】软件系统、硬件设备、存储系统

C5 综合管理

C51 规划与实施

【名称】规划与实施

【目的】评价图书馆对自建数字资源建设规划、任务下达与实施效果的差异，为图书馆建设资源策略的制定与调整提供参考。

【范围】适用于自建数字资源的整体和个体评价。

【定义】图书馆进行自建数字资源建设计划与建设成果的情况。

【方法】

（1）采用定性评价法和专家评价法相结合的方法。对评价对象不同层次的规划与实施成果，提供背景资料，客观描述建设成果，提供相关内容统计数据。

（2）指标评价要素包括：图书馆是否具备数字资源建设规划和规划内容与实施成果的一致性。

数字资源建设规划可以分为长期、中期、短期规划，进行分别评价；

实施成果的一致性，指图书馆每个阶段自建数字资源建设情况与建设规划是否有偏离。

（3）专家根据图书馆提供的规划书、项目报告等文件，按照该指标与图书馆的职责、目标、需求相匹配的程度以及规划的合理性及完成情况，从高到低分别给予评分为"5、4、3、2、1"。

【影响指标的解释和因素】建设经费缩减、政策调整

【出处】自创

【相关指标】总量（总数量）、（内容）完整性、年增率、占馆藏比重、用户评价、自建数字资源年度经费增长率

C52 规章制度

【名称】规章制度

【目的】图书馆组织自建数字资源过程中，制定规章制度，加强执行管理，可以控制不利因素产生的影响。通过该指标评价，可了解图书馆自建数字资源组织建设中规章制度的规范化程度和管理疏漏，以提高管理水平。

【范围】适用于自建数字资源的整体评价。

【定义】自建数字资源建设过程中，图书馆制定的组织劳动过程和进行劳动管理的规则和制度。

【方法】

（1）采用定性评价和专家评价相结合的评价方法，分类组织有关规章制度，进行客观描

述,提供背景资料给专家进行综合评估。对规章制度的合理完整和执行管理进行评价。

（2）指标评价要素规章制度的完备性和规章制度的执行。

规章制度的完备性,指根据自建数字资源组织建设方式,在加工、处理、保存、利用各环节中是否都有相应的规章制度;

规章制度的执行,指规章制度的落实情况,如执行方式和执行效果。

（3）专家根据图书馆提供的规章制度文件,按照该指标与图书馆的职责、目标、自建数字资源建设要求相匹配的程度以及合理性及实际执行情况,从高到低分别给予评分为"5、4、3、2、1"。

【影响指标的解释和因素】自建数字资源建设方式（自建、联建、外包）

【出处】自创

【相关指标】人员管理、环境安全

C53　人员管理

【名称】人员管理

【目的】评价人的因素对自建数字资源建设质量和应用安全的影响。在自建数字资源生产活动中,通过对人员的组织协调以及对所需知识和技术进行培训,促进员工业务水平提高,建立激励机制,为图书馆打造高技术人员核心队伍。

【范围】用于自建数字资源的整体和个体评价。

【定义】图书馆对参与自建数字资源组织建设的员工,在业务培训和绩效考核方面运用的管理方法和措施。

【方法】

（1）采用定性评价和专家评价相结合的评价方法。归纳管理制度文件,将客观描述资料提供给专家进行综合评估。

（2）指标评价要素包括:业务培训和绩效考核。

业务培训,是指向图书馆员工或参与自建数字资源建设的外包人员为从事专项工作而提供所需知识和技能的培训,即围绕从事专项工作所需的知识、技能、工作方法等的培训活动。培训的目的是保证工作人员能够胜任专项工作的需要。培训内容、时间和方式应视专项工作需要确定。

绩效考核,是对工作人员完成目标情况的一个跟踪、记录、考评。为了更好地完成这个目标需要把目标分阶段分解到各部门各人员身上,对每个人进行任务考核。

（3）专家根据图书馆提供的文件资料和数字资源建设要求,按照该指标对自建数字资源建设的质量安全的潜在影响,从高到低分别给予评分为"5、4、3、2、1"。

【影响指标的解释和因素】图书馆人事政策

【出处】自创

【相关指标】规章制度

C54　标准规范

【名称】标准规范

【目的】标准是衡量产品质量及工作质量的尺度,为数字馆藏建设和利用奠定坚实的基础。评价图书馆自建数字资源建设的标准规范体系的可靠性、系统性、完备性、实用性,反映图书馆数字资源建设标准化工作面貌和水平,也是自建数字资源长期保存和有效利用的保障。

【范围】用于自建数字资源的整体和个体评价。

【定义】根据实际工作和科学技术发展需要制定的工作规范,用以指导具体操作。

【方法】

(1)采用定性评价和专家评价相结合的评价方法。归纳自建数字资源建设相关标准和规范,将客观描述资料提供给专家进行综合评估。

(2)该指标评价要素包括:标准规范的范围和标准规范的内容

标准规范范围,是指在图书馆加工对象的遴选、加工、组织、保存、利用等数字图书馆资源建设工作环节中是否都有标准规范。评估标准规范体系的完整性。

标准规范内容,是指根据实际需要,制定或重新组织相关标准和规范文件,其内容遵从国际标准、国家标准、行业标准的程度。在评价中,对于是直接采用已有标准,还是图书馆内部制定的规范文件,可做区分考量。

(3)专家根据图书馆提供的相关职责、建设目标、所应用的标准规范以及标准规范的维护等全面情况,根据数字图书馆标准规范体系建设要求,按照该指标与图书馆职责、目标、数字资源发展的匹配程度,从高到低分别给予评分为"5、4、3、2、1"。

【影响指标的解释和因素】国际标准、国内标准的发展、标准规范的维护

【出处】(国家图书馆)数字图书馆评价体系研究

【相关指标】资源规范性、软件系统

实　证　篇

6　自建数字资源质量评价过程

自建数字资源建设作为图书馆工作的核心,其质量的高低直接影响着图书馆服务与发展。自建数字资源的质量与水平受多种因素的影响和制约,必须对其做出科学的评价,才能有针对性地根据评价结果及时地对资源建设进行优化调整。特别是在网络环境下,多种载体共存,数字资源数量激增、用户信息需求水平显著提高的情况下,进行数字资源的优化研究,提高服务用户资源受益度就显得尤为重要。

6.1　确定评价指标权重

自建数字资源质量涉及资源建设、资源利用和基础保障等诸多要素或指标,并且各指标对于整个自建数字资源系统的作用与效果又有所区别,即具有不同的权重系数。因此在研究各指标对相关准则的影响或贡献之前,首先研究确定各指标的权重。

层次分析法(Analytic Hierarchy Process,简称 AHP)又称为多层次权重分析法,是将与决策有关的元素分解成目标、准则、指标层次,再进行定性和定量分析的决策方法。该方法是美国匹兹堡大学教授萨蒂(Saaty T. L.)于 20 世纪 70 年代初提出的一种层次权重决策分析法。这种方法的特点是运用了人的分析、判断综合能力,解决那些结构较为复杂、决策准则较多,且不易量化的决策问题。它将定性分析和定量分析相结合,把复杂问题逐层分解为各个组成因素,形成层次结构模型,将难以直接做出决策的问题转换为人或专家对各层因素的两两比较判断问题,将人的思维用数字的形式表现出来,具有高度的有效性、可靠性、简明性和广泛的适用性[103]。

6.1.1　建立梯级层次结构

自建数字资源质量评价是对自建数字资源系统进行的综合评价,包括自建数字资源现状和趋势的评价,涉及自建数字资源的建设质量、利用质量、保障质量等方面,因此评价指标体系是一种复杂的多因素、多变量、多层次的等级系统。根据第 5 章关于指标的研究与筛选过程和相关分析,结合研究图书馆管理目标与数字资源建设宗旨,以及目前自建数字资源发展现状,同时考虑到评测数据的可得程度,建立如下自建数字资源质量层次结构(图 6 - 1 所示)。

6.1.2　构造比较判断矩阵

对同一层次的各指标采取两两比较方法。两两比较方法是指各指标之间一对一比较,评测人员依据选定的标准对每对指标的相对重要性进行比较判断,并通过这些判断来确定指标权重。采用两两比较方法可以测定不同指标之间的顺序和程度重要性,并且用于一致性的分析。同时该方法需要参与评测人员必须考虑每一个指标相对于其他所有指标的重要性,因此该方法可以更好地分析评测组得出的结果。

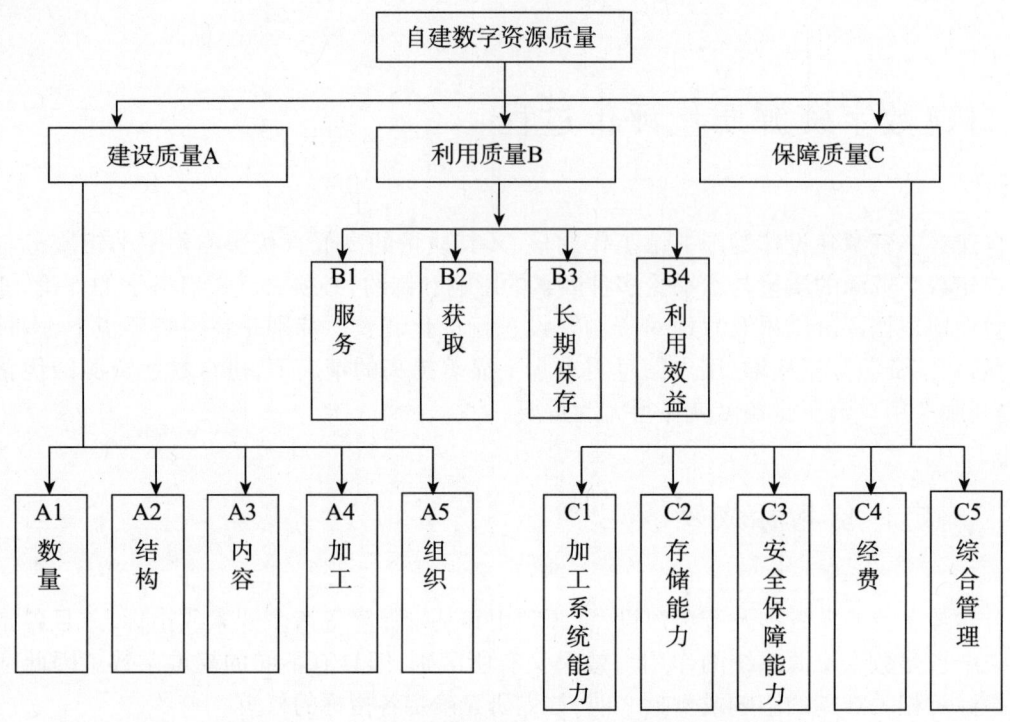

图 6 - 1　自建数字资源质量评价梯级层次结构

　　为了方便起见,根据人们判断的心理习惯,将指标的重要程度划分为 5 个等级,即同等重要,稍重要,重要,很重要,极重要;并分别赋予不同的标度值 1,3,5,7,9;如果一个指标较之另一指标不重要,仍按以上等级划分,赋予其相应标度值的倒数。表 6 - 1 是指标 i 与指标 j 相比的重要性等级和相应标度。

　　此外两两比较具有互反性,即指标 i 相对于指标 j 的重要程度与指标 j 相对于指标 i 重要程度相互对应。如指标 i 相比于指标 j 极重要,则指标 j 相比于指标 i 为极不重要。利用标度表示,指标 i 相比于指标 j 的重要程度应该与指标 j 相比于指标 i 的重要程度互为倒数。所以对于 n 个元素,只需要进行 $n(n-1)/2$ 次两两比较。剩余部分可以根据互反性自动填充。

表 6 - 1　重要性含义及标度

重要性含义	标度
表示 i 指标比 j 指标极重要	9
表示 i 指标比 j 指标很重要	7
表示 i 指标比 j 指标重要	5
表示 i 指标比 j 指标稍重要	3
表示 i 指标与 j 指标同等重要	1
表示 i 指标比 j 指标极不重要	1/9
表示 i 指标比 j 指标很不重要	1/7
表示 i 指标比 j 指标不重要	1/5
表示 i 指标比 j 指标稍不重要	1/3

另外,当 n 较大时,判断次数达 $\dfrac{n(n-1)}{2}$ 次,由于判断时间长,参与测评人员无法保持思维的一致性,判断结果会出现自相矛盾之处。例如,在单独对两两指标进行重要程度比较时,可能会出现如下情况:指标 B 比指标 A 重要,指标 C 比指标 B 重要,而指标 A 却比指标 C 重要。这种情况我们认为是不合逻辑的,所以需要保证指标重要次序的传递性。理想状态下,指标 i 对指标 j 的重要程度 a_{ij} 是指标 i 对指标 k 的重要程度 a_{ik} 与指标 j 对指标 k 的重要程度 a_{jk} 之比,即

$$a_{ij} = \frac{a_{ik}}{a_{jk}}$$

综上所述,设由问卷生成判断矩阵 $A = \begin{bmatrix} a_{11} & \cdots & a_{1n} \\ \vdots & \ddots & \vdots \\ a_{n1} & \cdots & a_{nn} \end{bmatrix}$,其中 a_{ij} 表示指标 i 相比于指标 j 的重要程度。则在理想状态下,判断矩阵 A 应该满足如下条件:

(1)对角线元素为 1,$a_{ii} = 1, i = 1, 2, \cdots, n$;

(2)右上三角和左下三角对应元素互为倒数,即

$$a_{ij} = \frac{1}{a_{ji}}; i, j = 1, 2, \cdots, n$$

(3)重要性传递条件,即 $a_{ij} = a_{ik} / a_{jk}; i, j, k = 1, 2, \cdots, n; i \neq j$。

重要性传递条件在数学上即矩阵一致性条件,同时满足上述条件的矩阵称为完全一致矩阵。若判断矩阵 A 为完全一致矩阵,则存在归一化向量 $\boldsymbol{\omega} = [\omega_1, \omega_2, \cdots, \omega_n]^T$,使得矩阵 A 的元素 a_{ij} 满足如下条件。

$$a_{ij} = \frac{\omega_i}{\omega_j}$$

同时满足如下条件:

$$A\boldsymbol{\omega} = n\boldsymbol{\omega}$$

说明归一化向量 $\boldsymbol{\omega} = [\omega_1, \omega_2, \cdots, \omega_n]^T$ 为矩阵 A 最大特征值 $\lambda_{max} = n$ 对应的特征向量。

结合实际意义可知,如果判断矩阵 A 中的元素代表各指标的权重的比值,则归一化向量 $\boldsymbol{\omega} = [\omega_1, \omega_2, \cdots, \omega_n]^T$ 即对应各指标权重。所以如果由问卷生成判断矩阵 A 满足归一化条件,可以通过求出最大特征值 λ_{max} 对应的归一化特征向量 $\boldsymbol{\omega} = [\omega_1, \omega_2, \cdots, \omega_n]^T$,来计算各指标的权重。

6.1.3　一致性检验与权重获得

6.1.3.1　一致性检验指标

由调查问卷获得的判断矩阵存在两种情况,一种是满足矩阵完全一致性条件;一种是不能满足矩阵一致性条件。而且多数情况下,由调查问卷获得矩阵时不能精确满足矩阵一致性条件。所以应该允许实际调查问卷生成的判断矩阵有一定程度的一致性误差。但是需要将一致性误差限制在一定范围内,如果一致性误差满足条件,也将判断矩阵视为一致性矩阵,取其大特征值 λ_{max} 对应的归一化特征向量作为各指标的权重。所以,需要对实际获得判断矩阵进行一致性检验。

数学上有对矩阵一致性的检验原理:如果判断矩阵 $A = (a_{ij})_{n \times n}$ 中,各个元素分别所占的权重为 $[\omega_1, \omega_2, \cdots, \omega_n]$,令

$$a_{ij} = \frac{\omega_i}{\omega_j} + \delta_{ij}(\delta_{ij} > -1, i, j = 1, 2, \cdots, n)$$

当对于任意 i 和 j,都满足 $\delta_{ij} = 0$ 时,A 为完全一致性矩阵。$|\delta_{ij}|$ 越接近于 0,则 A 的一致性越好。

在实际情况中,一致性检验一般采用 δ_{ij} 的近似值,即指标 CI,其定义如下:

$$CI = \frac{\lambda_{max} - n}{n - 1}$$

其中 n 为判断矩阵的维数,λ_{max} 是判断矩阵的最大特征值。

一般来说,CI 越接近 0,矩阵的一致性越好,但对于不同的矩阵阶数,可能需要不同的判断标准。

为了得到一个对不同阶数判断矩阵均适用的一致性检验的临界值,还必须考虑一致性与矩阵阶数之间的关系。同时,避免引入随机性误差,对于指标 CI 引入随机修正参数 RI,构成相对一致性指标 CR,定义如下:

$$CR = \frac{CI}{RI}$$

RI 的取值与矩阵的阶数相关。层次分析法的提出者 Satty 提出 $CR < 0.1$ 时,认为判断矩阵具有可接受的一致性,否则,由于判断矩阵偏离一致性程度过大而需要对矩阵 A 进行一致性调整。RI 具体取值见表 6-2。

表 6-2　随机一致性指标 RI 值

矩阵阶数 n	1	2	3	4	5	6	7	8	9
RI	0	0	0.58	0.9	1.12	1.24	1.32	1.41	1.45

6.1.3.2　一致性检验方法与单矩阵权重获得

检验判断矩阵的一致性,关键在于求出判断矩阵 A 的最大特征值 λ_{max}。λ_{max} 可以使用方根法获得,具体步骤如下。

(1)首先计算判断矩阵 A 每一行元素的乘积 α_i:

$$\alpha_i = \prod_{j=1}^{n} a_{ij}, (i = 1, 2, \cdots, n)$$

(2)计算 a_i 的 n 次方根,构成 n 次方根向量 $\boldsymbol{\beta} = [\beta_1, \cdots, \beta_n]^T$:

$$\beta_i = \sqrt[n]{\alpha_i}, (i = 1, 2, \cdots, n)$$

(3)对向量 $\boldsymbol{\beta}$ 进行归一化:

$$\omega_i = \frac{\beta_i}{\sum_{j=0}^{n} \beta_j}, (i = 1, 2, \cdots, n)$$

形成特征向量 $\boldsymbol{\omega} = [\omega_1, \omega_2, \cdots, \omega_n]^T$;

(4)获得判断矩阵最大特征值:

$$\lambda_{max} = \sum_{i=1}^{n} \frac{(A\omega)_i}{n\omega_i}$$

式中 $(A\omega)_i$ 表示向量 $A\omega$ 中的第 i 个元素。

（5）利用最大特征值 λ_{max} 可以计算出检验指标 CI 与 CR

$$CI = \frac{\lambda_{max} - n}{n - 1}, CR = \frac{CI}{RI}$$

当计算得到的相对一致性指标 CR 小于 0.1 时，认为判断矩阵符合一致性条件，则该问卷的判断矩阵一致性可以接受；当得到的相对一致性指标 CR 大于等于 0.1 时，需要评测人员对问卷进行修正，或者放弃该问卷结果。

当由问卷获得的判断矩阵的一致性在可以接受范围，则其在计算最大特征值 λ_{max} 中获得的归一化特征向量 $\boldsymbol{\omega} = [\omega_1, \omega_2, \cdots, \omega_n]^T$ 中的元素即对应各指标的权重。

6.1.3.3　组平均权重

为使指标评测趋于客观，从不同层面挑选参与指标评测人员，并将参与评测人员进行分组。分组后，将每组由有效问卷获得的指标权重进行汇总，求出该指标权重的平均值，该平均权重就是该分组下该指标的权重值。假设某组别有 n 名参与人员，第 i 名评测人员给出的权重为 ω_i，则该组别的平均权重值为：

$$\bar{\omega} = \frac{1}{n} \sum_{i=1}^{n} \omega_i$$

6.2　评价指标权重计算说明

6.2.1　评价指标权重转换

为了较为科学地反映出各指标间的权重关系，按照表 6-1 的打分原则，设计准则层和指标层各指标权重调查表。评测人员来自国家图书馆、天津图书馆、黑龙江省图书馆、湖南省图书馆、湖北省图书馆、海南省图书馆、北京大学图书馆等单位/个人近 30 位人员，并按领导、专家、一般工作人员分成三组进行指标评测，力求更加全面地反映不同层面人员对指标的认识和理解，以保证评价结果的客观性和科学性。经综合分析确定三组评测对象调查结果赋予不同权重见表 6-3。

表 6-3　评测人员分组的影响权重

评测分组	权重
领导	33%
专家	34%
一般工作人员	33%

在获得各组的平均权重后，结合各组别影响权重，计算各组指标的加权和，即为指标的最终权重，假设某指标相对于上层指标（或目标）的权重在领导组为 p_1，专家组为 p_2，一般工作人员组为 p_3，则该指标的最终权重为：

$$p = 33\% p_1 + 34\% p_2 + 33\% p_3$$

6.2.2　缺项指标权重转换

根据实际需要，图书馆自建数字资源质量评价工作可以分阶段、分批次地逐步推进。在评价过程中,因客观因素的存在,评价对象之间,评价对象在不同时间内都表现出一定的差异性。在评价时应选择符合客观需要的指标和评价方法,重视不同评价环节中多种评价方法的有机结合。在部分指标不适合评价对象的情况下,需要对已有指标的权重进行调整,使评价结果科学有效。下面为缺项指标权重转换方法。

当一组 n 个指标,其中有 k 个指标不适合具体项目,其权重分别为 $\hat{\omega}_1,\cdots,\hat{\omega}_k$ 剩余 $n-k$ 个指标将作为实际判断指标,权重分别为 $\omega_1,\cdots,\omega_{n-k}$ 调整后的指标权重为:

$$\overline{\omega}_i = \frac{\omega_i}{1-\sum_{j=1}^{k}\hat{\omega}_j}, i = 1,\cdots,n-k$$

6.3 评价指标量化

根据自建数字资源质量评价体系层次,设计《图书馆自建数字资源质量评价》指标权重调查表 18 个,其中一级指标问卷表 1 个,二级指标问卷表 3 个,三级指标问卷表 14 个。本次调查发放调查表 27 份,回收 25 份。根据参与评测人员的身份不同,参评者分为三组,包括领导、专家和一般工作人员。调查回收调查表中领导 7 人,专家 8 人,一般工作人员 10 人。

调查表中所有表格转换为判断矩阵后,先对矩阵进行一致性判断,当指标矩阵一致性校验满足要求时,该问卷表有效,利用问卷表生成的权重可以使用。问卷表指标矩阵一致性不满足要求时,参与测评人员对相应不满足一致性的标度项进行调整。本小节选择专家组的一位评测人员的调查表,做指标测算过程分析。

6.3.1 自建数字资源质量评价一级指标

一级指标包含"建设质量""利用质量"与"保障质量"3 个指标。其中:A 建设质量,考查自建数字资源数量、结构、内容、加工与组织的情况;B 利用质量,考查自建数字资源获取、使用、长期保存以及利用效果;C 保障质量,涉及自建数字资源数字化加工、存储、安全保障、经费以及综合管理方面。生成判断矩阵如下:

表 6-4(1) 一级指标判断矩阵

	A	B	C
A	1	7	9
B	1/7	1	*1/7*
C	1/9	7	1

经过计算获得最大特征值 $\lambda_{max} = 3.626$,CI $= 0.3128$,CR $= 0.3476$。由于 CR > 0.1,矩阵的一致性超出可接受范围。所以该问卷需要修正。经过检验,指标 B 和指标 C 的重要性比较结果,与指标 A 和指标 B、C 间的比较结果矛盾。经过专家反馈,对表格进行修改。修正后的表格如下所示。

6-4(2)　一级指标判断矩阵(修正)

	A	B	C
A	1	7	9
B	1/7	1	3
C	1/9	1/3	1

经过计算获得最大特征值 $\lambda_{max} = 3.0802$, CI = 0.0401 , CR = 0.0446。由于 CR < 0.1 , 矩阵对应特征向量为 $\boldsymbol{\omega} = [0.7854, 0.1488, 0.0658]^T$

计算各指标权重分别为:A 建设质量 78.54% , B 利用质量 14.88% , C 保障质量 6.58%。

6.3.2　自建数字资源质量评价二级指标

图书馆自建数字资源质量评价二级指标 14 个,共分为 3 组。

6.3.2.1　第一组二级指标

第一组二级指标为一级指标"建设质量"(A)下的"A1 数量""A2 结构""A3 内容""A4 加工""A5 组织"等 5 个二级指标。生成判断矩阵如下:

表 6-5　一级指标 A(建设质量)下二级指标判断矩阵

A	A1	A2	A3	A4	A5
A1	1	1/5	1/7	1/9	1/3
A2	5	1	1/5	1/7	3
A3	7	5	1	1/3	5
A4	9	7	3	1	7
A5	3	1/3	1/5	1/7	1

经过计算获得最大特征值 $\lambda_{max} = 5.385$, CI = 0.0962 , CR = 0.0776。可知 CR < 0.1 , 矩阵一致性在可接受范围内。

对应特征向量为 $\boldsymbol{\omega} = [0.0315, 0.1048, 0.2800, 0.5227, 0.0610]^T$

计算各指标相对于一级指标"建设质量"的权重分别为:A1 数量 3.15% , A2 结构 10.48% , A3 内容 28.00% , A4 加工 52.27% , A5 组织 6.10%。

6.3.2.2　第二组二级指标

第二组二级指标为一级指标"利用质量"(B)下的"B1 服务""B2 获取""B3 长期保存""B4 利用效益"等 4 个二级指标。生成判断矩阵如下:

表 6-6　一级指标 B(利用质量)下二级指标判断矩阵

B	B1	B2	B3	B4
B1	1	1/5	3	1/3
B2	5	1	5	3
B3	1/3	1/5	1	1/5
B4	3	1/3	5	1

经过计算获得最大特征值 $\lambda_{max} = 4.1975$，CI $= 0.0658$，CR $= 0.0588$。可知 CR < 0.1，一致性在可接受范围内。

特征向量为 $\omega = [0.1228, 0.5403, 0.0624, 0.2745]^T$

计算各指标相对于一级指标"利用质量"的权重分别为：B1 获取 12.28%，B2 使用 54.03%，B3 长期保存 6.24%，B4 利用效果 27.45%。

6.3.2.3 第三组二级指标

第三组二级指标为一级指标"保障质量"（C）下的"C1 加工系统能力""C2 存储能力""C3 安全保障能力""C4 经费""C5 综合管理"等 5 个二级指标。生成判断矩阵如下：

表 6-7(1) 一级指标 C(保障质量)下二级指标判断矩阵

C	C1	C2	C3	C4	C5
C1	1	7	9	3	5
C2	1/7	1	3	1/5	1/3
C3	1/9	1/3	1	1/7	1/5
C4	1/3	5	7	1	*1/3*
C5	1/5	3	1	3	1

经过计算获得最大特征值 $\lambda_{max} = 5.5092$，CI $= 0.1273$，CR $= 0.1027$。计算 CR > 0.1，矩阵的一致性超出可接受范围。所以该问卷需要修正。经过检验，指标 C4 与 C5 的重要性比较与其他指标重要性比较结果产生矛盾，在表中已标注。经过专家反馈，对表格进行修改。修正后的表格如下所示。

表 6-7(2) 一级指标 C(保障质量)下二级指标判断矩阵(修正)

C	C1	C2	C3	C4	C5
C1	1	7	9	3	5
C2	1/7	1	3	1/5	1/3
C3	1/9	1/3	1	1/7	1/5
C4	1/3	5	7	1	3
C5	1/5	3	1	1/3	1

经过计算获得最大特征值 $\lambda_{max} = 5.2372$，CI $= 0.0593$，CR $= 0.0478$。可知 CR < 0.1，矩阵的一致性在可接受范围。

对应特征向量为 $\omega = [0.5100, 0.0636, 0.0329, 0.2638, 0.1297]^T$

计算各指标相对于一级指标"保障质量"的权重分别为：C1 系统能力 51.00%，C2 存储能力 6.36%，C3 安全保障能力 3.29%，C4 经费 26.38%，C5 综合管理 12.97%。

6.3.3 自建数字资源质量评价三级指标

图书馆自建数字资源质量评价三级指标共 51 个，分为 14 组。

6.3.3.1 第一组三级指标

第一组三级指标为二级指标"数量"（A1）下的"A11 总量""A12 年增率""A13 占馆藏

的比重"等3个三级指标。生成判断矩阵如下：

表6-8　二级指标A1(数量)下三级指标判断矩阵

A1	A11	A12	A13
A11	1	3	3
A12	1/3	1	1
A13	1/3	1	1

经过计算获得最大特征值 $\lambda_{max} = 3$, $CI = 0$, $CR = 0$ 。可知 $CR < 0.01$ ，一致性在可接受范围内。

特征向量为 $\boldsymbol{\omega} = [0.6, 0.2, 0.2]^T$

计算各指标相对于二级指标"数量"占权重分别为：A11 总量60%，A12 年增率20%，A13 占馆藏比重20%。

6.3.3.2　第二组三级指标

第二组三级指标为二级指标"结构"(A2)下的"A21 文献类别结构""A22 学科结构""A23 来源结构""A24 时间结构""A25 版权结构""A26 数字对象类型结构""A27 馆藏级别结构"等7个三级指标。生成判断矩阵如下：

表6-9　二级指标A2(结构)下三级指标判断矩阵

A2	A21	A22	A23	A24	A25	A26	A27
A21	1	1	5	7	9	3	3
A22	1	1	5	7	9	3	3
A23	1/5	1/5	1	3	5	1/5	1/3
A24	1/7	1/7	1/3	1	3	1/7	1/5
A25	1/9	1/9	1/5	1/3	1	1/7	1/5
A26	1/3	1/3	5	7	7	1	1
A27	1/3	1/3	3	5	5	1	1

经过计算获得最大特征值 $\lambda_{max} = 7.4238$, $CI = 0.0706$, $CR = 0.0501$ 。可知 $CR < 0.1$ ，一致性在可接受范围内。

特征向量为

$$\boldsymbol{\omega} = [0.300, 0.3000, 0.0608, 0.0333, 0.0210, 0.1545, 0.1304]^T$$

计算各指标相对于二级指标"结构"的权重分别为：A21 文献类别结构30.00%，A22 学科结构30.00%，A23 来源结构6.08%，A24 时间结构3.33%，A25 版权结构2.10%，A26 数字对象类型结构15.45%，A27 馆藏级别结构13.04%。

6.3.3.3　第三组三级指标

第三组三级指标为二级指标"内容"(A3)下的"A31 完整性""A32 独特性""A33 替代功能""A34 补藏功能"等4个三级指标。生成判断矩阵如下：

表 6-10 二级指标 A3(内容)下三级指标判断矩阵

A3	A31	A32	A33	A34
A31	1	1/5	1/4	3
A32	5	1	3	7
A33	4	1/3	1	5
A34	1/3	1/7	1/5	1

经过计算获得最大特征值 $\lambda_{max}=4.153$, CI = 0.0511 , CR = 0.0456。可知 CR < 0.01 , 一致性在可接受范围内。

特征向量为 $\omega=[0.2352,0.4074,0.1787,0.4999,0.1787]^T$

计算各指标相对于二级指标"内容"的权重分别为:A31 完整性 23.52% , A32 独特性 40.74% , A33 替代功能 17.87% , A34 补藏功能 17.87%。

6.3.3.4 第四组三级指标

第四组三级指标为二级指标"加工"(A4)下的"A41 资源规范性""A42 资源功能性""A43 数据完整性""A44 资源保真性"等 4 个三级指标。生成判断矩阵如下:

表 6-11 二级指标 A4(加工)下三级指标判断矩阵

A4	A41	A42	A43	A44
A41	1	7	5	3
A42	1/7	1	1/5	1/3
A43	1/5	5	1	1/3
A44	1/3	3	3	1

经过计算获得最大特征值 $\lambda_{max}=4.2971$, CI = 0.0990 , CR = 0.0884 , 可知 CR < 0.1 , 一致性在可接受范围内。

特征向量为 $\omega=[0.5727,0.0559,0.1359,0.2355]^T$

计算各指标相对于二级指标"加工"的权重占权重分别为:A41 资源规范性 57.27% , A42 资源功能性 5.59% , A43 数据完整性 13.59% , A44 资源保真性 23.55%。

6.3.3.5 第五组三级指标

第五组三级指标为二级指标"组织"(A5)下的"A51 资源整合""A52 数据关联""A53 检索能力""A54 专题导航"等 4 个三级指标。生成判断矩阵如下:

表 6-12 二级指标 A5(组织)下三级指标判断矩阵

A5	A51	A52	A53	A54
A51	1	1/3	3	5
A52	3	1	5	7
A53	1/3	1/5	1	3
A54	1/5	1/7	1/3	1

经过计算获得最大特征值 $\lambda_{max} = 4.1169$，$CI = 0.0390$，$CR = 0.0348$。可知 $CR < 0.1$，一致性在可接受范围内。

特征向量为 $\omega = [0.2634, 0.5638, 0.1178, 0.0550]^T$

计算各指标相对于二级指标"组织"的权重占权重分别为：A51 资源整合 26.34%，A52 数据关联 56.38%，A53 检索能力 11.78%，A54 专题导航 5.50%。

6.3.3.6 第六组三级指标

第六组三级指标为二级指标"服务"（B1）下的"B11 服务范围""B12 服务方式""B13 服务滞后""B14 服务增值"等 4 个三级指标。生成判断矩阵如下：

表 6-13　二级指标 B1(获取)下三级指标判断矩阵

B1	B11	B12	B13	B14
B11	1	1/3	3	5
B12	3	1	5	7
B13	1/3	1/5	1	3
B14	1/5	1/7	1/3	1

经过计算获得最大特征值 $\lambda_{max} = 4.1169$，$CI = 0.0390$，$CR = 0.0348$。可知 $CR < 0.1$，一致性在可接受范围内。

特征向量为 $\omega = [0.2634, 0.5638, 0.1178, 0.0550]^T$

计算各指标相对于二级指标"获取"的权重占权重分别为：B11 服务范围 26.34%，B12 服务方式 56.38%，B13 服务滞后 11.78%，B14 服务增值 5.50%。

6.3.3.7 第七组三级指标

第七组三级指标为二级指标"获取"（B2）下的"B21 获取有效性""B22 访问量""B23 响应速度"等 3 个三级指标。生成判断矩阵如下：

表 6-14　二级指标 B2(使用)下三级指标判断矩阵

B2	B21	B22	B23
B21	1	1/3	3
B22	3	1	5
B23	1/3	1/5	1

经过计算获得最大特征值 $\lambda_{max} = 3.0385$，$CI = 0.0193$，$CR = 0.0214$。可知 $CR < 0.1$，一致性在可接受范围内。

特征向量为 $\omega = [0.2583, 0.6370, 0.1047]^T$

计算各指标相对于二级指标"使用"占权重分别为：B21 利用量 25.83%，B22 访问量 63.70，B23 响应速度 10.47%。

6.3.3.8 第八组三级指标

第八组三级指标为二级指标"长期保存"（B3）下的"B31 实现方式""B32 保存与利用比重""B33 更新及时性""B34 保存体系"等 4 个三级指标。生成判断矩阵如下：

表 6 – 15　二级指标 B3(长期保存)三级指标判断矩阵

B3	B31	B32	B33	B34
B31	1	1/3	1/3	1/3
B32	3	1	1	1
B33	3	1	1	1
B34	3	1	1	1

经过计算获得最大特征值 $\lambda_{max}=4.3049$，CI $=0.1016$，CR $=0.0908$。可知 CR <0.1，一致性在可接受范围内。

特征向量为 $\omega=[0.2465,0.0585,0.0838,0.6112]^T$

计算各指标相对于二级指标"长期保存"的权重占权重分别为：B31 实现方式 24.65%，B32 保存与利用的比重 5.85%，B33 更新及时性 8.38%，B34 保存体系 61.12%。

6.3.3.9　第九组三级指标

第九组三级指标为二级指标"利用效益"(B4)下的"B41 用户评价""B42 共享能力""B43 社会效应"等 3 个三级指标。生成判断矩阵如下：

表 6 – 16(1)　二级指标 B4(利用效果)三级指标判断矩阵

B4	B41	B42	B43
B41	1	1/5	1/7
B42	5	1	5
B43	7	1/5	1

经过计算获得最大特征值 $\lambda_{max}=3.4602$，CI $=0.2301$，CR $=0.2557$。可知 CR >0.1，矩阵的一致性超出可接受范围。所以该问卷需要修正。经过检验，指标 B42 与 B43 的重要程度比较与其他指标重要程度比较相矛盾。在表中已标注。经过专家反馈，对表格进行修改。修正后的表格如下所示。

表 6 – 16(2)　二级指标 B4(利用效果)三级指标判断矩阵(修正)

B4	B41	B42	B43
B41	1	1/5	1/7
B42	5	1	1/3
B43	7	3	1

经过计算获得最大特征值 $\lambda_{max}=3.0649$，CI $=0.0324$，CR $=0.0908$。可知 CR <0.1，一致性在可接受范围内。

特征向量为 $\omega=[0.0719,0.2790,0.6491]^T$

计算各指标相对于二级指标"利用效果"占权重分别为：B41 用户评价 7.19%，B42 共享能力 27.90%，B43 社会效应 64.91%。

6.3.3.10　第十组三级指标

第十组三级指标为二级指标"加工系统能力"(C1)下的"C11 软件系统""C12 硬件设

备"2 个三级指标。生成判断矩阵如下:

表 6 - 17 二级指标 C1(加工系统能力)三级指标判断矩阵

C1	C11	C12
C11	1	1
C12	1	1

经过计算获得最大特征值 $\lambda_{max}=2$,CI = 0。满足完全一致性条件。

特征向量为 $\boldsymbol{\omega}=[0.5,0.5]^T$

计算各指标相对于二级指标"加工系统能力"占权重分别为:C11 软件系统 50.00%,C12 硬件设备 50.00%。

6.3.3.11 第十一组三级指标

第十一组三级指标为二级指标"存储能力"(C2)下的"C21 存储系统""C22 存储空间"2 个三级指标。生成判断矩阵如下:

表 6 - 18 二级指标 C2(存储能力)三级指标判断矩阵

C2	C21	C22
C21	1	1
C22	1	1

经过计算获得最大特征值 $\lambda_{max}=2$,CI = 0。满足完全一致性条件。

特征向量为 $\boldsymbol{\omega}=[0.5,0.5]^T$

计算各指标相对于二级指标"存储能力"占权重分别为:C21 存储系统 50%,C22 存储空间 50%。

6.3.3.12 第十二组三级指标

第十二组三级指标为二级指标"安全保障能力"(C3)下的"C31 环境安全""C32 系统安全""C33 载体安全""C34 数据安全"等 4 个三级指标。生成判断矩阵如下:

表 6 - 19 二级指标 C3(安全保障能力)三级指标判断矩阵

C3	C31	C32	C33	C34
C31	1	1/3	7	5
C32	3	1	9	7
C33	1/7	1/9	1	1/3
C34	1/5	1/7	3	1

经过计算获得最大特征值 $\lambda_{max}=4.1646$,CI = 0.0549,CR = 0.0490。可知 CR < 0.1,一致性在可接受范围内。

特征向量为 $\boldsymbol{\omega}=[0.2902,0.5824,0.0424,0.0850]^T$

计算各指标相对于二级指标"安全保障能力"占权重分别为:C31 环境安全 29.02%,C32 系统安全 58.24%,C33 载体安全 4.24%,C34 数据安全 8.50%。

6.3.3.13 第十三组三级指标

第十三组三级指标为二级指标"经费"(C4)下的"C41 自建数字资源年度经费平均比重""C42 自建数字资源年度经费增长率""C43 自建数字资源基础设施经费保障率"等 3 个三级指标。生成判断矩阵如下:

表 6 - 20 二级指标 C4(经费)三级指标判断矩阵

C4	C41	C42	C43
C41	1	3	5
C42	1/3	1	3
C43	1/3	1/3	1

经过计算获得最大特征值 $\lambda_{max} = 3.0385$，$CI = 0.0193$，$CR = 0.0214$。可知 $CR < 0.1$，一致性在可接受范围内。

特征向量为 $\boldsymbol{\omega} = [0.6370, 0.2583, 0.1047]^T$

计算各指标相对于二级指标"利用效果"占权重分别为:C41 自建数字资源年度经费平均比重 63.70%，C42 自建数字资源年度经费增长率 25.83%，C43 自建数字资源基础设施经费保障 10.47%。

6.3.3.14 第十四组三级指标

第十四组三级指标为二级指标"综合管理"(C5)下的"C51 规划与实施""C52 规章制度""C53 人员管理""C54 标准规范"等 4 个三级指标。生成判断矩阵如下:

表 6 - 21 二级指标 C5(综合管理)三级指标判断矩阵

C5	C51	C52	C53	C54
C51	1	3	7	1/3
C52	1/3	1	3	1/5
C53	1/7	1/3	1	1/9
C54	3	5	9	1

经过计算获得最大特征值 $\lambda_{max} = 4.0874$，$CI = 0.0291$，$CR = 0.0260$。可知 $CR < 0.1$，一致性在可接受范围内。

特征向量为 $\boldsymbol{\omega} = [0.2724, 0.1119, 0.0451, 0.5706]^T$

计算各指标相对于二级指标"综合管理"占权重分别为:C51 规划与实施 27.24%，C52 规章制度 11.19%，C53 人员管理 4.51%，C54 标准规范 57.06%。

6.4 评价指标标准化

本研究向三组人员发放指标重要性调查表,采用 6.3 指标权重计算方法,然后分组进行汇总,计算出每个指标在分组内部的平均权重。

6.4.1 领导组指标权重

领导组共有 7 人,有 3 份调查表的问卷表一致性检查全部通过,其余 4 份调查表有 13 个问卷表未能通过一致性检验,对不符合一致性要求的表格进行了修正。

表 6 – 22　领导组指标平均权重

一级指标	权重	二级指标	权重	三级指标	权重
A	0.3191	A1	0.0939	A11	0.2397
				A12	0.3715
				A13	0.3888
		A2	0.2398	A21	0.1154
				A22	0.1507
				A23	0.1328
				A24	0.1613
				A25	0.1901
				A26	0.1120
				A27	0.1377
		A3	0.2079	A31	0.2698
				A32	0.3391
				A33	0.1731
				A34	0.2180
		A4	0.1817	A41	0.2175
				A42	0.3257
				A43	0.2454
				A44	0.2114
		A5	0.2767	A51	0.2902
				A52	0.2904
				A53	0.2136
				A54	0.2058

续表

一级指标	权重	二级指标	权重	三级指标	权重
B	0.2734	B1	0.3080	B11	0.2705
				B12	0.2632
				B13	0.2578
				B14	0.2085
		B2	0.2231	B21	0.3257
				B22	0.2670
				B23	0.4073
		B3	0.2320	B31	0.2373
				B32	0.2009
				B33	0.3266
				B34	0.2352
		B4	0.2369	B41	0.3570
				B42	0.2638
				B43	0.3792
C	0.4075	C1	0.1084	C11	0.5000
				C12	0.5000
		C2	0.1361	C21	0.5833
				C22	0.4167
		C3	0.1559	C31	0.2351
				C32	0.2304
				C33	0.2571
				C34	0.2774
		C4	0.1900	C41	0.3399
				C42	0.2605
				C43	0.3996
		C5	0.4096	C51	0.3512
				C52	0.2322
				C53	0.1821
				C54	0.2345

6.4.2 专家组指标权重

专家组共有 8 人,有 3 份调查表的问卷表一致性检查全部通过,其余 5 份调查表有 19 个问卷表未能通过一致性检验,对不符合一致性要求的表格进行了修正。

表 6-23 专家组指标平均权重

一级指标	权重	二级指标	权重	三级指标	权重
A	0.4763	A1	0.1511	A11	0.3782
				A12	0.3323
				A13	0.2895
		A2	0.1512	A21	0.1303
				A22	0.1857
				A23	0.1336
				A24	0.1236
				A25	0.1228
				A26	0.1561
				A27	0.1479
		A3	0.2871	A31	0.2260
				A32	0.3552
				A33	0.1881
				A34	0.2307
		A4	0.2363	A41	0.2363
				A42	0.2304
				A43	0.2346
				A44	0.2987
		A5	0.1743	A51	0.2963
				A52	0.3112
				A53	0.2107
				A54	0.1818

续表

一级指标	权重	二级指标	权重	三级指标	权重
B	0.3102	B1	0.2735	B11	0.2614
				B12	0.3376
				B13	0.2166
				B14	0.1844
		B2	0.2361	B21	0.2862
				B22	0.2753
				B23	0.4385
		B3	0.3161	B31	0.2239
				B32	0.2616
				B33	0.2438
				B34	0.2707
		B4	0.1743	B41	0.3712
				B42	0.2274
				B43	0.4014
C	0.2136	C1	0.2212	C11	0.6146
				C12	0.3854
		C2	0.1162	C21	0.6354
				C22	0.3646
		C3	0.1336	C31	0.2267
				C32	0.2817
				C33	0.1929
				C34	0.2987
		C4	0.3306	C41	0.4253
				C42	0.2977
				C43	0.2770
		C5	0.1984	C51	0.2965
				C52	0.2060
				C53	0.1896
				C54	0.3079

6.4.3 一般工作人员分组指标权重

一般工作人员分组共有 10 人,经过一致性检验,其中 1 份调查表,所有问卷表一致性检验都未能通过,所以将此问卷视为无效。余下 9 份问卷中,有 3 份调查表的问卷表一致性检查全部通过,其余 6 份调查表有 21 个问卷表未能通过一致性检验,对不符合一致性要求的表格进行了修正。

表 6-24 一般工作人员分组指标平均权重

一级指标	权重	二级指标	权重	三级指标	权重
A	0.3639	A1	0.1899	A11	0.4180
				A12	0.2878
				A13	0.2942
		A2	0.1969	A21	0.1213
				A22	0.1292
				A23	0.1475
				A24	0.0900
				A25	0.1870
				A26	0.1227
				A27	0.2023
		A3	0.2543	A31	0.1643
				A32	0.3062
				A33	0.2669
				A34	0.2626
		A4	0.1544	A41	0.1830
				A42	0.2548
				A43	0.1374
				A44	0.4248
		A5	0.2045	A51	0.3333
				A52	0.2129
				A53	0.3160
				A54	0.1378

续表

一级指标	权重	二级指标	权重	三级指标	权重
B	0.3724	B1	0.2701	B11	0.2200
				B12	0.2802
				B13	0.2487
				B14	0.2511
		B2	0.2123	B21	0.4504
				B22	0.3368
				B23	0.2128
		B3	0.2320	B31	0.1690
				B32	0.3141
				B33	0.2705
				B34	0.2464
		B4	0.2856	B41	0.2926
				B42	0.2673
				B43	0.4401
C	0.2637	C1	0.1971	C11	0.5787
				C12	0.4213
		C2	0.1607	C21	0.5370
				C22	0.4630
		C3	0.1516	C31	0.1349
				C32	0.2282
				C33	0.2924
				C34	0.3445
		C4	0.3014	C41	0.3456
				C42	0.3506
				C43	0.3038
		C5	0.1892	C51	0.2502
				C52	0.1843
				C53	0.3395
				C54	0.2260

6.4.4　质量评价指标权重

在获得各个组的平均权重后,结合三组测评人员的影响权重,计算各组指标的加权和,即为指标的最终权重。再根据三组人员所分配的在权重中占有的比例,即领导组33%,专家组34%,一般工作人员33%,计算最终指标权重结果,见表6-25。

表6-25　自建数字资源质量评价指标权重表

一级指标	权重（%）	二级指标	权重（%）	三级指标	权重（%）
A 建设质量	38.73	A1 数量	14.50	A11 总量	34.56
				A12 年增率	33.06
				A13 占馆藏的比重	32.38
		A2 结构	19.55	A21 文献类别结构	12.24
				A22 学科结构	15.55
				A23 来源结构	13.79
				A24 时间结构	12.50
				A25 版权结构	16.62
				A26 数字对象类型结构	13.05
				A27 馆藏级别结构	16.25
		A3 内容	25.01	A31 完整性	22.01
				A32 独特性	33.37
				A33 替代功能	20.92
				A34 补藏功能	23.70
		A4 加工	19.13	A41 资源规范性	21.25
				A42 资源功能性	26.99
				A43 数据完整性	20.61
				A44 资源保真性	31.15
		A5 组织	21.81	A51 资源整合	30.65
				A52 数据关联	27.19
				A53 检索能力	24.64
				A54 专题导航	17.52

续表

一级 指标	权重 （%）	二级 指标	权重 （%）	三级 指标	权重 （%）
B 利用 质量	31.86	B1 服务	28.38	B11 服务范围	25.07
				B12 服务方式	29.41
				B13 服务滞后	24.08
				B14 服务增值	21.44
		B2 获取	22.39	B21 获取有效性	35.34
				B22 访问量	29.29
				B23 响应速度	35.37
		B3 长期保存	26.06	B31 实现方式	21.02
				B32 保存与利用的比重	25.89
				B33 更新及时性	27.99
				B34 保存体系	25.10
		B4 利用效果	23.17	B41 用户评价	34.06
				B42 共享能力	25.26
				B43 社会效应	40.68
C 保障 质量	29.41	C1 加工系统 能力	17.60	C11 软件系统	56.49
				C12 硬件设备	43.51
		C2 存储能力	13.74	C21 存储系统	58.57
				C22 存储空间	41.43
		C3 安全保障 能力	14.69	C31 环境安全	19.92
				C32 系统安全	24.71
				C33 载体安全	24.69
				C34 数据安全	30.68
		C4 经费	27.46	C41 自建资源年度经费平均比重	37.08
				C42 自建资源年度经费增长率	30.29
				C43 自建资源基础设施经费保障率	32.63
		C5 综合管理	26.51	C51 规划与实施	29.93
				C52 规章制度	20.75
				C53 人员管理	23.66
				C54 标准规范	25.66

6.4.5 评价项目指标权重修正

本研究选择 3 个评价客体进行质量评价的测评验证。根据评价客体的属性特征和评价目标,在质量评价前先选择适宜的指标组成评价体系。本节根据 6.2.2 小节的缺项指标权重转换方法,计算 3 个评价客体的指标权重。指标权重结果用于评价客体的质量满意度计算。

6.4.5.1 自建数字资源(整体)质量的评价

自建数字资源(整体)质量评价的指标体系包括 3 个一级指标,13 个二级指标,38 个三级指标。下表是该指标体系的各指标权重。

表 6 – 26 自建数字资源(整体)质量的评价的指标权重

一级 指标	权重 (%)	二级 指标	权重 (%)	三级 指标	权重 (%)
A 建设 质量	38.73	A1 数量	14.50	A11 总量	34.56
				A12 年增率	33.06
				A13 占馆藏的比重	32.38
		A2 结构	19.55	A21 文献类别结构	18.04
				A23 来源结构	20.33
				A24 时间结构	18.43
				A26 数字对象类型结构	19.24
				A27 馆藏级别结构	23.96
		A3 内容	25.01	A31 完整性	51.27
				A33 替代功能	48.73
		A4 加工	19.13	A41 资源规范性	30.86
				A42 资源功能性	39.20
				A43 数据完整性	29.94
		A5 组织	21.81	A51 资源整合	30.65
				A52 数据关联	27.19
				A53 检索能力	24.64
				A54 专题导航	17.52
B 利用 质量	31.86	B1 服务	28.38	B11 服务范围	46.02
				B12 服务方式	53.98
		B2 获取	22.39	B21 获取有效性	54.68
				B22 访问量	45.32
		B3 长期保存	26.06	B31 实现方式	21.02
				B32 保存与利用的比重	25.89
				B33 更新及时性	27.99
				B34 保存体系	25.10
		B4 利用效果	23.17	B41 用户评价	34.06
				B42 共享能力	25.26
				B43 社会效应	40.68

续表

一级指标	权重（%）	二级指标	权重（%）	三级指标	权重（%）
C 保障质量	29.41	C2 存储能力	16.67	C21 存储系统	58.57
				C22 存储空间	41.43
		C3 安全保障能力	17.83	C31 环境安全	44.63
				C32 系统安全	55.37
		C4 经费	33.33	C41 自建资源年度经费平均比重	53.19
				C43 自建资源基础设施经费保障率	46.80
		C5 综合管理	32.17	C51 规划与实施	29.93
				C52 规章制度	20.75
				C53 人员管理	23.66
				C54 标准规范	25.66

6.4.5.2 中文图书自建数字资源(个体)质量评价

中文图书自建数字资源质量评价的指标体系包括 3 个一级指标,14 个二级指标,38 个三级指标。下表即该评价体系各指标权重。

表 6－27 中文图书自建数字资源质量评价的指标权重

一级指标	权重(%)	二级指标	权重(%)	三级指标	权重(%)
A 建设质量	38.73	A1 数量	14.50	A11 总量	51.11
				A12 年增率	48.89
		A2 结构	19.55	A22 学科结构	24.99
				A23 来源结构	22.17
				A25 版权结构	26.72
				A27 馆藏级别结构	26.12
		A3 内容	25.01	A31 完整性	22.01
				A32 独特性	33.37
				A33 替代功能	20.92
				A34 补藏功能	23.70
		A4 加工	19.13	A41 资源规范性	21.25
				A42 资源功能性	26.99
				A43 数据完整性	20.61
				A44 资源保真性	31.15
		A5 组织	21.81	A52 数据关联	39.21
				A53 检索能力	35.53
				A54 专题导航	25.26

一级指标	权重(%)	二级指标	权重(%)	三级指标	权重(%)
B 利用质量	31.86	B1 服务	28.38	B11 服务范围	25.07
				B12 服务方式	29.41
				B13 服务滞后	24.08
				B14 服务增值	21.44
		B2 获取	22.39	B21 获取有效性	35.34
				B22 访问量	29.29
				B23 响应速度	35.37
		B3 长期保存	26.06	B32 保存与利用的比重	48.05
				B33 更新及时性	51.95
		B4 利用效果	23.17	B41 用户评价	34.06
				B42 共享能力	25.26
				B43 社会效应	40.68
C 保障质量	29.41	C1 加工系统能力	17.60	C11 软件系统	56.49
				C12 硬件设备	43.51
		C2 存储能力	13.74	C22 存储空间	100.00
		C3 安全保障能力	14.69	C33 载体安全	44.59
				C34 数据安全	55.41
		C4 经费	27.46	C42 自建资源年度经费增长率	100.00
		C5 综合管理	26.51	C51 规划与实施	37.77
				C53 人员管理	29.85
				C54 标准规范	32.38

6.4.5.3 数字家谱自建数字资源(个体)质量评价

数字家谱自建数字资源质量评价的指标体系包括 3 个一级指标,14 个二级指标,37 个三级指标。下表为该评价体系的指标权重。

表 6−28 数字家谱自建数字资源质量评价的指标权重

一级指标	权重(%)	二级指标	权重(%)	三级指标	权重(%)
A 建设质量	38.73	A1 数量	14.50	A11 总量	51.11
				A12 年增率	48.89
		A2 结构	19.55	A23 来源结构	29.55
				A25 版权结构	35.62
				A27 馆藏级别结构	34.83

续表

一级指标	权重（%）	二级指标	权重（%）	三级指标	权重（%）
		A3 内容	25.01	A31 完整性	22.01
				A32 独特性	33.37
				A33 替代功能	20.92
				A34 补藏功能	23.70
		A4 加工	19.13	A41 资源规范性	21.25
				A42 资源功能性	26.99
				A43 数据完整性	20.61
				A44 资源保真性	31.15
		A5 组织	21.81	A52 数据关联	39.21
				A53 检索能力	35.53
				A54 专题导航	25.26
B 利用质量	31.86	B1 服务	28.38	B11 服务范围	25.07
				B12 服务方式	29.41
				B13 服务滞后	24.08
				B14 服务增值	21.44
		B2 获取	22.39	B21 获取有效性	35.34
				B22 访问量	29.29
				B23 响应速度	35.37
		B3 长期保存	26.06	B32 保存与利用的比重	48.05
				B33 更新及时性	51.95
		B4 利用效果	23.17	B41 用户评价	34.06
				B42 共享能力	25.26
				B43 社会效应	40.68
C 保障质量	29.41	C1 加工系统能力	17.60	C11 软件系统	56.49
				C12 硬件设备	43.51
		C2 存储能力	13.74	C22 存储空间	100.00
		C3 安全保障能力	14.69	C33 载体安全	44.59
				C34 数据安全	55.41
		C4 经费	27.46	C42 自建数字资源年度经费增长率	100.00
		C5 综合管理	26.51	C51 规划与实施	37.77
				C53 人员管理	29.85
				C54 标准规范	32.38

6.5 满意度调查数据计算说明

本研究选择 3 例评价对象,编制了满意度调查表,涵盖了建设质量、利用质量、保障质量三方面的内容,向 11 位直接从事国家图书馆数字资源建设管理的工作人员发放调查表。结合指标及其权重,计算总体满意度及各级指标满意度。

本研究调查测评问卷设计采用经典的态度测量量表——李克特量表(Likert scale)。这种量表由一组与主题相关的问题或陈述组成,用来表明被调查者对某一事物的态度、看法、评价或意向[104]。量表等级可为 4 到 9 个,在实际应用中通常采用 5 级量表形式,即对量表中每一题目均给出表示态度积极程度等级的 5 种备选评语答案(如"很不同意""不同意""说不准""同意""非常同意"等),并用 1 ~ 5 分别为 5 种答案计分。对于正向(或有利)的题目而言,最低分表示最强烈的不赞同,最高分表示最强烈的赞同。李克特量表是社会调查和心理测验等领域中最常使用的一种态度量表形式,可以显示被调查者态度的程度[105]。

6.5.1 总体满意度计算方法

对于总体满意度计算,采用评价向量和评分两种方式。

(1)总评分

评价指标体系设置 5 级评价等级(分为"非常满意""满意""一般""不太满意""很不满意"),分别赋给相应分值 $\boldsymbol{\mu} = [\mu_1, \mu_2, \mu_3, \mu_4, \mu_5]$,结合综合评价向量 $\boldsymbol{\theta} = [\theta_1, \cdots, \theta_5]$,计算出总体满意度 T,公式如下:

$$T = \sum_{k=1}^{5} \mu_k \theta_k$$

T:总体满意度等于各评价等级综合评价向量值与对应分值的乘积之和

μ_k:各评价等级对应分值

θ_k:各评价等级上的综合评价向量值

(2)综合评价向量计算

评价指标体系设置一级指标 3 个,评价等级分为 5 级,综合评价向量 $\boldsymbol{\theta} = [\theta_1, \cdots, \theta_5]$,评价向量中在各评价等级的评价向量值获得方式:

$$\theta_k = \sum_{i=1}^{3} \omega_i \theta_{ik}$$

θ_k:在第 k 评价等级上的综合评价向量值

θ_{ik}:各一级指标在第 k 评价等级上的评价向量值

ω_i:各一级指标对应权重

6.5.2 一级指标满意度计算方法

评价指标体系设置第 i 个一级指标 R_i 有 n 个二级指标,5 级评价等级,该一级指标的评价向量为 $\boldsymbol{\theta}_i = [\theta_{i1}, \cdots, \theta_{i5}]$,评价向量中在各评价等级的评价向量值获得方式:

$$\theta_{ik} = \sum_{j=1}^{n} \omega_{ij} \theta_{ijk}$$

θ_{ik}：第 i 个一级指标 R_i 在第 k 评价等级上的评价向量值

θ_{ijk}：一级指标 R_i 所属的各二级指标在第 k 评价等级上的评价向量值

ω_{ij}：一级指标 R_i 所属的各二级指标对应权重

6.5.3　二级指标满意度计算方法

评价指标体系设置第 i 个一级指标的第 j 个二级指标 R_{ij} 有 n 个三级指标，5 级评价等级，该二级指标的评价向量为 $\boldsymbol{\theta}_{ij} = [\theta_{ij1}, \cdots, \theta_{ij5}]$，评价向量中在各评价等级的评价向量值获得方式：

$$\theta_{ijk} = \frac{1}{N} \sum_{l=1}^{n} \omega_{ijl} \theta_{ijlk}$$

θ_{ijk}：第 i 个一级指标的第 j 个二级指标 R_{ij} 在第 k 评价等级上的评价向量值

θ_{ijlk}：二级指标 R_{ij} 所属的各三级指标在第 k 评价等级上的问卷票数

ω_{ijl}：二级指标 R_{ij} 所属的各三级指标对应权重

N：三级指标问卷的总票数

6.5.4　三级指标满意度计算方法

三级指标是通过满意度调查问卷，由参与评测专家直接评价。每个三级指标直接对应问卷问题，每个问题有 5 级评价等级，统计每个问题在各个评价等级上的专家评价票数，根据票数判断三级指标满意度。

7　国家图书馆自建数字资源质量评价

7.1　资源概述

国家图书馆历来重视文献资源建设,藏书宏富,品类齐全,为发挥职能奠定了基础。国家图书馆的数字资源建设以弘扬民族文化、传承文化遗产为主要目的,以数字图书馆组织资源为模式,利用现代信息技术成果,尊重知识产权的相关规定,全面提供数字资源服务,进一步履行与拓展国家图书馆的职能。

国家图书馆数字资源库建设遵循统一规划、统一标准、统一管理的原则。建设数字资源始终坚持以中文为主、外文为辅,特色资源自建为主、通用性资源外购为主的方针,秉承以公益为主,突出特色,遵循标准,自建外购并举,边建设边服务等原则,重点采集、自建并长期保存中文数字资源,建成国家中文数字资源保障中心,成为中文信息资源查询和保存基地。截至 2012 年年底,国家图书馆数字资源总量达到 813.5TB,主要类型包括电子报纸呈缴、外购数据库、馆藏特色资源数字化、网络导航和网络资源采集、征集数字资源等五大类。

自 20 世纪 80 年代起,国家图书馆针对馆藏特色文献,以自建方式为主进行数字资源建设。近年来,为了满足数字图书馆建设与数字资源服务的迫切需要,除了保留自建方式外,又增加了联建、征集、交换等建设方式,使国家图书馆数字资源建设总量迅速提升。本节以 2012 年国家图书馆数字资源建设情况作为实例介绍。为保障自建数字资源内容满足国家图书馆公共文化服务建设要求,2012 年建设资源内容在遵循遴选原则基础上,涵盖包括实体馆藏数字化,以及资源征集、联建、交换、海外数字化文献回归、资源缴送等方式组织建设的数字资源,涉及普通文献、民国文献、古籍文献、讲座、展览、音像制品等文献类型,包括文本、图像、音频、视频等多种数字资源类型。

7.1.1　建设质量

7.1.1.1　数量

2012 年国家图书馆数字资源建设全面开展,资源种类更为丰富,包括中文图书、民国图书、善本古籍、学位论文、视频、馆藏特色、征集等七大类,其中中文图书类数字资源包括普通中文图书、公共领域中文图书、版权征集中文图书、少儿图书、盲人图书等;善本古籍类数字资源包括馆藏家谱、海外捐赠的家谱、甲骨拓片、珍稀善本、敦煌文献等;视频类数字资源包括各类讲座、重要活动和基于手机、数字电视等新媒体开展的视频资源建设等;馆藏特色类数字资源包括援疆期刊、政府公报、展览素材、文教培训课件等。手机门户特色资源建设项目中的资源没有计入 2012 年总量。

2012 年全年建设的数字资源总量达到 323.5 万种,其中自建数字资源 12.62 万种,占馆藏比重 4%,相比 2011 年自建数字资源的 10.1 万种,增加近 25%。

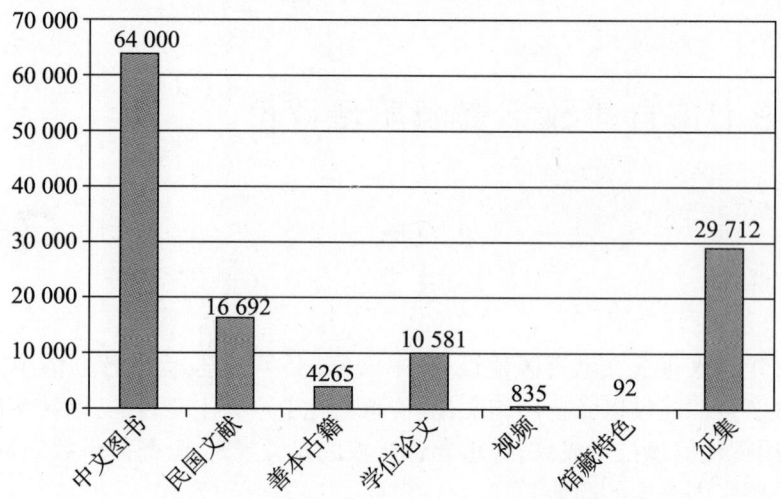

图 7-1 2012 年自建数字资源的文献类型

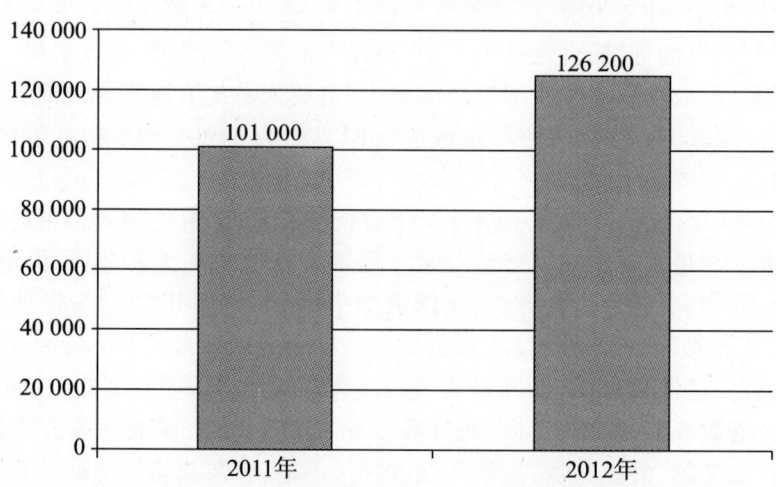

图 7-2 2011 年和 2012 年自建数字资源数量

7.1.1.2 结构

为了避免资源建设发展方向偏离本馆馆藏建设和服务目标,始终保持数字馆藏发展的重点和特色,并与本馆的职能和服务对象相结合,使图书馆能够根据不同时期的建设规划,以有限的经费求得馆藏整体效用的最大限度发挥,2012 年的自建数字资源继续秉承资源结构的合理化建设,范围全面,主要体现在文献类型结构、来源结构、时间结构和数字对象类型结构和馆藏级别结构等几方面。

2012 年自建数字资源的文献资料类别包括:学位论文 1.06 万册,专著 8.07 万种(中文图书 6.4 万册,民国文献 16692 种),古籍 5484 种(包括馆藏家谱、海外捐赠的家谱、甲骨拓片、珍稀善本、敦煌文献等),期刊 12 种,拓片 501 种(甲骨拓片),其他资源如音视频等约 3.07 万种。

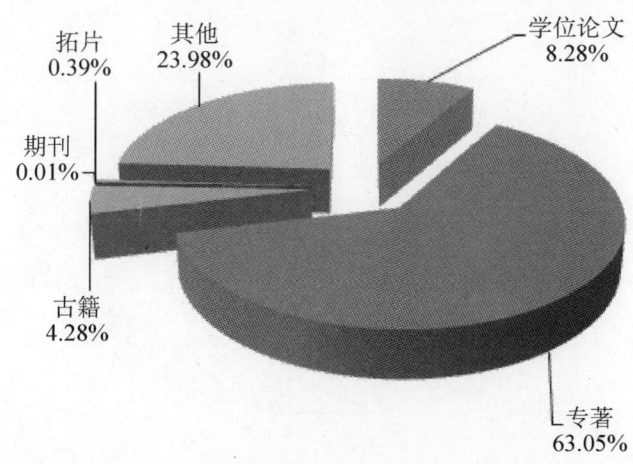

图 7 - 3　2012 年自建数字资源的文献类型结构

　　2012 年自建数字资源的来源主要以馆藏资源数字化、征集为主,还有部分海外捐赠的数字资源。其中自建数字资源约 9.5 万种(其中与 cadal 联建的民国文献为 2011 年接收,2012年进行数据整理、格式转换和发布,没有计入 2012 年度),征集资源 3 万种,海外捐赠的家谱数据约 1623 册。

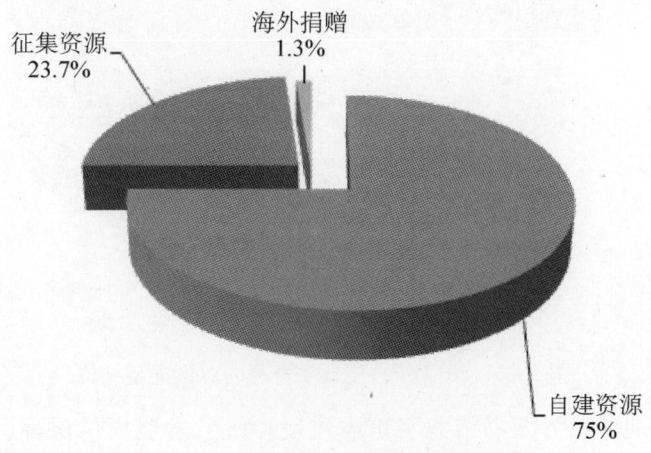

图 7 - 4　2012 年自建数字资源的来源

　　按照自建数字资源内容的编辑、出版或创建等时间进行划分,2012 年自建数字资源在时间跨度上可分为古籍、民国文献、现代文献等时间区域,其中,古籍(包括馆藏家谱、海外捐赠的家谱、甲骨拓片、珍稀善本、敦煌文献等)约占 2.7%,民国文献占 28%(包括馆藏数字化的民国图书和征集资源中的民国文献);包括中文图书、博士论文、视频资源等的现代文献 69.3%。

　　参照国家图书馆数字资源对象管理规范,2012 年建设的数字资源中,图像类资源占78%,文本类数字资源占 20%(包括盲人图书、家谱谱系整理、家谱全文、手机门户的学位论文等),视频数字资源占 2%。

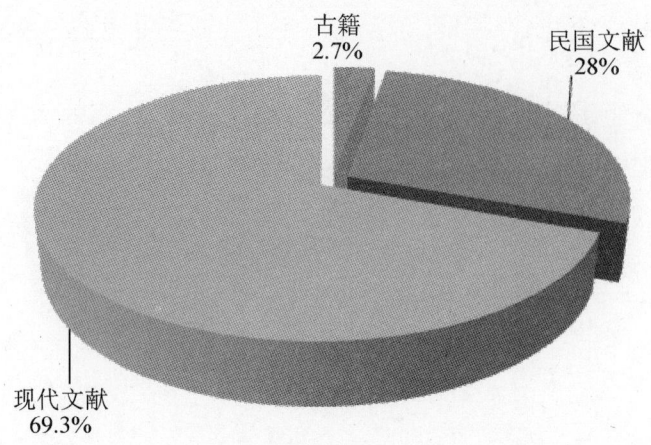

图 7 – 5 2012 年自建数字资源的时间结构

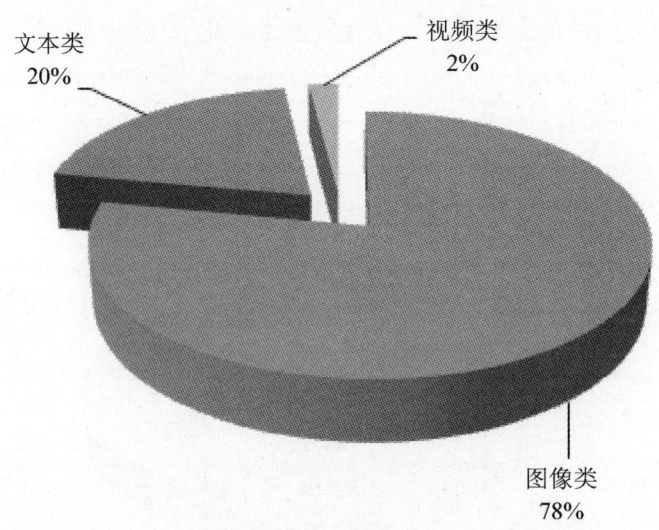

图 7 – 6 2012 年自建数字资源的对象类型结构

合理的馆藏级别可以为图书馆数字馆藏建设和服务发展提供保障,依据图书馆数字对象加工标准,自建数字资源的馆藏级别主要包括档案典藏级、复制加工级和发布服务级。档案典藏级的加工精度最高,可用作格式转换,是复制加工级的母本。复制加工级属于档案典藏级和发布服务级中间的一个过渡级别。加工精度介于二者之间。发布服务级用于网络发布或终端用户使用,供用户以在线或其他方式浏览使用。

(1)馆藏纸质文献的数字化资源和视频资源中的档案典藏级和发布服务级的数量基本保持一致,均为 9.3 万种。

(2)手机门户项目中的视频、学位论文,是为了符合移动阅读终端的要求制作的其他格式的发布服务级,30 337 种。

(3)缩微善本(45 种)、甲骨拓片(501 种)和敦煌文献(310 种)等的档案典藏级、复制加工级和发布服务级数量一致,均为 856 种。

(4)与浙江大学图书馆联建的 15 000 种民国文献为 2011 年建设档案典藏级,2012 年建设发布服务级。

（5）征集资源中部分资源截至2012年年底未完成发布资源转换,档案典藏级29 712种,发布服务级24 712种。

（6）美国犹他州家谱图书馆捐赠1623册家谱只有档案典藏级,暂未做格式转换,没有发布服务级。

表7-1　2012年自建数字资源馆藏级别情况表

类别		档案典藏级（种）	复制加工级（种）	发布服务级（种）
馆藏纸质文献数字化	中文图书	64 000	/	64 000
	民国文献	17 000		17 000
	纸质善本	18 000		1800
	学位论文	10 600		10 600
自建视频		835	/	835
缩微善本、拓片、敦煌文献		856	856	856
联建		/	/	15 000
征集		29 712	/	24 712
海外捐赠		1623	/	/
手机门户		/	/	30 300
合计		126 000	856	164 700

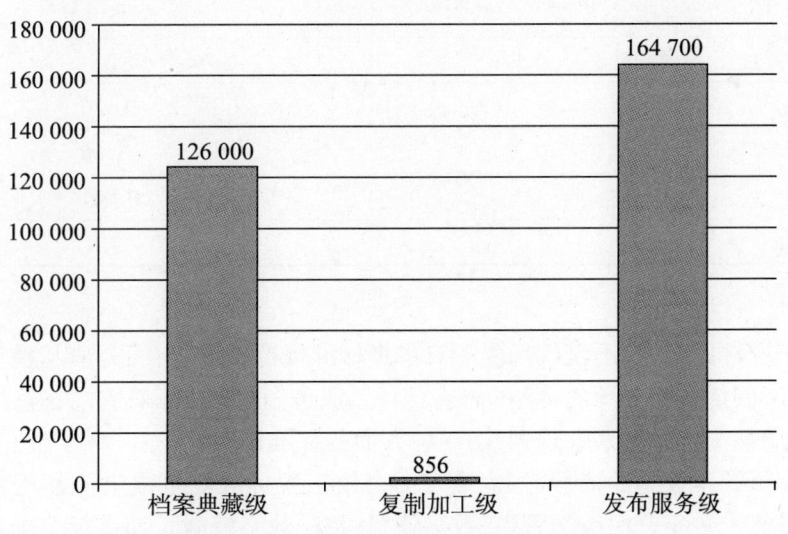

图7-7　2012年自建数字资源馆藏级别

7.1.1.3　内容

国家图书馆的自建数字资源建设始于1999年,在这10余年间,建设资源种类和数量大幅度提升,依据建设方针和原则,不断完善资源结构,突出馆藏特色。根据2012年的计划任务书,需要完成2011年数字资源建设专项任务的验收和2012年专项任务的开展,除哈佛燕京的古籍数字化、移动阅读、掌上国图等项目因故暂停之外,所有项目均为延续性建设项目。征集工作还在2011年的基础上制定和完善了征集办法、标准规范、版权证明规范等一系列文件,保证征集工作持续有效开展实施。

2012 年自建数字资源覆盖的原始文献类型全面,不仅包括图书、学位论文、期刊等图像类的资源,还通过自建和征集建设了音视频资源,如国家图书馆学术讲座视频、文津讲坛和文津读书沙龙讲座视频、专题片、非物质文化遗产、戏剧等自有版权视频数字资源。

2012 年自建数字资源在时间跨度上包括现代文献、民国文献、善本古籍等时间区域,其中现代文献的数字化项目有普通中文图书、公共领域中文图书、版权征集中文图书、少儿数字图书馆、盲人数字图书馆、博士论文等。民国文献主要指馆藏缩微胶片民国图书;善本古籍进行数字化加工的项目包括家谱、甲骨、敦煌文献、珍稀善本等资源。

数字资源建设方式多样化。除了馆藏资源自建数字化的方式以外,还涵盖了征集、联建、海外捐赠等多种方式,不断加快国家图书馆数字资源建设步伐,尤其体现在民国文献、家谱、老照片、年画、碑帖、非物质文化遗产资源、少数民族资源等方面的资源量增长。

避免时间、空间的限制,代替实体文献满足用户使用,是数字资源最基本的功能之一。在 2012 年自建数字资源中能够起到替代本馆实体资源作用的主要指对馆藏资源进行数字化建设的文献类资源,包括中文图书、民国文献、善本古籍、学位论文以及其他类,如期刊、政府公报等约 9.4 万种,在 2012 年全年自建数字资源的总量(12.62 万种)中占 74.6%,其他来源方式的资源是数字馆藏的有益补充,但不能起到代替本馆实体馆藏的作用。

表 7-2 2012 年文献类馆藏资源数字化情况

类别	数量(万种)
中文图书	6.4
民国文献	1.7
善本古籍	0.26
学位论文	1.06
其他	0.0014
合计	9.4

7.1.1.4 加工

自建数字资源的建设,不仅仅局限于对单个标准规范的遵守,而是应从整个数字资源生命周期的角度,围绕数字资源的创建、描述、组织、服务、长期保存来建立完整的标准规范体系框架,并按照整个框架体系来规划、组织各方面的标准规范。

自建数字资源建设主要依据"国家数字图书馆工程标准规范成果",涵盖了数字内容创建、数字对象描述、数字资源组织管理、数字资源服务、数字资源长期保存 5 个环节。结合不同类型项目的特色制定的加工规范类型有:图像类资源的《中文图书数字化加工规范》《博士论文数字化加工规范》《善本缩微胶片数字化加工标准》《民国书缩微胶片数字化加工标准》《家谱数字化加工标准》等;文本类资源的《国家图书馆中文图书全文转换加工规范》;音视频类资源的《馆藏优秀音像资料数字化加工方案》《国家图书馆视频数据制作规范》等;征集资源的《数字资源征集与数字图书馆推广工程数字资源联合建设数据标准规范》。

以纸本图像类文献加工规范为例,规范中规定由 MARC 数据中的 001 字段的记录标识号作为每种图书的唯一标识号;对图像扫描方式、分辨率、文件格式进行规范;对元数据中数据库表的命名、格式、字段名、目次标引等,对成品数据的存储路径、说明管理文件的格式、成品提交方式、长期保存方式等提出具体要求和应达到的标准。

加工单位必须完全依据规范所规定的内容和要求进行数字化加工,在验收数字化成果时,依据规范进行检验。如超出规范内容,需要与国家图书馆相关部门沟通,协商解决。

在功能性方面,作为自建数字资源建设基础的标准规范,是开发利用与共建共享资源的基本保证,满足自建数字资源的发布、交换、共享、长期保存和二次加工需求的能力。已建成的资源发布服务级数据均在国家图书馆的发布服务系统中予以发布,为了更好地满足读者对资源的需求,在已发布的资源中,部分讲座视频、论文等重新制作成符合新媒体终端发布要求的发布格式。

在完整性方面,2012年自建数字资源中均包括元数据、对象数据、唯一标识符和相关的说明管理文件,除了海外捐赠的家谱数据和部分征集数据未完成发布服务级的转换之外,其他95%的资源的对象数据均包含档案典藏级和发布服务级等各种数据加工级别,数量一致,结构完整。

7.1.1.5 组织

自建数字资源的建设项目多,来源广,类型多,为了保证用户进行"一站式"的便利检索,并保证查准率和查全率,国家图书馆在项目多、数据类型多样、来源广的情况下,分别依据对应的加工规范,在特色发布系统中进行资源内部整合。

自建数字资源加工采用具有普遍适应性的元数据方案,通过标准化手段,对各类数据的信息单元进行详细、全面的著录描述。为整合平台提供数字资源核心元数据内容,如题名、著者、创建年份等基础信息。规范的元数据加工为整合平台抽取和重组相似元数据,实现对异构、异地海量信息资源的统一整合奠定了基础。

以中文图书为例,普通中文图书、公共领域中文图书、版权征集中文图书、少儿数字图书馆图书等多个相对独立的项目在元数据著录中提供相同的元数据元素进行融合、类聚和重组,在特色资源发布系统中"馆藏中文图书数字化资源库"中统一揭示。

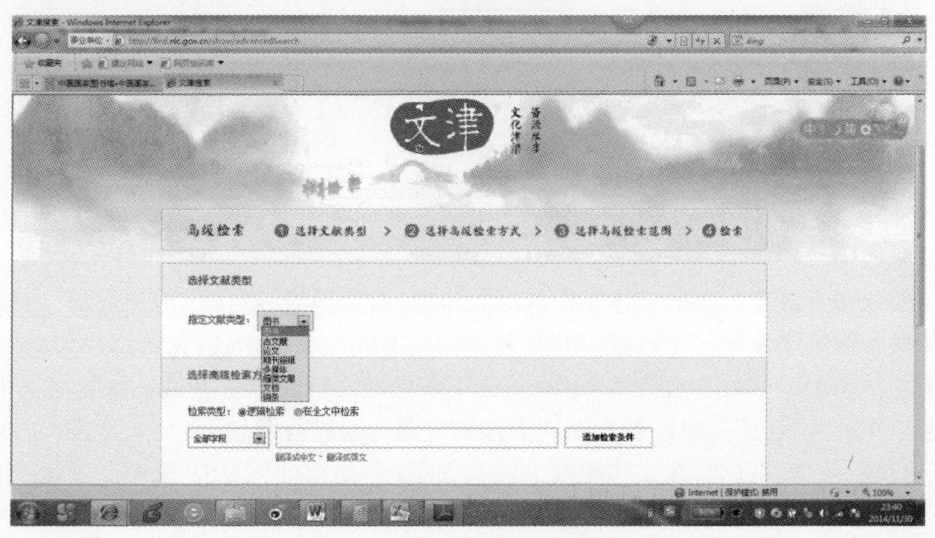

图7-8 文津搜索整合页面

自建数字资源的元数据在经过统一的规范、去重、加工和整合后，达到符合检索的要求。检索结果通过多种途径的分类和排序方式进行过滤、聚合与导引，方便读者快速定位所需信息。

根据相应的元数据加工规范，检索字段和关联字段等出自 MARC 数据中相关的字段，保证其规范性、可用性和兼容性。为了满足用户的多层次需要，不同类型的资源在进行数据加工时，著录的字段有所差别，一般提供包括题名、作者、出版社、出版时间、摘要、主题词等在内的多个检索字段，保证用户进行检索时可以使用简单检索、高级检索、二次检索、关联检索和条件限定检索等多种检索方式。

图 7-9 馆藏自建中文图书数字资源检索页面

为了使数字资源作为有机整体发挥其最大价值，避免形成大量的"信息孤岛"，自建数字资源支持发布为关联数据。元数据中的题名、作者、出版社、地点等信息可以作为关联词，这些关联词均从 MARC 数据中创建和抽取，保证了信息的规范性。通过关联数据，在不同资源间建立起丰富的关联，使用户能够在不同类型的资源之间进行跳转，在更大范围内，准确、高效、可靠地获取信息。例如，在文津搜索中检索关键词"是与非"，选中其中一本属于自建数字资源中馆藏中文图书项目的，在其左侧的书目信息中可以看到，点击关联词"杜导正"和"四川人民出版社"，可分别在外购数据库和馆藏特色资源中检索到著者为"杜导正"和出版社为"四川人民出版社"各类型资源。

为了给用户提供快速获取可访问的、有学术价值的自建数字资源的通道,自建数字资源在元数据层面支持专题导航这种揭示资源的方式。目前自建数字资源的专题导航支持分类标识和学科名称进行数字资源的重组和建立导航,元数据中提供由《中国图书馆分类法》规范控制的分类号按学科揭示,也提供通过《中国分类主题词表》规范控制的主题词按专题进行揭示,可以通过题名、著者、关键词等将相关资源进行选择和整合。

例如,提取机读目录中690字段的$a,实现中文图书和民国图书的按学科分类。博士论文除了提供按学科分类之外、还可通过元数据中209字段的$c实现按照机构进行分类。"中国记忆"项目就是以各类自建数字资源的元数据中的相关主题词为基础的专题导航,形成多载体、多种类的专题文献资源集合。

7.1.2 利用质量

7.1.2.1 服务

2012年自建数字资源均通过互联网、移动、数字电视、专网等方式为用户免费提供服务,可以获得服务的用户分为:读者卡用户、实名认证读者、非实名认证读者以及特殊用户。(特殊用户指我馆为党、政、军等用户开通的账号)未登录用户,可以检索、浏览书籍的详细信息;登录用户,可以在线全文阅读和记录自己的读书笔记。

用户可以访问的资源内容,严格按照各种资源的版权信息进行控制,采用以资源和用户相结合进行权限控制。中文图书、博士论文只是展示性地发布,只能为读者提供正文前24页的在线阅览内容。音频资源可以为登录用户提供前30秒的音乐内容,其他类型的特色资源,可以为读者提供全部内容的在线阅读服务。

2012年所有自建数字资源,除了在互联网进行发布服务以外,还有一些资源制作成适用于在新媒体进行展示的资源,扩大了服务范围。其中图书类的,中文图书中部分公开版权的图书在手机端进行了发布,因为版权问题,博士论文在手机端仅提供摘要浏览的服务。古籍中的图书类资源(数字方志)未在手机端发布。

7.1.2.2 获取

综合考虑2012年自建数字资源版权情况,提交发布的供用户使用的资源量,包括提交至手机门户中的视频和论文等资源,合计约16.47万种,108TB,在存储量上占全年发布总量的92.4%。

秉承"边建设边服务"的原则,自建数字资源日益丰富,赢得了广大读者极高的关注度,浏览量逐年攀升。以馆藏中文图书数字化资源库为例,2012年全年的页次数访问量达2600万次,种次数访问量180万次,呈稳定上升趋势。

7.1.2.3 长期保存

为了科学管理数字资源的保存和再利用,国家图书馆对数字资源长期保存工作进行了统筹规划、合理分工,利用先进的技术、设备,制定完善的流程,将有价值的数字资源进行保存,最大限度地确保馆藏数字资源的安全,使其能准确便捷地提取,为今后的数字资源信息利用提供保障。目前已形成一套完整的长期保存体系,通过在线、近线、离线的三层存储体系实现对数字资源的长期保存和利用。针对不同类型资源的保存级别制定相应的保存策略。

表 7 – 3   国家图书馆自建数字资源的保存级别和策略

保存级别	存储介质	存储职责	保存内容	说明
长期保存级	光盘、磁带	永久保存	元数据、数字化资源等	同时保存三份：磁带、光盘（一式两份）、异地灾备
不定期保存级	磁盘、磁带	不一定永久保存	网络发布资源等	同时保存一到两份
临时保存级	磁盘、磁带	不需永久保存	其他	同时保存一到两份

在该体系规范下,已经完成了对 11 类自建数字资源的长期保存工作,截至 2012 年年底,已经保存了 707TB 的数据。随着国家图书馆数字资源长期保存工作的开展,国家图书馆建立了海量数字资源的保存基地,为数字资源建立了安全、稳定、大容量的"仓库"。

为了防止数字资源介质的变更和破坏带来的信息丢失,维护数字信息资源的长期真实性和可获得性,国家图书馆对馆藏自建数字资源进行梳理,并针对不同类别、不同加工时期的数字化文件完成从光盘、硬盘等存储媒体移植到磁带中,同时采用多份多地多介质的保存机制,保证馆藏资源的有效性。通过使用 MD5 的校验工具和数据抽检、恢复机制,完成对所保存数字化文件的完整性检测。

2012 年自建数字资源约 12.62 万种,全面进入长期保存体系。有 95% 的数字资源投入发布和使用,另有民国文献 1.5 万种数字资源为 2011 年联合建设,2012 年进行发布级资源转换后,年度内完成发布。

7.1.2.4   利用效益

为充分了解读者对于国家图书馆特色数字资源服务质量的满意程度,进一步提高数字资源建设、服务和研究的水平,国家图书馆通过发放《特色资源利用调查问卷》对用户进行访评,通过调查问卷的整理分析可以看出,数字资源整体的数量、内容和服务质量等方面的得分均接近 4 分（5 分制）,即用户对数字资源接近满意,基本能满足用户的需求。

自建数字资源通过推广工程,为中央与地方各级政府的立法与决策工作提供信息服务;为科研院所、企事业单位及研究型用户提供深层次、专业化信息与知识服务;为广大社会公众以及未成年人、残疾人等特殊人群提供多样化、个性化的数字图书馆服务。

自建的数字资源通过联合建设与共知共享,全面开展面向各地的资源共享,共享资源总量超过 560TB,极大提升了各地的数字资源保有量和服务能力。在组织联合 5 省（自治区）图书馆共同举办"网络书香过大年"活动中,为 6 省省馆精选丰富优质的自建数字资源,借助已搭建的虚拟网络平台向地方读者提供服务,活动得到中央和各地新闻媒体广泛关注和报道,取得了良好的社会反响。为弱势群体开展的数字图书馆服务,包括中国残疾人数字图书馆、盲人数字图书馆、少儿数字图书馆,加强针对特殊群体的数字资源建设,在全国公共图书馆引起广泛关注。

充分利用国家图书馆丰富的数字资源、成熟的技术和经验,深入基层进行资源推送,为"国家图书馆与第二炮兵合作共建军营网上数字图书馆""数字图书馆塔里木油田示范馆"等提供电子图书、中外文资源库、电子报纸以及国家图书馆自主知识产权特色数字资源的在线访问,为广大群众提供公益性服务,实现优秀资源在全国范围内的共建共享。

7.1.3　保障质量

7.1.3.1　存储能力

国家图书馆的存储系统是通过网络存储设备搭建起的一套围绕海量数字资源生命周期管理的现代化、智能化的系统平台,该平台具有很高的系统性能和资源安全可靠性。系统采用光纤通道网络体系,架构先进(采用了存储网络架构),并使用在线、近线、离线相结合的存储策略,设计网络化的存储架构体系,创建了适合海量数字资源集中存储、备份的系统。整套存储系统配置了安全的备份系统,为应用数据提供更加安全的数据保护,降低人为操作失误或恶意攻击给应用系统造成的数据丢失。同时,基于三级存储机制的存储应用策略,大大提高了资源存储服务能力。国家数字图书馆基于存储网络架构的全光纤通道的海量存储系统运行稳定,不仅实现了与原有资源的有机整合,而且满足了目前海量数字资源的存储需求,还为今后的扩容留有余地。

国家图书馆建有由磁带库、磁盘阵列、光纤导向器组成的整体存储系统,总的存储量达到2270TB。其中磁盘阵列总容量已达930TB,为多个应用系统提供存储空间。国家图书馆共有2台磁带库用于离线存储,总容量1340TB,主要用于数字资源的长期保存。

7.1.3.2　安全保障能力

目前新馆北区计算机机房总面积约为1750平方米,实现双路供电不间断,所有计算机设备均可以实现远程管理,具备先进的环境监控系统并支持手机报警,使用电磁屏蔽技术确保信息安全,为网络设备、存储及应用系统服务器提供了立项的物理环境。

有线网络建设:采用了国际先进标准和技术,选用了高端网络产品,建立了万兆光纤骨干网络,实现了主干万兆、桌面千兆的高速网络连接。同时动态路由检测、虚拟冗余网关等技术保障网络的高可用性。

无线网络建设:充分考虑国家安全标准和用户易用性,采用访客隔离机制和增强的加密算法保障上网用户终端的信息安全。

系统维护机制,从用户管理、日志管理、进程管理、文件管理、备份管理等方面所采取的程序化、规范化等管理机制,利用现代化网络安全设备,制定详细、科学的网络安全策略,保证重点应用系统的系统安全和数据安全,以保证系统正常、安全可靠运行。

为了便于国家图书馆数字资源保存工作的顺利、有序进行,经过多年的工作积累,逐步形成了一套较为规范的工作流程,建立了一系列管理规章和制度。在日常工作中,相关工作人员会遵照流程和规范进行操作,从而保障了海量数字资源的可靠保存和长效利用。

7.1.3.3　经费

数字图书馆资源建设工作的开展需要充足稳定的资金支持。国家图书馆年度数字资源建设经费总投入,2012年比2011年提高74.3%,年度自建数字资源建设经费总投入2012年比2011年提高63%。通过比较,2012年自建数字资源占全部数字资源建设经费的比重为49.3%,与历年平均比重(51.5%)相比,有所下降。

表 7-4　2011、2012 年度数字资源经费投入情况表（单位:万元）

年度	自建数字资源经费（万元）	数字资源经费（万元）	自建数字资源 年度经费比重
2011	2700	5114	52.8%
2012	4400	8915	49.3%

2012 年继续保障基础设施的经费投入,主要体现在二期机房 UPS 扩容、带宽扩容、盘阵和磁带库扩容、无线网设备升级等方面,硬件基础信息化设施日趋完善,从根本上为国家数字资源建设与服务提供了保障。

7.1.3.4　综合管理

根据"十二五"规划,国家图书馆要继续全面扩大数字资源的保有量,完成珍贵馆藏特色资源及公共领域的数字化加工,继续推进特色专题资源库建设,提高数字资源的可用性,使国家图书馆的数字资源与服务实现全民共享。国家图书馆 2012 年数字资源建设规划 27 个项目,项目的协调、实施和监督由相关业务部门分别承担,遵守相关规范和管理制度,保障建设情况与规划目标的一致性。

根据不同资源在建设的各个环节的不同情况,国家图书馆制定科学完善的数字资源建设管理制度,确保数字资源规范化管理,包括《国家图书馆镜像数据库管理办法》《文献数字化管理条例》《数字化项目管理办法》《数字化项目验收办法》《国家图书馆接受作品版权转让与授权管理办法》《国家图书馆文献资源版权管理暂行条例》等基于数字资源生命周期管理的规章制度,有效控制和管理资源建设的加工、处理、保存、利用各环节。

所有参与自建数字资源建设的图书馆员工和外包人员需要接受相关项目规范、规章制度、生产流程、质量验收等方面的培训,定期进行技术经验交流。工作人员定期提交工作报告,对工作完成情况进行跟踪、记录、考核,并有相应的奖惩措施。

目前,国家图书馆的标准建设涵盖数字内容创建、数字对象描述、数字资源组织管理、数字资源服务、数字资源长期保存等 5 个环节,共计 34 项标准,截至 2012 年年底,34 个标准规范项目全部完成研制验收,其中 2012 年完成 12 个项目的研制验收。这些成果都将在数字图书馆的建设过程中进行实际应用,成为数字图书馆资源建设和软件建设的依据。

在资源建设过程中始终遵循标准,依据相关标准规范组织资源建设各有关环节的工作,保证下一步的资源组织、服务及共享。

7.2　综合评价

7.2.1　调查说明

在本研究涉及的评价指标体系中,针对自建数字资源整体情况而进行评价的指标总共涉及 3 个一级指标、13 个二级指标、38 个三级指标。为了验证本研究提出的指标体系与相关评价方法的可行性,开展了本次调查评价,为保证调查工作的全面性和严谨性,确保本次评价结果准确、客观,本次针对自建数字资源整体评价指标体系的全部指标开展全面调查,并逐一进行统计分析。本次评价人员全部来自于国家图书馆自建数字资源相关工作岗位,在充分了解国家图书馆 2012 年自建数字资源整体情况的基础上,开展客观评价。共计发出 11 份问卷,回收 9 份问卷,回收率为 82%。

7.2.2 调查对象

7.2.2.1 一级指标

针对国家图书馆自建数字资源(整体)质量评价体系中一级评价指标的满意度评价结果见表 7-5。在该评价矩阵中,综合评价向量最高的是"满意"这一档位,综合评价向量为 0.6211。根据最大隶属度原则,则认为总体上评价人员对国家图书馆自建数字资源的评价为"满意"。如果将满意度档位由高到低分别赋值为 100、90、80、70、60 分,则满意程度综合评价总分为 89.15 分,说明评价人员对国家图书馆自建数字资源建设、利用和保障各方面的质量认可度和满意度较高。

综合分析各项评价结果可以看出,三个一级指标的综合评价向量差异不明显,评价人员对三个一级指标的满意程度比较接近,可以推断,国家图书馆自建数字资源的建设质量、利用质量和保障质量相对均衡,具备长期稳定和可持续发展的良好基础。

评价人员对"利用质量"的满意度最高,"满意"和"非常满意"的评价向量之和达到 0.8254,其中,"满意"评价向量达到 0.7076。但在"不太满意"档位上,"利用质量"的评价向量也是最高的,达到 0.0364,明显高于其他两个一级指标。出现这种评价结果的最主要原因,可能是评价人员对自建数字资源了解和利用质量的主观体验存在很大的个体差异,导致了认识上的分歧,在评价样本规模不大的情况下,这种差异表现得比较明显。

对"建设质量"的满意程度处于其他两个评价指标的中间位置,"满意"及"非常满意"的评价向量之和达到 0.7759,其中,"非常满意"的评价向量达到 0.2175,是三个一级指标该档位上最高值,说明评价人员对国家图书馆自建资源的认可程度总体上居于较高水平。

表 7-5 国家图书馆自建数字资源(整体)质量评价一级指标评价结果

评价结果 / 评价指标	非常满意	满意	一般	不太满意	很不满意
A 建设质量 0.3873	0.2175	0.5584	0.2029	0.0212	0.0000
B 利用质量 0.3186	0.1178	0.7076	0.1294	0.0364	0.0088
C 保障质量 0.2941	0.1422	0.6098	0.2200	0.0280	0.0000
综合评价向量	**0.1636**	**0.6211**	**0.1845**	**0.0280**	**0.0028**

7.2.2.2 二级指标

(1)整体情况

针对国家图书馆自建数字资源(整体)质量评价体系中二级评价指标的满意度评价结果见表 7-6。

从评价矩阵中可以看出,评价人员对二级评价指标整体上满意程度较高,其中,对"加工"的满意程度最高,其次是"内容"和"安全保障能力"。分析其中原因可以看出,评价结果反映了国家图书馆自建数字资源建设和保障的客观情况。主要在于国家图书馆较早开展数字资源自主建设工作,制定了一系列数字资源加工与管理相关的标准规范,数字资源加工质量良好,在业界有较大影响力。除此以外,评价人员对"内容"的认可度较高,对"安全保障能力"的认可度较为平均。一方面,国家图书馆自建数字资源经过十余年的积累,总体上建设资源数量、类型、建设方式等都比较丰富,时空范围覆盖广泛,资源特色突出,较好地反映了国家图书馆的馆藏和服务特色,因此,评价人员的满意度较高。另一方面,国家图书馆一直重视自建资源安全保障能力的建设,近年来开展的国家数字图书馆工程等重大项目建设也有力地加强了数字资源相关的环境安全和系统安全保障。

此外,评价人员对"经费"和"结构"的满意程度较低,对"利用效果"甚至存在"很不满意"的评价,说明这几个方面是国家图书馆在数字资源自主建设方面的薄弱环节,是未来发展中亟待重点解决的问题。

表7-6 国家图书馆自建数字资源(整体)质量评价二级指标评价结果

一级指标	二级指标	评价结果				
		非常满意	满意	一般	不太满意	很不满意
A 建设质量	A1 数量 0.1450	0.1512	0.5227	0.2901	0.0360	0.0000
	A2 结构 0.1955	0.2812	0.4688	0.2060	0.0440	0.0000
	A3 内容 0.2501	0.1681	0.7208	0.1111	0.0000	0.0000
	A4 加工 0.1913	0.3916	0.5213	0.0871	0.0000	0.0000
	A5 组织 0.2181	0.1083	0.5087	0.3490	0.0340	0.0000
A 建设质量评价向量		**0.2175**	**0.5584**	**0.2029**	**0.0212**	**0.0000**
B 利用质量	B1 服务 0.2838	0.1200	0.7601	0.0600	0.0599	0.0000
	B2 获取 0.2239	0.1215	0.5660	0.2622	0.0503	0.0000
	B3 长期保存 0.2606	0.1672	0.7107	0.0910	0.0311	0.0000
	B4 利用效果 0.2317	0.0561	0.7767	0.1294	0.0000	0.0378
B 利用质量评价向量		**0.1178**	**0.7076**	**0.1294**	**0.0364**	**0.0088**
C 保障质量	C2 存储能力 0.1667	0.2683	0.4825	0.2492	0.0000	0.0000
	C3 安全保障能力 0.1783	0.0000	0.8889	0.1111	0.0000	0.0000
	C4 经费 0.3333	0.0000	0.6667	0.2813	0.0520	0.0000
	C5 综合管理 0.3217	0.3030	0.4620	0.2017	0.0333	0.0000
C 保障质量评价向量		**0.1422**	**0.6098**	**0.2200**	**0.0280**	**0.0000**

(2)建设质量二级指标

在自建数字资源建设质量方面,"加工"和"内容"满意度较高,对"组织"的满意程度相对略低,一方面可能是由于评价人员受到发布系统功能影响,对于系统没有直接展示的组织功能了解不够深入;另一方面,在目前新型整合和集成服务环境下,评价人员认为国家图书馆自建资源的组织质量应与时俱进不断提升。

(3)利用质量二级指标

在自建数字资源利用质量方面,"服务""长期保存"和"利用效果"三个指标评价结果接近一致,满意程度较高,而"获取"这一指标满意度略低。满意程度较高的指标主要是反映以国家图书馆作为主体开展服务的情况,而满意度略低的指标主要是反映以用户为主体使用国家图书馆自建数字资源的情况,可见,国家图书馆在自建数字资源利用中应重视改善用户体验,加强用户宣传和引导,不断提高用户满意度。

(4)保障质量二级指标

在自建数字资源保障质量方面,"安全保障能力"满意度较高,"存储能力"和"综合管理"的满意度紧随其后,"经费"的满意度略低,同时,"经费"也是全部二级指标中满意度较低的指标之一。结合权重赋值情况来看,"经费"权重为0.3333,是全部二级中权重最高的指标,说明专家和评价人员普遍重视经费的保障和管理,而目前国家图书馆经费保障情况还有待提升。

7.2.2.3 三级指标

(1)建设质量三级指标

针对国家图书馆自建数字资源(整体)质量评价体系中三级评价指标的满意度评价结果见表7-7。

2012年一年国家图书馆自建数字资源的总量达到12.62万种,占馆藏比重4%,比2011年建设量增长近25%。就自主建设数字资源的数量和规模而言,国家图书馆在国内图书馆界应属领先地位,因此,在自建数字资源建设质量涉及的三级指标中,评价人员对"总量"的满意程度达到100%,但与国家图书馆宏富的馆藏相比,评价人员认为自建资源"占馆藏比重"仍然偏低,在数字图书馆和新媒体服务不断发展的环境下,应加大数字资源的建设规模,逐步增加数字资源占馆藏的比重。

此外,评价人员对"馆藏级别结构""资源规范性""数据完整性"的满意度也都达到了100%,这说明国家图书馆在数据加工制作方面注重夯实基础,坚持遵循标准规范,对数据加工质量严格把关,充分考虑了未来馆藏发展结构问题。

对比之下,"占馆藏比重""文献类别结构""时间结构""数据关联""专题导航"这5个指标的满意度略低,其中,结构相关的指标与国家图书馆馆藏发展政策密切相关,应考虑在新形势下馆藏发展政策的调整问题。而组织相关的指标与数字资源发布服务密切相关,是对目前国家图书馆数字资源整合和发布工作的一项间接反馈,对此,同样应考虑相应的调整。

(2)利用质量三级指标

国家图书馆在自建数字资源利用方面注重保护知识产权,严格遵循著作权相关法律规定开展各项服务。对于满足发布条件的资源,国家图书馆通过互联网、移动、数字电视、专网等方式为用户免费提供服务,读者卡用户、实名认证用户等不同身份的用户都可获得相应的资源,服务范围覆盖广泛,因此,评价人员的满意程度达到了100%,这也是国家图书馆应当长期坚持的一项服务策略。

国家图书馆重视对数字资源长期保存的理论研究和实践探索,目前已经形成了一套完整的长期保存体系,制定了明确的保存策略,因此,评价人员对于长期保存相关的"实现方式"和"保存体系"指标满意程度达到100%,对"更新及时性"的满意度相对略低,长期保存相关的更新问题实际上也是业界共同面临的难题,未来需要通过不断研究和实践得到较好的解决。

评价人员对于用户评价结果和自建数字资源利用的社会效益比较满意,但对于"共享能力"的满意度相对略低,这主要是受到图书馆运行机制、建设模式等客观因素的制约,未来,随着"数字图书馆推广工程"和国家图书馆数字资源征集工作的深化发展,期待国家图书馆在资源联合建设、共建共享方面取得更大进展。

评价人员对"访问量"指标的满意程度相对略低,普遍认为应着力提高资源的访问量。实际上,访问量是数字资源建设质量的综合反映,与数字资源内容、数据加工、组织、揭示、服务范围、宣传等方面都密切相关,结合本次调查结果综合分析,可能受到数字资源组织和发布服务系统的较大影响,是未来建设和利用中需要重点加强的方面。

（3）保障质量三级指标

国家图书馆自建数字资源相关的标准规范体系完整,贯穿数字内容创建、数字对象描述、数字资源组织管理、数字资源服务、数字资源长期保存全部建设和服务环节;标准规范内容一般遵循国际标准或国家标准,部分标准规范经批准已作为行业标准,因此,评价人员对此项指标满意度达到100%。

此外,评价人员对于"存储系统""环境安全""系统安全"的满意度较高,说明国家图书馆的基础设施完备,注重安全保障能力建设,设备设施管理水平较高,但同时,本次评价也反映了国家图书馆在自建数字资源保障方面面临的一个现实问题,即存储空间亟待增加,特别是在数字资源建设和服务规模不断扩大的发展背景下,存储空间更是成为制约发展的瓶颈因素。

对于保障质量相关的其他三级评价指标,评价人员的态度大多能够达到"满意"以上,可见,国家图书馆自建资源相关的存储能力、经费、综合管理工作得到了基本的认可,但仍存在改进和提升的空间,例如,"自建资源年度经费平均比重"和"自建资源基础设施经费保障率"这两项与经费相关的三级指标权重较高,说明专家认为这两项指标对评价自建资源的保障能力比较重要,在满意度评价中,个别评价人员的态度仅为"一般"或"不太满意",国家图书馆未来还需加强经费方面的保障。"规划与实施"指标主要用于评价图书馆对自建数字资源建设规划、任务下达与实际效果的差异,国家图书馆制定了与自建资源相关的长期、近期规划,在本次评价中,该指标的满意程度相对其他指标略低,评价人员认为国家图书馆在制定规划及执行规划等相关方面应加强或调整。

表7-7　国家图书馆自建数字资源（整体）质量评价三级指标评价结果

一级指标	二级指标	三级指标	评价				
			非常满意	满意	一般	不太满意	很不满意
A 建设质量	A1 数量	A11 总量 0.3456	3	6	0	0	0
		A12 年增率 0.3306	0	6	3	0	0
		A13 占馆藏比重 0.3238	1	2	5	1	0
	A1 数量评价向量		**0.1512**	**0.5227**	**0.2901**	**0.0360**	**0.0000**
	A2 结构	A21 文献类别结构 0.1804	3	2	4	0	0
		A23 来源结构 0.2033	2	5	1	1	0
		A24 时间结构 0.1843	0	5	4	0	0
		A26 数字对象类型结构 0.1924	2	5	1	1	0
		A27 馆藏级别结构 0.2396	5	4	0	0	0
	A2 结构评价向量		**0.2812**	**0.4688**	**0.2060**	**0.0440**	**0.0000**

一级指标	二级指标	三级指标	评价				
			非常满意	满意	一般	不太满意	很不满意
	A3 内容	A31 完整性 0.5127	2	6	1	0	0
		A33 替代功能 0.4873	1	7	1	0	0
	A3 内容评价向量		**0.1681**	**0.7208**	**0.1111**	**0.0000**	**0.0000**
	A4 加工	A41 资源规范性 0.3086	5	4	0	0	0
		A42 资源功能性 0.3920	2	5	2	0	0
		A43 数据完整性 0.2994	4	5	0	0	0
	A4 加工评价向量		**0.3916**	**0.5213**	**0.0871**	**0.0000**	**0.0000**
	A5 组织	A51 资源整合 0.3065	1	5	2	1	0
		A52 数据关联 0.2719	0	5	4	0	0
		A53 检索能力 0.2464	2	4	3	0	0
		A54 专题导航 0.1752	1	4	4	0	0
	A5 组织评价向量		**0.1083**	**0.5087**	**0.3490**	**0.0340**	**0.0000**
B 利用质量	B1 服务	B11 服务范围 0.4602	0	9	0	0	0
		B12 服务方式 0.5398	2	5	1	1	0
	B1 服务评价向量		**0.1200**	**0.7601**	**0.0600**	**0.0599**	**0.0000**
	B2 获取	B21 获取有效性 0.5468	2	6	1	0	0
		B22 访问量 0.4532	0	4	4	1	0
	B2 获取评价向量		**0.1215**	**0.5660**	**0.2622**	**0.0503**	**0.0000**
	B3 长期保存	B31 实现方式 0.2102	1	8	0	0	0
		B32 保存与利用的比重 0.2589	5	3	1	0	0
		B33 更新及时性 0.2799	0	6	2	1	0
		B34 保存体系 0.2510	0	9	0	0	0
	B3 长期保存评价向量		**0.1672**	**0.7107**	**0.0910**	**0.0311**	**0.0000**
	B4 利用效果	B41 用户评价 0.3406	0	8	0	0	1
		B42 共享能力 0.2526	2	4	3	0	0
		B43 社会效应 0.4068	0	8	1	0	0
	B4 利用效果评价向量		**0.0561**	**0.7767**	**0.1294**	**0.0000**	**0.0378**

续表

一级指标	二级指标	三级指标	评价				
			非常满意	满意	一般	不太满意	很不满意
C 保障质量	C2 存储能力	C21 存储系统 0.5857	2	6	1	0	0
		C22 存储空间 0.4143	3	2	4	0	0
	C2 存储能力评价向量		**0.2683**	**0.4825**	**0.2492**	**0.0000**	**0.0000**
	C3 安全保障能力	C31 环境安全 0.4463	0	8	1	0	0
		C32 系统安全 0.5537	0	8	1	0	0
	C3 安全保障能力评价向量		**0.0000**	**0.8889**	**0.1111**	**0.0000**	**0.0000**
	C4 经费	C41 自建资源年度经费平均比重 0.5319	0	6	3	0	0
		C43 自建资源基础设施经费保障率 0.4681	0	6	2	1	0
	C4 经费评价向量		**0.0000**	**0.6667**	**0.2813**	**0.0520**	**0.0000**
	C5 综合管理	C51 规划与实施 0.2993	1	4	3	1	0
		C52 规章制度 0.2075	2	6	1	0	0
		C53 人员管理 0.2366	2	4	3	0	0
		C54 标准规范 0.2566	6	3	0	0	0
	C5 综合管理评价向量		**0.3030**	**0.4620**	**0.2017**	**0.0333**	**0.0000**

7.3 发展建议

经过 10 余年的建设发展,国家图书馆自建数字资源内容丰富、种类齐全,数据加工质量稳步提高,初步构建了组织有序、结构合理的数字资源体系,并通过互联网、新媒体等广泛分布的媒介提供服务和推广利用,在读者群体中引起较好的反响。同时,数字资源生命周期相关的各类软硬件基础设施和标准规范体系也逐步发展,数字资源建设管理机制日渐完善。从本次评价的整体情况看,国家图书馆自建数字资源在建设质量、利用质量和保障质量方面得到了相对均衡的发展。与此同时,评价结果也反映出国家图书馆自建数字资源建设现状与评价人员的期待在一些方面还存在差距,国家图书馆在今后开展自建数字资源工作中应当引起重视并逐步提升。

7.3.1 提高组织能力,精细化建设数字资源

从馆藏数量角度考量,国家图书馆自建数字资源总体已经达到较大规模,但从馆藏构成角度而言,自建数字资源所占数字馆藏的比例仍显偏低,2012 年仅为 4% 。在未来数字资源建设中,国家图书馆不但需要继续丰富馆藏内容,扩大数字资源总量,更需要调整自建数字资源占全部数字馆藏的比重,通过多种方式加大自主建设馆藏数字资源的力度,使自建资源

的特色性、规模效应和不可替代作用都得到充分发挥。同时,目前制约自建数字资源建设和利用的资源组织与揭示问题,也应当引起国家图书馆的足够重视,在未来建设中关注知识内容研究和组织,加强对有效组织和语义关联的探索和应用,并在资源整合中引入集成融汇、可视化交互等技术手段,构建一个可以让用户更容易发现、更直接利用的知识环境。

7.3.2　深化服务利用,提高自建数字资源效益

目前,国家图书馆的自建数字资源根据不同的版权状态,在互联网、局域网、数字图书馆专网、数字电视、移动通信网等不同范围内为用户提供免费服务,服务渠道基本覆盖主流媒体,能够保证各个层面用户的可获得性。但同时,国家图书馆对用户的访问权限做了一定限制,一般情况下,未登录用户仅允许检索、浏览资源简要信息,只有登录用户才能够获取详细信息,导致用户利用的便捷性受到影响,进而可能影响访问量和利用效果。因此,建议国家图书馆综合考虑自建数字资源的版权状态与用户利用需求,继续拓展服务手段,深化服务内容,一方面,对于版权属于公有领域或授权互联网使用的资源,可适当简化用户访问限制,以间接提高利用率;另一方面,根据自建数字资源的特点和用户使用习惯,改进现有发布平台功能,更充分、更有效地揭示资源,充分发挥自建数字资源的价值。同时,通过新媒体、社交网络、定期开展资源推介与使用培训等方式加强资源和服务宣传,使更广泛的用户能够了解到国家图书馆自建数字资源的情况,从而激发潜在使用需求。

7.3.3　重视保障能力,实现可持续发展

调查结果表明,专家和评价人员重视自建数字资源保障质量评价,提升自建数字资源保障能力是实现图书馆可持续发展的基础。存储能力是衡量保障质量的一个重要指标,目前国家图书馆已经搭建起一套围绕海量数字资源生命周期管理的现代化、智能化的存储系统平台,该平台具有很高的系统性能和安全可靠性,但存储空间却明显不足,这严重制约了自建数字资源的建设发展,特别是对资源长期保存带来很大困难。因此,建议国家图书馆重点加强存储空间保障,同时,合理申请和安排自建数字资源建设经费,提高年度经费平均比重和基础设施经费的保障率,保障自建数字资源能够获得较为稳定和充足的经费保障。在综合管理层面上,不但应坚持制定建设和发展规划,还应重点加强对规划的落实和实施,有效开展数字资源建设的规范化和科学化管理,形成业务评价和发展的良性循环,从而促进国家图书馆整体的可持续发展。

8 国家图书馆"中文图书"自建数字资源质量评价

8.1 资源概述

国家图书馆中文图书自建数字资源自 1999 年开始着手建设,本着"边建设边服务"的原则,针对进入实体馆藏的中文图书开展文献数字化加工。中文图书数字资源建设可以替代图书纸本文献服务,对读者来说,资源获取更加便利,服务选择多样化。中文图书数字资源规模化建设,进一步丰富了图书馆数字馆藏,永久保存中文信息资源,在馆藏特色数字资源建设、读者服务与社会教育、馆藏历史文献保护等领域均发挥着重要作用。

近年来,国家图书馆相继开展了馆藏第五复本中文图书数字化、馆藏基藏本中文图书数字化、少儿数字图书馆图书数字化、盲人数字图书馆中文图书数字化、公益性网络阅读图书数字化、公共领域图书数字化等数字化项目。经过 10 余年的发展,已累计建设完成超过 52 万册中文图书数字资源,并通过国家图书馆网站、移动客户端的方式提供登录用户浏览。中文图书自建数字资源已成为国家图书馆数字馆藏的重要组成部分。

中文图书数字资源建设为国家图书馆年度常规数字化项目。下面以 2012 年中文图书数字资源建设情况作为实例进行简要概述。为保障国家图书馆每年中文图书数字化项目的合理有序进行,加工对象选取入藏图书馆的、出版时间为当年或上一年的中文图书。图书内容题材选取具备一定的数字化的历史价值及潜在长期价值,能够弘扬主旋律和先进文化,有益于提高民族素质、促进经济发展和社会进步,能够满足人民群众的精神文化需求。每年工作开展之初,通过图书内容遴选、数据查重比对之后,以加工服务外包和自建结合方式开展中文图书数字资源建设。

8.1.1 建设质量

8.1.1.1 数量

2012 年国家图书馆开展的中文图书自建数字资源项目共有 4 项:馆藏第五复本中文图书数字化、少儿数字图书馆图书数字化、盲人数字图书馆用数字资源建设、公共领域图书数字化。资源建设总量 33 926 册,46.5TB,资源建设量年增率为 −17.8%,见图 8−1。

注:2011 年建设数量为 41 289 册,48.2TB。

8.1.1.2 结构

从学科结构上看,2012 年中文图书自建数字资源覆盖了《中国图书馆分类法》中所有的基本大类,其中文学(I)、经济(F)、政治法律(D)类资源所占比例居前三位。

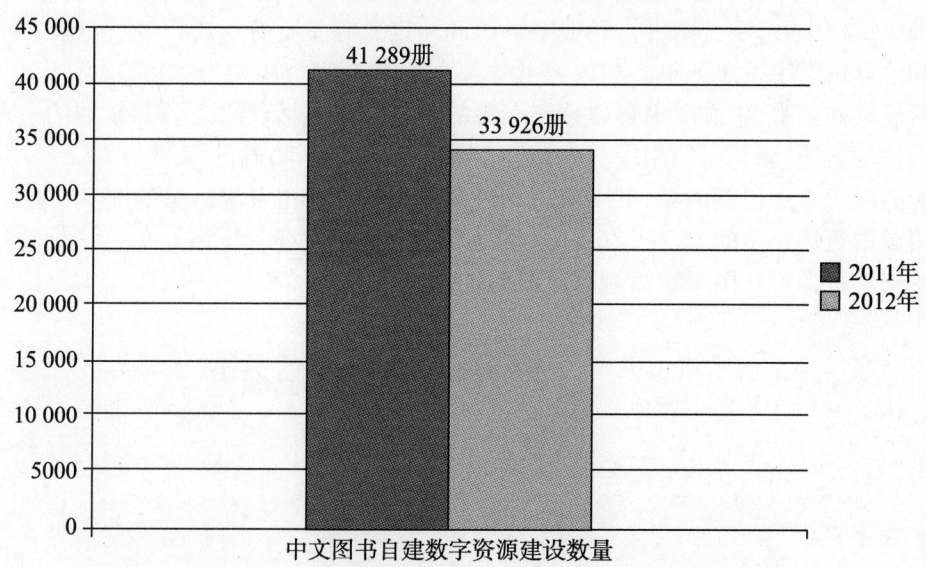

图 8-1　国家图书馆 2011—2012 年中文图书自建数字资源建设数量对比

表 8-1　2012 年国家图书馆中文图书自建数字资源学科分布统计

分类号	基本大类	资源分布比例
A	马克思主义、列宁主义、毛泽东思想、邓小平理论	0.44%
B	哲学、宗教	6.94%
C	社会科学总论	3.08%
D	政治、法律	9.14%
E	军事	0.74%
F	经济	18.02%
G	文化、科学、教育、体育	7.78%
H	语言、文字	3.42%
I	文学	20.51%
J	艺术	4.21%
K	历史、地理	7.65%
N	自然科学总论	0.31%
O	数理科学和化学	1.60%
P	天文学、地球科学	0.89%
Q	生物科学	0.79%
R	医药、卫生	4.86%
S	农业科学	1.04%
T	工业技术	6.15%
U	交通运输	1.10%
V	航空、航天	0.09%
X	环境科学、安全科学	0.81%
Z	综合性图书	0.44%

从来源结构上看,中文图书自建数字资源的建设来源主要有本馆自建、与国内外机构联合建设和地方馆数字资源征集。2012 年中文图书自建数字资源均为本馆自建。

从版权结构上看,中文图书自建数字资源的版权形态包括已进入公共领域的资源、已获得使用授权的资源、未获得使用授权的资源以及版权状态不明确的资源。2012 年中文图书数字资源的版权形态包括两类,其中已进入公共领域的资源占资源总量的 15%,未获得使用授权的资源占资源总量的 85%。依据《信息网络传播权保护条例》第七条第二款的规定,未获得使用权的资源可在图书馆馆域网范围内使用。

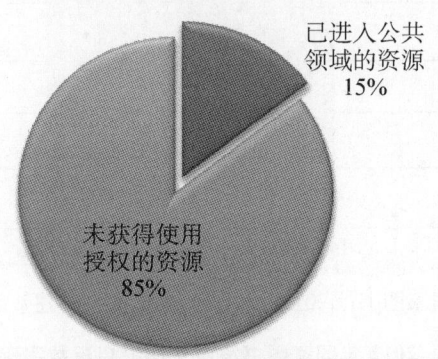

■已进入公共领域的资源　　■未获得使用授权的资源

图 8 - 2　2012 年国家图书馆中文图书自建数字资源版权结构

从馆藏级别结构上看,中文图书自建数字资源的馆藏级别分为档案典藏级和发布服务级。档案典藏级用于长期保存,是发布服务级格式转换的母本;发布服务级用于网络发布,供用户网络浏览。依据国家图书馆中文图书数字化加工规范的要求,2012 年中文图书自建数字资源的馆藏级别包括档案典藏级和发布服务级,两种馆藏级别相互对应,占资源总量的比例均为 100%。

8.1.1.3　内容

国家图书馆中文图书自建数字资源自 1999 年开始建设,至今已持续 15 年。在资源建设过程中,国家图书馆始终注意跟踪技术发展、体察用户需求的变化,不断丰富资源类型、完善资源知识结构、深入挖掘资源特色,保证资源内容不间断更新。

从内容完整性的角度,中文图书自建数字资源覆盖了《中国图书馆分类法》中所有的基本大类,文献出版时间从新中国成立伊始直到今天,时间跨度达 65 年。除了面向普通读者之外,还特别针对少年儿童和残障人士的需求建立了专门的数字资源库。以 2012 年为例,当年开展的中文图书自建数字资源项目共有 4 项,均为延续性建设项目。从文献出版时间上看,三年内出版的中文新书占到资源总量的八成,已进入公共领域的较早出版的中文图书也占有一定比例。资源受众包括普通读者、少年儿童和残障人士,其中面向少年儿童和残障人士的资源分别占到资源总量的 6% 和 3%。数字对象类型包括图像资源和文本资源两种,图像资源在资源量上仍占主体地位。依据国家图书馆中文图书数字化加工规范的要求,中文图书自建数字资源的每一个数字对象均由元数据、对象数据和唯一标识符组成,凡是由于原始文献不完整导致的数字内容缺失,均在元数据中逐条记录。

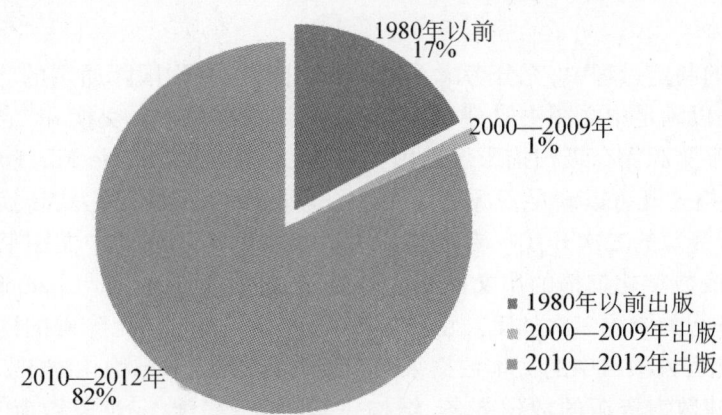

图 8 - 3 2012 年国家图书馆中文图书自建数字资源文献出版时间

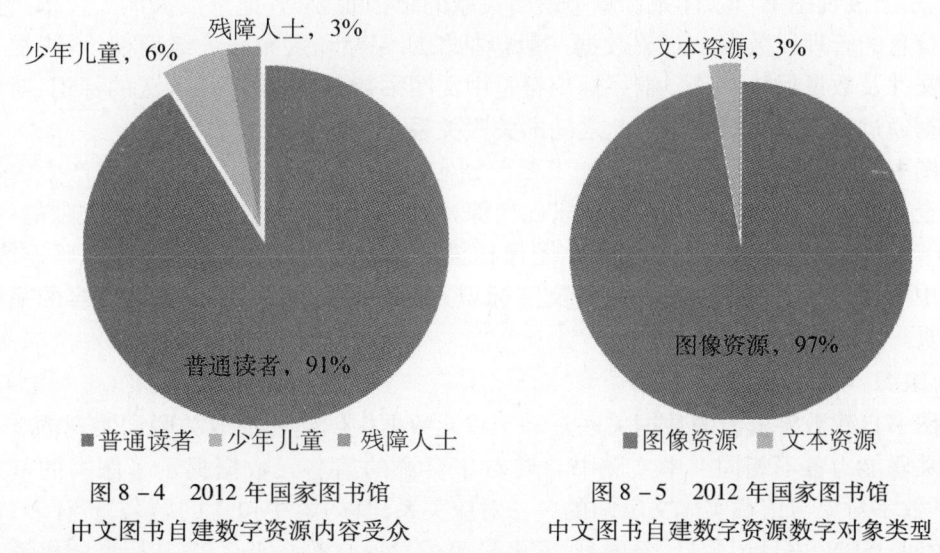

图 8 - 4 2012 年国家图书馆
中文图书自建数字资源内容受众

图 8 - 5 2012 年国家图书馆
中文图书自建数字资源数字对象类型

从内容独特性的角度,中文图书自建数字资源大部分选择了国家图书馆馆藏中文图书的第五复本、基藏本或是阅览本进行数字化加工,实体馆藏中尚有其他复本存在,原始文献消失的风险较低,但从实体文献保护方面看,自建数字资源可以起到替代实体馆藏的作用。还有少部分的中文图书自建数字资源是与其他机构联合建设或通过数字资源征集获得的,这部分资源属于独有数字资源,可以用于补藏国家图书馆缺失的实体文献。2012 年中文图书自建数字资源均来源于国家图书馆的实体馆藏,依据国家图书馆中文图书数字化加工规范的要求,数字对象以图像扫描或全文识别方式制作,并配以对应的元数据。因此 2012 年中文图书自建数字资源对与之对应的馆藏实体文献具有 100% 的替代作用。

8.1.1.4 加工

国家图书馆中文图书数字资源参照"国家数字图书馆工程标准规范成果"、科技部"中国数字图书馆标准与规范建设"项目成果、台湾典藏数位计划等国内外研究成果,根据国家图书馆中文图书自建数字资源加工的实际需要和中文图书文献及数据特点,制定了《国家图书馆中文图书数字化加工规范》《国家图书馆中文图书全文转换加工规范》《国家图书馆中文图书(公共领域)数字化加工规范》等多个加工规范,用以指导中文图书数字资源的规范加工。

在加工规范的制定过程中,充分考虑了资源的功能性,采用国际通用的、开放的、易于交换的数据格式,用以满足中文图书自建数字资源保存、发布、共享、交换和二次开发的需求。中文图书自建数字资源保存级扫描影像采用 TIFF 格式(Tagged Image File Format,标签图像文件格式),TIFF 格式既可以满足资源长期保存的需要,也可以作为格式转换的母本生成发布级数据,或进行资源的二次开发。专门为盲人数字图书馆制作的中文图书数字资源是以国家图书馆已完成数字化扫描的中文图书为基础,通过 OCR(Optical Character Recognition,光学字符识别)进行的资源二次加工。由于文本资源需要应用于无障碍的网页环境供视障人士"阅览",因此盲人项目中的文本数据采用系统兼容性强、非结构化的 TXT 格式。

中文图书自建数字资源的数据齐备、结构完整。每一个数字对象均由元数据、对象数据、唯一标识符构成,同时还附有相关的说明文件。元数据包括揭示中文图书基本信息的描述元数据、用于表现图书目录体系和章节跳转关系的结构元数据、记录数据加工技术指标和图书整理信息的管理元数据。对象数据一般包括长期保存和发布服务级两种,不同加工级别的数据文件及数量保持一致。唯一标识符是中文图书数字对象唯一、永久的标识,对象数据与元数据通过唯一标识符建立彼此之间的关联关系。

中文图书自建数字资源的数字化加工要求如实反映文献原貌,无论是扫描产生的影像文件或是全文识别生成的文本文件都要求保留原始文献的特征,如实呈现原始文献的内容、版式和细节。如原书为空白页的页面,在图像扫描中要求按原样扫描,以保证页码连续;在全文识别中要求以"此处为空白页"进行文字标识并保存为文本文件,以保证内容的完整和页面的连贯。

8.1.1.5 组织

中文图书自建数字资源的数据关联是基于在元数据中创建和抽取关联词实现的。各类元数据的关联能力各不相同。中文图书自建数字资源的篇名元数据揭示了图书的基本信息,建立了数字对象与馆藏实体文献间的一一对应关系,其内容中包含的题名、责任者、出版者、出版时间、ISBN、书目记录号、条码号、索书号等信息取自符合 ISO 2709 标准的机读目录格式数据。目次元数据展示了图书目录内容,建立了目录条目与对应图像页面的关联关系,用于浏览时按照章节跳转页面。结构元数据按封面页、目录页、版权页、正文页等图书的不同组成部分标引,由此可以建立页面导航,方便导引到专指页面。

中文图书自建数字资源的检索能力与元数据中提供的信息密切相关。理论上讲元数据中包含的信息均可以作为检索点,在实际应用中,国家图书馆中文图书自建数字资源库的检索系统选择题名、责任者、出版时间、出版者作为检索点,提供布尔检索、模糊检索、单库检索、跨库检索等多种检索方式进行数据查询。不同检索点和检索手段的组合使用,可以更为准确地表达检索需求,提高资源检索的查全率和查准率。

中文图书自建数字资源的专题导航是元数据信息组织能力的体现。中文图书自建数字资源元数据中包括的分类号、主题词等规范控制信息,是按照《中国图书馆分类法》和《中国分类主题词表》进行的语词规范控制,组织系统可以将规范的语词从不同维度进行资源聚类。目前,国家图书馆中文图书自建数字资源库已成功应用图书分类进行学科导航,引导用户通过学科门类快速获取所需要的资源。

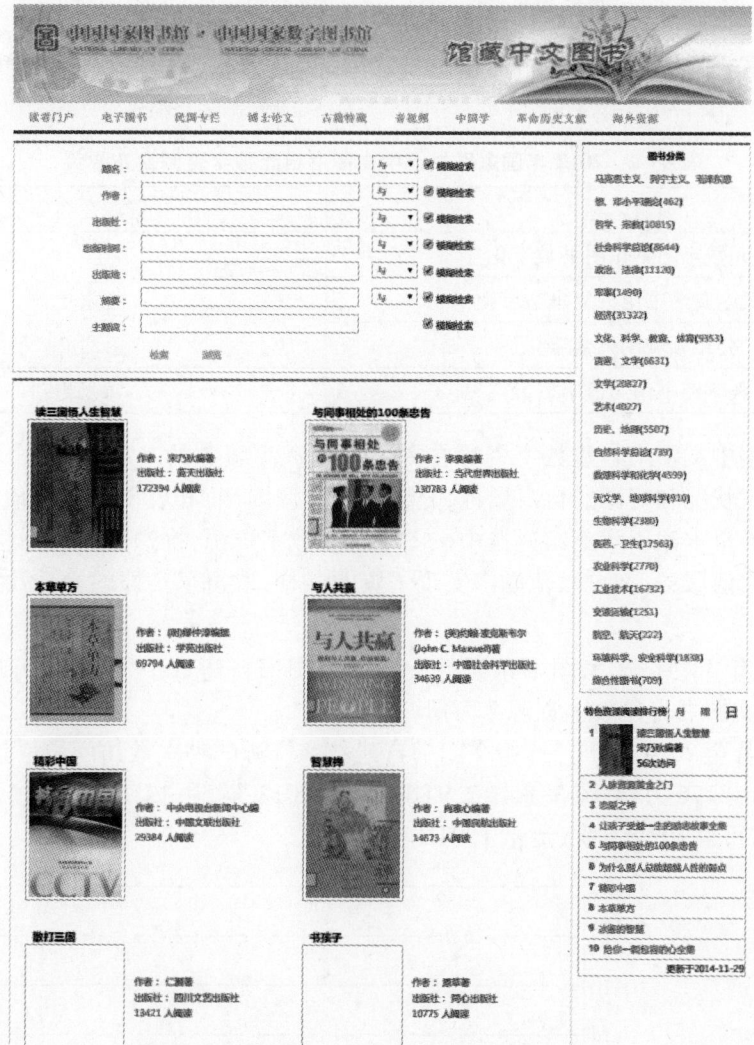

图 8-6 中文图书自建数字资源网站发布页面

8.1.2 利用质量

8.1.2.1 服务

国家图书馆中文图书自建数字资源(约52万册)可以通过互联网为国内外用户免费提供服务,部分公开版权的图书(约6000册)还可以在移动终端进行浏览。可以获得服务的用户包括:国家图书馆读者卡用户、国家图书馆网站读者门户实名认证读者、非实名认证读者以及国家图书馆为党政军等开通的特殊账号。用户可以访问的资源内容严格按照版权信息进行控制,采取资源和用户相结合的方式控制权限。登录用户可以浏览中文图书自建数字资源正文的前24页,持有视力类残疾证的用户可以登录"中国盲人数字图书馆"网站(http://www.cdlvi.cn/)全文浏览专门为其制作的中文图书数字资源。

受资源建设周期和资源发布要求的影响,中文图书自建数字资源在建设完成与提供服务之间存在一定的时间差,按照国家图书馆自建数字资源发布及相关工作要求,从资源提交发布到发布完成一般不超过 1 个月。以 2012 年中文图书自建数字资源为例,除了盲人数字图书馆中文图书要求按自然月进行数据更新之外,其余项目数据均在要求时间内完成了资源发布。

表 8-2 2012 年国家图书馆中文图书自建数字资源发布政策

项目名称	资源发布要求
少儿数字图书馆图书数字化	批量更新
馆藏中文图书第五复本数字化	
公用领域图书数字化	
盲人数字图书馆用数字资源建设	每月更新

国家图书馆中文图书自建数字资源在提供常规资源服务的基础上,综合考虑中文图书数字资源的版权状况和资源的自身属性,充分挖掘资源内涵,开展了多项增值服务。如为国家数字图书馆塔里木油田示范馆遴选中文图书自建数字资源,推送更具针对性的数字资源。这种个性化的增值服务,在更大范围内实现了资源共享,取得了良好的社会效益。

8.1.2.2 获取

截至 2014 年 11 月,国家图书馆累计发布中文图书自建数字资源 52 万册,12TB,其中 2012 年发布中文图书自建数字资源 7 万册,2.8TB。

2012 年 5 月至 2014 年 11 月,中文图书自建数字资源的种次数访问量累计 356 万次、页次数访问量累计 3776 万次、流量累计 2.9TB。其中 2012 年 5—12 月的种次数访问量 144.8 万次、页次数访问量 2071 万次、流量 1.9TB。

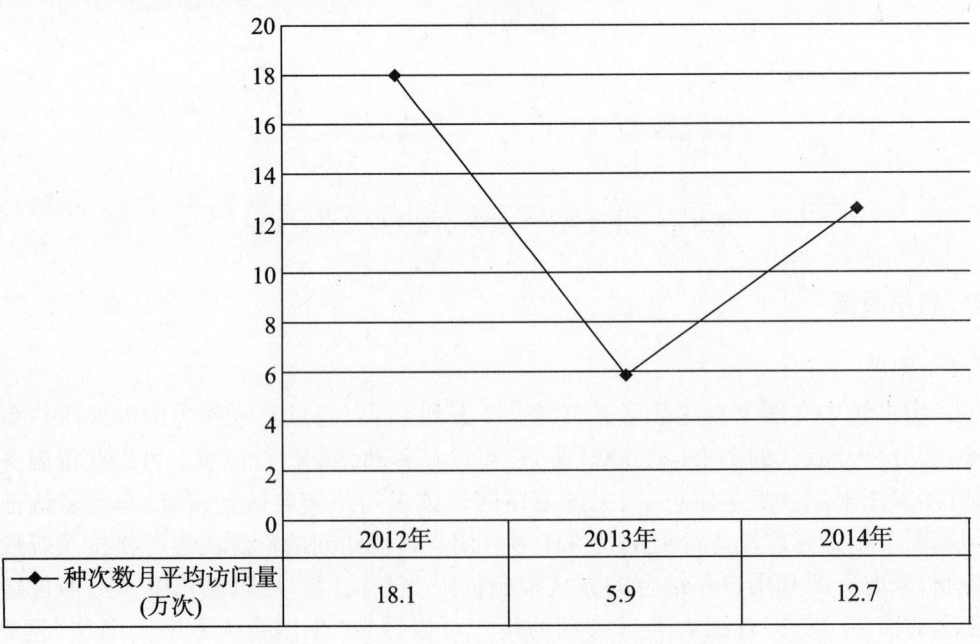

	2012年	2013年	2014年
种次数月平均访问量(万次)	18.1	5.9	12.7

图 8-7 国家图书馆 2012—2014 年中文图书自建数字资源月平均访问量对比

8.1.2.3　长期保存

按照国家图书馆自建数字资源发布及相关工作要求,自建数字资源在完成资源发布后提交资源长期保存。截至 2014 年 11 月,国家图书馆累计进入长期保存系统的中文图书自建数字资源共 30.6 万册,366TB。建设完成的中文图书自建数字资源均完成了资源发布。由于历史原因,2006 年(含)以前建设完成的约 20 万册中文图书自建数字资源尚未进入长期保存系统。

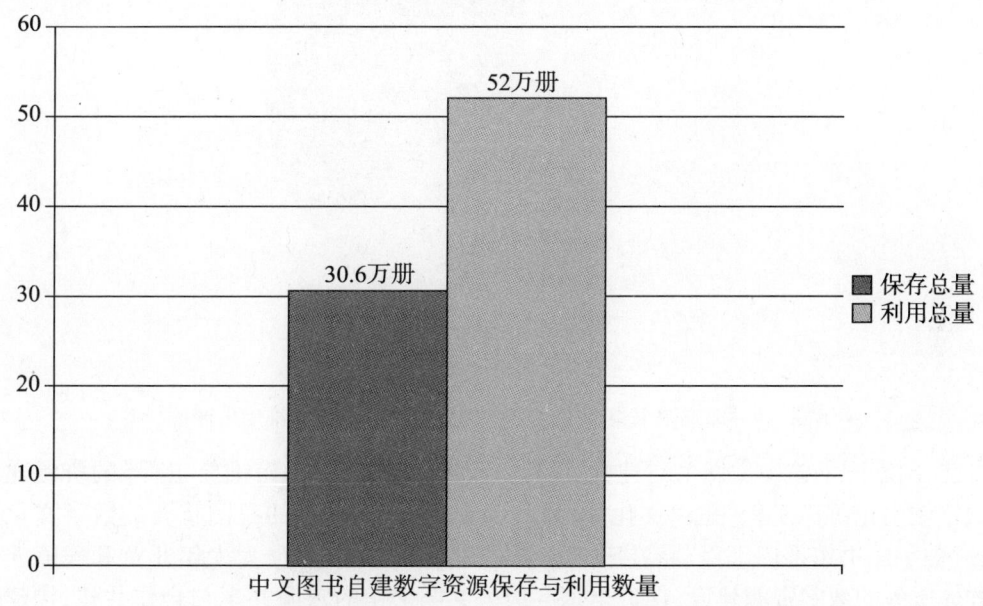

图 8 – 8　国家图书馆中文图书自建数字资源保存量与利用量对比

国家图书馆中文图书自建数字资源的保存级数据在本年度项目数据发布完成后,按照提交次序集中提交,数据经过文件校验后打包上传至长期保存系统。长期保存系统的备份时长与提交数据的存储量有关,一般中文图书自建数字资源每月可以完成约 30TB 数据量的内容校验和打包上传。以 2012 年馆藏中文图书第五复本数字化项目为例,该项目数据量为32TB,于 2013 年 11 月提交,2013 年 12 月完成数据长期保存。

8.1.2.4　利用效果

国家图书馆中文图书自建数字资源的建设量在自建数字资源总建设量中占很大比例。以 2012 年为例,中文图书自建数字资源的建设量占当年资源建设总量的 21%。为了充分了解用户对国家图书馆中文图书自建数字资源服务质量的满意程度,进一步提高资源建设、服务和研究水平,研究组设计了《特色资源利用调查问卷》,于 2014 年 12 月在国家图书馆数字共享空间开展读者调查。本次调查共发放问卷 20 份,回收有效问卷 20 份。

调查结果显示,中文图书自建数字资源建设质量平均得分为 3.8 分(满分为 5 分),用户总体感受接近满意,认为"一般""满意""非常满意"的用户数量分别占调查总量的 35%、50% 和 15%,见图 8 – 9。

针对中文图书自建数字资源服务质量的调查平均分为 3.95 分(满分为 5 分),其中 55%的用户表示满意,感觉非常满意和一般的用户分别占 20% 和 25%,用户对中文图书自建数字资源的服务质量整体表示满意,见图 8 – 10。调查同时显示,用户对中文图书自建数字资源建设质量和服务质量的评价基本一致,无显著差异。

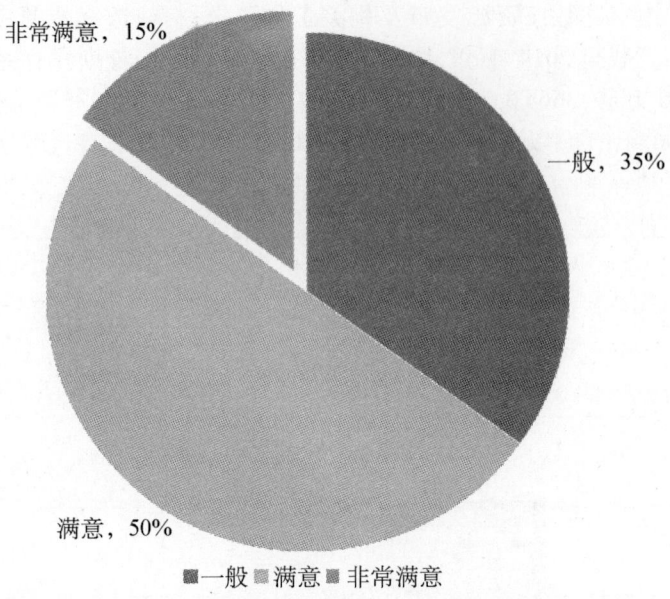

图8-9　国家图书馆中文图书自建数字资源建设质量用户评价

目前,国家图书馆中文图书自建数字资源已纳入"数字图书馆推广工程"的资源建设范畴,"数字图书馆推广工程"是由文化部、财政部在2011年启动的我国重要的数字文化建设工程。"数字图书馆推广工程"将在已有的资源建设成果上,加强为少年儿童和残障人士等特殊群体服务的数字资源建设,促进全国各级公共图书馆的资源共享与合作共建,构建全国范围内的数字资源保障体系。

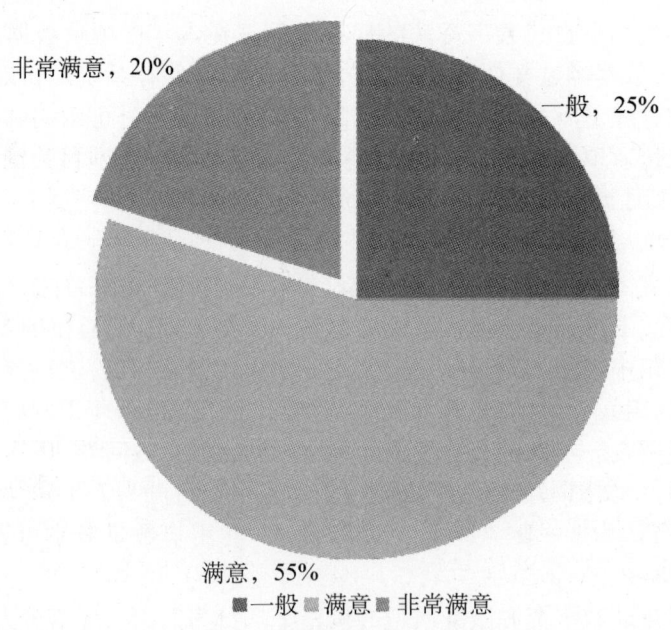

图8-10　国家图书馆中文图书自建数字资源服务质量用户评价

在国家图书馆自建数字资源服务过程中,富有特色的中文图书自建资源通过县级数字图书馆推广计划、数字图书馆推广工程等渠道进行资源推送,深入基层服务,在社会上引起了较大反响。"国家数字图书馆地方分馆"建设项目面向党政军、走进企事业单位和公共图书馆,在总政治部、总后勤部、军事科学院、第二炮兵、沈阳军区、黑龙江省军区、吉林省图书馆、福建省图书馆、新疆维吾尔自治区图书馆、厦门市图书馆、十堰市图书馆、中石油塔里木油田等多家单位和地方设立数图分馆,提供中文图书数字资源20余万册,丰富群众文化生活,提升各地文化服务水平,推进图书馆界信息资源共建共享新模式。面向视障群体推出的"中国盲人数字图书馆",大力推进了信息无障碍建设,促进了社会各界对残障人士文化需求的关注,在图书馆界起到了示范作用,也是社会进步的一种体现。面向少年儿童群体推出的"国家少儿数字图书馆",借助中文图书自建数字资源的建设成果,通过网络为全国的少年儿童提供丰富多彩的内容资源,满足少年儿童日益增长的精神文化需求。

8.1.3　保障质量

8.1.3.1　加工系统能力

国家图书馆中文图书自建数字资源的生产加工系统可对项目、数据、员工分别进行管理,具有自动分派任务和回收数据的功能,能够充分保证数据安全,实现数据管理和项目进度控制。生产加工系统集成的软件包括图像处理软件、OCR 识别软件和 PDF 制作软件,所有的应用软件均包含相应的质检或校对功能。

用于中文图书自建数字资源加工的硬件设备包括高速扫描仪、零边距平板扫描仪、服务器、计算机、磁盘阵列和移动硬盘。高速扫描仪可用于质量较好的灰度彩色页图书扫描,零边距平板扫描仪可针对质量一般的灰度彩色页以及不可拆装的图书进行扫描。硬件设备的选择和数量配比一般需要根据数字化加工任务量和时间要求进行配置。

8.1.3.2　存储能力

中文图书自建数字资源纳入国家图书馆长期保存与资源存储系统进行集中管理。国家图书馆为了满足自建数字资源的长期保存与资源存储,建有由磁带库、磁盘阵列、光纤导向器组成的整体存储系统,总存储量达到 2270TB,其中磁盘阵列的总容量达到 930TB,可为多个应用系统提供存储空间。共有 2 台磁带库用于自建数字资源的离线存储,总容量 1340TB。海量存储系统不仅实现了与原有资源的有机整合,而且满足了目前海量数字资源的存储需求,还为今后的扩容留有余地。数字资源典藏库房面积达 1200 平方米,存放自建数字资源的数据光盘 50 余万张,其中中文图书自建数字资源光盘 18 万张,占光盘总量的 36%。目前,光盘入库量以每年 10 万张的速度递增,其中中文图书自建数字资源的光盘量增速约为 3~5 万张/年,预计库房还可以满足未来三年的使用需要。为了能够快速检索光盘资源的馆藏位置、科学合理地规划典藏布局,国家图书馆在数字资源典藏库房部署了库房管理系统,通过分权限模块化管理与可移动管理平台结合的方式,做到既有数字资源管理、新增数字资源入库排架与流通环节相融合,实现"为架编码,为盘定架,为人找盘"。

8.1.3.3　安全保障能力

国家图书馆中文图书自建数字资源以磁带和光盘作为存储介质保存数字资源。磁带单位容量的价格相对较低,需要在防磁、防尘、防潮的环境中保存,采取顺序读写方式保存,不便于数据检索,一般用于服务器的存储备份。光盘读写较为方便,但每张光盘的存储容量有一定的限制,光盘刻录要求符合 ISO/IEC 16449 标准,使用 8X 以下速度一次性写入,封口刻制。

为了便于中文图书自建数字资源存储工作顺利、有序进行,国家图书馆经过多年的工作积累,逐步形成了一套较为规范的工作流程,建立了存储系统日常管理、长期保存业务管理、光盘刻录和标签制作要求、数字资源库房管理条例等一系列的管理规章制度。在日常工作中,工作人员遵照流程和规范操作,保障海量数字资源的载体安全和长期利用。在数据安全方面,国家图书馆的整套存储系统均配置了安全备份系统,可以为应用数据提供更加安全的数据保护,防止由于人为操作失误或网络恶意攻击造成的数据丢失。

8.1.3.4 经费

2012 年国家图书馆中文图书自建数字资源年度建设经费为 370.7 万元,资源建设经费年增率为 – 1.8%,见图 8 – 11。

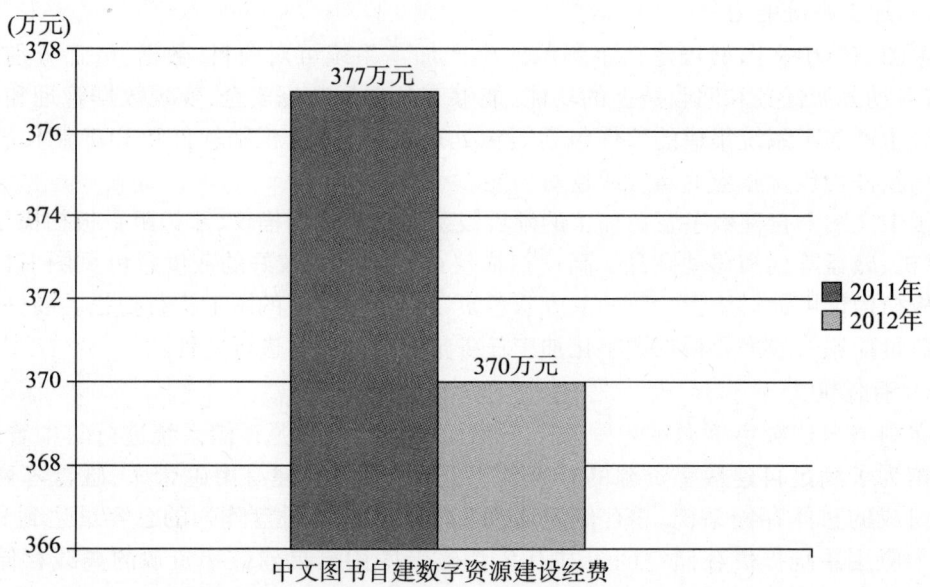

图 8 – 11　国家图书馆 2011—2012 年中文图书自建数字资源建设经费对比

注:2011 年资源建设经费为 377 万元。

8.1.3.5 综合管理

中文图书自建数字资源的年度建设规划由国家图书馆业务管理部门制定,并以年度任务书的形式下发至业务执行部门,任务书规定了资源建设的工作内容、建设数量、完成周期和质量要求。业务执行部门按照任务书的要求组织生产加工和数据验收入库。资源建设任务一般采取外包加工方式,国家图书馆与外包厂商本着合同精神,按照合同要求进行数字资源的生产加工和质量验收。国家图书馆的业务管理部门负责对任务的完成情况进行监督、考核和奖惩,就中文图书自建数字资源建设项目来说,项目的完成情况完全符合任务书的各项要求。

国家图书馆在组织中文图书自建数字资源的建设过程中,制定了《中文图书数字化项目资源遴选原则》《中文图书数字化加工规范》《中文图书数字化资源质量验收技术规范》《数字资源库房管理条例》等一系列的规章制度,贯穿中文图书自建数字资源的遴选、加工、验收、保存、利用等各个环节。在日常工作中,相关环节的工作人员会按照流程和规范进行操作,撰写《数字资源验收记录单》《数字资源成品入库交接单》《数字资源存储任务工作单》等材料,监督跟踪事件进展并将文字材料留档备查。

自建数字资源建设的大力开展对图书馆员或参与建设的外包人员都提出了更高的要求,围绕中文图书自建数字资源的特点,针对加工人员开展了图像处理软件培训、OCR 文字处理软件培训、扫描仪等设备使用培训等活动,确保员工能够胜任该项工作。针对管理人员开展了生产流程及管理培训、资源质量验收方法培训,促进工作人员提高业务水平,为图书馆打造高素质的数字化项目管理人员。

8.2　综合评价

8.2.1　调查说明

中文图书自建数字资源是国家图书馆已规模化建设的馆藏特色数字资源,对其进行科学的质量评价,有助于了解国家图书馆中文图书自建数字资源的质量现状,也可以为今后制定馆藏发展策略提供客观依据。结合本研究《图书馆自建数字资源质量评价指标体系》从多个角度对 2012 年建设中文图书自建数字资源质量进行综合评价。

本次评价采取综合评判法对国家图书馆中文图书自建数字资源质量进行综合评价。在确定了《中文图书自建数字资源质量评价的指标权重》之后,按照评价指标体系设计了满意度调查问卷,选择从事相关工作的馆员进行书面调查,获取其对中文图书自建数字资源质量各方面指标的单独评价,通过数学模型对各项指标进行计算,最后通过已确定的各指标权重进行综合评判。

本次评价采取问卷调查方式,中文图书自建数字资源质量评价的指标体系包括 3 个一级指标、14 个二级指标、38 个三级指标以及各指标的说明,调查对象选择 2012 年国家图书馆中文图书自建数字资源,对其各项三级指标满意度进行评价,从"非常满意"到"很不满意"划分为 5 档。本次评价分别向 11 位直接从事国家图书馆自建数字资源建设的工作人员发放调查问卷,回收有效问卷 10 份,问卷回收率为 91%。

8.2.2　调查对象

8.2.2.1　一级指标

一级指标的权重系数向量为 0.3873,0.3186,0.2941。经计算可得的综合评价向量为 0.2018,0.4994,0.2749,0.0239,0.0000。根据最大隶属度原则得出结论,评价人员对国家图书馆 2012 年中文图书自建数字资源质量满意度的总体评价为"满意"(0.4994)。

表8-3　国家图书馆2012年中文图书自建数字资源质量评价一级指标评价结果

评价指标 ＼ 评价结果	非常满意	满意	一般	不太满意	很不满意
A 建设质量 0.3873	0.2756	0.4098	0.2842	0.0304	0.0000
B 利用质量 0.3186	0.1270	0.5867	0.2574	0.0289	0.0000
C 保障质量 0.2941	0.1856	0.5227	0.2817	0.0100	0.0000
综合评价向量	**0.2018**	**0.4994**	**0.2749**	**0.0239**	**0.0000**

从一级指标评价结果中可以看出,综合评价向量最大值对应的评价结果是"满意"(0.4994),如果对5个级别满意度分别赋值为100、90、80、70、60,则国家图书馆中文图书自建数字资源的综合满意度评价总分为:88.79。

从数值分布上看,各项一级指标的评价结果均介于"不太满意"到"非常满意"四档之间。"不太满意"数值最高的是建设质量(0.0304),最低的是保障质量(0.0100)。将各项指标"非常满意"和"满意"的评价向量累加,按照数值由高到低的排序,各项指标的排列次序为:利用质量(0.7137)、保障质量(0.7083)、建设质量(0.6854)。从评价向量的数值计算结果上看,各项指标"不太满意"的数值相差不大,"非常满意"和"满意"的综合评价向量比较接近,这说明国家图书馆中文图书自建数字资源在建设、利用和保障各方面发展较为均衡,这一点也直接促进了中文图书自建数字资源的全面协调可持续发展。

8.2.2.2　二级指标

根据各二级指标的分项指标权重,经模糊矩阵计算可以得到各二级指标的评价结果。

（1）建设质量二级指标

建设质量各项的权重系数向量分别为0.1450,0.1955,0.2501,0.1913,0.2181。经模糊矩阵计算得出的建设质量评价向量为0.2756,0.4098,0.2842,0.0304,0.0000。根据最大隶属度原则得出结论,评价人员对中文图书自建数字资源建设质量满意度的总体评价为"满意"(0.4098)。

表8-4　二级指标"建设质量"评价结果

一级指标	二级指标	评价结果				
		非常满意	满意	一般	不太满意	很不满意
A 建设质量	A1 数量 0.1450	0.4044	0.3022	0.2934	0.0000	0.0000
	A2 结构 0.1955	0.2328	0.3641	0.2473	0.1558	0.0000
	A3 内容 0.2501	0.1497	0.3536	0.4967	0.0000	0.0000
	A4 加工 0.1913	0.4567	0.4851	0.0582	0.0000	0.0000
	A5 组织 0.2181	0.2140	0.5205	0.2655	0.0000	0.0000
A 建设质量评价向量		**0.2756**	**0.4098**	**0.2842**	**0.0304**	**0.0000**

（2）利用质量二级指标

利用质量各项的权重系数向量分别为0.2838,0.2239,0.2606,0.2317。经模糊矩阵计算得出的利用质量评价向量为0.1270,0.5867,0.2574,0.0289,0.0000。根据最大隶属度原则得出结论,评价人员对中文图书自建数字资源利用质量满意度的总体评价为"满意"
(0.5867)。

表8-5　二级指标"利用质量"评价结果

一级指标	二级指标	评价结果				
		非常满意	满意	一般	不太满意	很不满意
B 利用质量	B1 服务 0.2838	0.1251	0.5938	0.2303	0.0508	0.0000
	B2 获取 0.2239	0.1000	0.4122	0.4232	0.0646	0.0000
	B3 长期保存 0.2606	0.1480	0.5961	0.2559	0.0000	0.0000
	B4 利用效果 0.2317	0.1319	0.7362	0.1319	0.0000	0.0000
B 利用质量评价向量		**0.1270**	**0.5867**	**0.2574**	**0.0289**	**0.0000**

（3）保障质量二级指标

保障质量各项的权重系数向量分别为0.1760,0.1374,0.1469,0.2746,0.2651。经模糊矩阵计算得出的保障质量评价向量为0.1856,0.5227,0.2817,0.0100,0.0000。根据最大隶属度原则得出结论,评价人员对中文图书自建数字资源保障质量满意度的总体评价为"满意"(0.5227)。

表8-6　二级指标"保障质量"评价结果

一级指标	二级指标	评价结果				
		非常满意	满意	一般	不太满意	很不满意
C 保障质量	C1 加工系统能力 0.1760	0.2565	0.7000	0.0435	0.0000	0.0000
	C2 存储能力 0.1374	0.4000	0.6000	0.0000	0.0000	0.0000
	C3 安全保障能力 0.1469	0.0000	0.7554	0.2446	0.0000	0.0000
	C4 经费 0.2746	0.1000	0.2000	0.7000	0.0000	0.0000
	C5 综合管理 0.2651	0.2191	0.5701	0.1730	0.0378	0.0000
C 保障质量评价向量		**0.1856**	**0.5227**	**0.2817**	**0.0100**	**0.0000**

（4）总结

评价人员对国家图书馆中文图书自建数字资源建设质量满意度的总体评价为"满意",其中对加工的满意度最高,"非常满意"和"满意"的综合向量达到0.9418,说明经过数十余年的发展,国家图书馆中文图书自建数字资源已经形成了一套较为完备的标准规范和加工流程,从事相关工作的人员对此项任务有着较为深刻的认识,资源的规范性、功能性、数据的完整性和保真度也均能令受访者满意。评价人员对结构和内容的满意度相对较低,说明中文图书自建数字资源的馆藏结构和建设内容还需要进行优化调整。促进数字馆藏结构日趋合理,提供更具特色的内容,是今后中文图书自建数字资源在资源建设中需要着重考虑的问题。

在对中文图书自建数字资源利用质量的满意度评价中,服务、长期保存、利用效果三个指标的满意度较高,中文图书自建数字资源的服务范围、保存现状、用户评价得到了评价人员的普遍认可,借助"国家数字图书馆地方分馆""县级数字图书馆推广计划""数字图书馆推广工程"等进行的资源推送和成果共享也在不断扩大着中文图书自建数字资源的社会影响力。获取的整体满意程度较低,有约48%的评价人员认为"一般"和"不太满意",今后需要通过加大资源宣传力度、改善网络发布环境、增强界面交互性、优化服务手段等多种方式提高中文图书自建数字资源的获取能力。

在中文图书自建数字资源保障质量上,评价人员对加工系统能力和存储能力的满意程度最高,认为"非常满意"和"满意"的比例接近100%,说明评价人员普遍认为当前的数字化加工能力和存储能力能够与中文图书自建数字资源的建设与利用相适应。安全保障能力和综合管理能力的评价结果集中在"满意"和"一般",还有一定的提升空间,在制定中文图书自建数字资源的安全保护策略时,需要着重注意保障载体安全和数据安全,提升综合管理能力。针对经费的满意度评价相对较低,有70%的评价人员认为仅达到"一般"水平,相对于系统能力和安全策略来说,经费受财政拨款和价格增长等不可控因素的制约,在一定程度上较难达到满意。

8.2.2.3 三级指标

由各三级指标的分项权重,可分别计算出各三级指标的评价结果。以数量为例,数量下包括总量和年增率两个三级指标,其权重系数向量分别为0.5111和0.4889。根据模糊矩阵计算得出数量的评价向量为0.4044,0.3022,0.2934,0.0000,0.0000。根据最大隶属度原则,评价人员对中文图书自建数字资源数量的满意度总体评价为"非常满意"(0.4044)。由此计算方法,可以得到其他各项指标的评价结果。

表8-7 国家图书馆中文图书自建数字资源质量评价三级指标评价结果

一级指标	二级指标	三级指标	评价				
			非常满意	满意	一般	不太满意	很不满意
A 建设质量	A1 数量	A11 总量 0.5111	6	4	0	0	0
		A12 年增率 0.4889	2	2	6	0	0
		A1 数量评价向量	**0.4044**	**0.3022**	**0.2934**	**0.0000**	**0.0000**
	A2 结构	A22 学科结构 0.2499	2	7	1	0	0
		A23 来源结构 0.2217	0	5	4	1	0
		A25 版权结构 0.2672	0	0	5	5	0
		A27 馆藏级别结构 0.2612	7	3	0	0	0
		A2 结构评价向量	**0.2328**	**0.3641**	**0.2473**	**0.1558**	**0.0000**
	A3 内容	A31 完整性 0.2201	3	6	1	0	0
		A32 独特性 0.3337	0	2	8	0	0
		A33 替代功能 0.2092	4	4	2	0	0
		A34 补藏功能 0.237	0	3	7	0	0
		A3 内容评价向量	**0.1497**	**0.3536**	**0.4967**	**0.0000**	**0.0000**

续表

一级指标	二级指标	三级指标	评价				
			非常满意	满意	一般	不太满意	很不满意
B 利用 质量 (A部分)	A4 加工	A41 资源规范性 0.2125	6	4	0	0	0
		A42 资源功能性 0.2699	3	6	1	0	0
		A43 数据完整性 0.2061	6	4	0	0	0
		A44 资源保真性 0.3115	4	5	1	0	0
	A4 加工评价向量		**0.4567**	**0.4851**	**0.0582**	**0.0000**	**0.0000**
	A5 组织	A52 数据关联 0.3921	3	5	2	0	0
		A53 检索能力 0.3553	2	7	1	0	0
		A54 专题导航 0.2526	1	3	6	0	0
	A5 组织评价向量		**0.2140**	**0.5205**	**0.2655**	**0.0000**	**0.0000**
B 利用 质量	B1 服务	B11 服务范围 0.2507	2	8	0	0	0
		B12 服务方式 0.2941	1	7	1	1	0
		B13 服务滞后 0.2408	1	6	3	0	0
		B14 服务增值 0.2144	1	2	6	1	0
	B1 服务评价向量		**0.1251**	**0.5938**	**0.2303**	**0.0508**	**0.0000**
	B2 获取	B21 获取有效性 0.3534	2	3	4	1	0
		B22 访问量 0.2929	1	2	6	1	0
		B23 响应速度 0.3537	0	7	3	0	0
	B2 获取评价向量		**0.1000**	**0.4122**	**0.4232**	**0.0646**	**0.0000**
	B3 长期保存	B32 保存与利用的比重 0.4805	2	7	1	0	0
		B33 更新及时性 0.5195	1	5	4	0	0
	B3 长期保存评价向量		**0.1480**	**0.5961**	**0.2559**	**0.0000**	**0.0000**
	B4 利用效果	B41 用户评价 0.3406	0	10	0	0	0
		B42 共享能力 0.2526	2	6	2	0	0
		B43 社会效应 0.4068	2	6	2	0	0
	B4 利用效果评价向量		**0.1319**	**0.7362**	**0.1319**	**0.0000**	**0.0000**
C 保障 质量	C1 加工系统能力	C11 软件系统 0.5649	3	7	0	0	0
		C12 硬件设备 0.4351	2	7	1	0	0
	C1 加工系统能力评价向量		**0.2565**	**0.7000**	**0.0435**	**0.0000**	**0.0000**
	C2 存储能力	C22 存储空间 1	4	6	0	0	0
	C2 存储能力评价向量		**0.4000**	**0.6000**	**0.0000**	**0.0000**	**0.0000**
	C3 安全保障能力	C33 载体安全 0.4459	0	7	3	0	0
		C34 数据安全 0.5541	0	8	2	0	0
	C3 安全保障能力评价向量		**0.0000**	**0.7554**	**0.2446**	**0.0000**	**0.0000**

续表

一级指标	二级指标	三级指标	评价				
			非常满意	满意	一般	不太满意	很不满意
	C4 经费	C42 自建数字资源年度经费增长率1	1	2	7	0	0
	C4 经费评价向量		**0.1000**	**0.2000**	**0.7000**	**0.0000**	**0.0000**
	C5 综合管理	C51 规划与实施 0.3777	0	6	3	1	0
		C53 人员管理 0.2985	3	5	2	0	0
		C54 标准规范 0.3238	4	6	0	0	0
	C5 综合管理评价向量		**0.2191**	**0.5701**	**0.1730**	**0.0378**	**0.0000**

　　中文图书自建数字资源质量评价指标体系共包括38个三级指标,在所有三级指标中,满意度最低的指标是版权结构,认为"一般"和"不太满意"的各占评价人员的50%,这个评分结果也直接影响了结构的总体满意度。版权结构评分较低的原因是由于在中文图书自建数字资源的版权构成中,大多数资源未获得使用授权,这部分资源无法在互联网上公开阅览,影响了资源的传播和利用,但需要指出的是,依据《信息网络传播权保护条例》中有关合理使用的条款,此部分资源可以在图书馆馆域网范围内使用。今后在继续优化调整中文图书自建数字资源版权结构的同时,还要注意结合合理使用条款,在法律的保护下有效利用中文图书自建数字资源。另外一个满意度不太高的指标是访问量,有70%的评价人员认为"一般"和"不太满意"。访问量满意度较低的原因与资源宣传力度不大、网站认知度不高、用户体验感不足有关。今后在继续拓宽资源共享范围、拓展用户服务手段的同时,还应着力挖掘资源内涵,加强用户行为分析,以用户为中心,打造资源与用户相融合,同时加大资源和网站的宣传力度,不断提高网站的认知度和资源的满意度。

　　在所有的三级指标中,与标准规范相关的指标满意程度最高,如资源规范性和数据完整性两个指标,所有的评价人员均认为"非常满意"和"满意"。与之相关的标准规范指标也达到了100%的"非常满意"和"满意"。这表明中文图书自建数字资源不但具备了合理完整的加工标准和规章制度,而且能够在生产加工中得到落实,继而确保了资源的规范性和数据的完整性。资源总量也是令评价人员感到满意度较高的指标,经过数十年的发展,国家图书馆已累计建设完成超过52万册中文图书数字资源,数据资源总量规模庞大,借助"国家数字图书馆地方分馆""县级数字图书馆推广计划""数字图书馆推广工程"在资源共享、信息推送方面也做了一些探索和尝试,取得了良好的社会反响。

　　用户评价也是一个值得注意的指标,所有的评价人员一致认为"满意",这种高度一致的选择主要是因为本项指标是通过读者调查获取的。尽管在面向读者的调查中,读者对国家图书馆中文图书自建数字资源的建设质量和服务质量均表示满意,但必须认识到的是,中文图书自建数字资源质量与馆员的期待在一些方面还有距离,如资源结构不尽合理、资源获取满意度相对较低、经费和综合管理等方面还有待加强,这也是今后我们需要不断调整和改进的地方。

8.3　发展建议

经过数十年的建设,国家图书馆中文图书自建数字资源已具备一定规模,资源内容丰富、数量庞大、格式齐全,服务范围覆盖全球,服务终端包括网络、手机、平板电脑、手持阅读器等。借助"国家数字图书馆地方分馆""县级数字图书馆推广计划""数字图书馆推广工程"进行资源推送,促进了中文图书自建数字资源的共建共享。围绕中文图书数字化形成的一系列标准规范,已在实际操作过程中得到检验,加工模式日趋成熟,管理机制日渐完善。总体来说,国家图书馆中文图书自建数字资源在建设、利用和保障各方面均得到了均衡发展。然而,评价结果也反映出国家图书馆中文图书自建数字资源还存在一些问题:如评价人员对资源结构和内容的满意度相对较低,尤其是版权结构;获取的整体满意程度较低,访问量波动明显;安全保障能力和综合管理能力还有提升空间;经费管理有待加强等。针对这些问题,结合国家图书馆中文图书自建数字资源的建设目标,研究组提出如下建议。

8.3.1　优化馆藏结构,凸显资源特色

本研究的评价结果表明,评价人员对国家图书馆中文图书自建数字资源的结构和内容,特别是版权结构满意度不高。因此,研究组建议,国家图书馆在中文图书自建数字资源建设方面,要继续对中文图书自建数字资源的馆藏结构和资源内容进行优化调整,统筹兼顾文献学科、出版时间、版权授权等多种因素;兼顾普通读者、科研用户、少年儿童和残障人士的不同需求,通过采取读者借阅调查,了解读者阅读需求,进一步精细化图书文献内容遴选规则,注重中文图书数字资源质量和数量均衡性发展。同时,图书馆应着力挖掘数字资源内涵,提升数字资源整合揭示,加大版权开发力度,拓展服务利用方式,促进中文图书自建数字资源有效利用。

8.3.2　加大宣传力度,完善应用环境

在本研究的评价结果中,评价人员对中文图书自建数字资源获取的整体满意度较低,有约48%的评价人员认为"一般"和"不太满意",这说明中文图书自建数字资源在资源获取上还有很大的提升空间。研究组建议,国家图书馆在继续拓宽中文图书自建数字资源共享范围、拓展服务方式的同时,还应加强用户行为分析,完善资源发布系统,增强系统交互性,提高用户体验度。另一方面,充分利用网络媒体,尤其是手机、数字电视、触摸屏等新媒体技术和微博、微信等自媒体途径,加大资源宣传力度,提高中文图书自建数字资源的影响力和用户认知度。

8.3.3　强化科学管理,促进可持续发展

从本研究的评价结果可以看到,评价人员对中文图书自建数字资源的安全保障和综合管理表现出了较高的期待,同时也对经费管理提出了进一步的要求。对此,研究组建议,国家图书馆应全面提升系统的安全保障能力,制定详细、科学的安全策略,特别是载体安全和

数据安全;围绕中文图书自建数字资源的建设目标,综合考虑用户需求、馆藏现状、经费使用情况等因素,制定科学合理的资源建设计划,严格监督执行,确保计划落实;继续加强人员、经费、设备的综合管理,进一步提高综合管理水平,保障国家图书馆中文图书自建数字资源可持续发展。

9 国家图书馆"数字家谱"自建数字资源质量评价

9.1 资源概述

家谱是一种特殊的文献,以真实的父系血缘关系为主脉,记录了家族世系、历史与文化,中国修谱传统源远流长,谱牒历史之悠久、规模之庞大、方式之独特、体例之严谨、流传之广泛,世所无匹。数千年来,家谱在团结族群、传承文化、记录历史上发挥着重要作用,积累了大量的文献资源。

国家图书馆作为收藏整理家谱文献的重要单位之一,十分注重抢救和整理存世的谱牒文献,家谱收藏数量极为丰富,达到约6800种。从2008年开始,国家图书馆开始以数字化本馆馆藏家谱资源为核心,以国内图书馆联合建设、海外回归为辅助手段自建馆藏家谱数字资源,先后实施国家图书馆馆藏家谱数字化加工、美国犹他家谱学会捐赠家谱数字资源加工(海外回归)、全国图书馆范围数字资源(家谱)版权征集(联建)等项目和工作,并从2010年开始逐步建成并以"中华寻根网"为窗口开展家谱数字资源服务,取得良好效果。

为做好国家图书馆家谱数字资源质量评价工作,现按照国家图书馆数字资源质量评价体系要求,介绍家谱数字资源基本情况,为评价打分提供依据。

9.1.1 建设质量

9.1.1.1 数量

截至2013年年末,国家图书馆家谱数字资源总量为3346种,近350万页,存储量超过169TB。从2010年到2013年,家谱数字资源的年度建设情况及年增率如下表所示:

表9-1 家谱数字资源年度建设情况表

年度	加工种数	加工页数	(种)年增率	(页)年增率
2010	309	324 020	—	—
2011	1500	1 689 143	385.4%	421.3%
2012	1137	1 240 216	-24.2%	-26.6%
2013	400	219 563	-64.8%	-82.3%

从上表可以看出,家谱数字资源的集中建设年度为2011—2012年,彼时借助中华寻根网的平台和契机,国家图书馆开始大规模的馆藏家谱数字资源工作,在这两年间完成了2000余种馆藏家谱的数字化工作,占国家图书馆馆藏家谱实体总量的29%,2013年又在此基础上深度开发了39种家谱谱系。

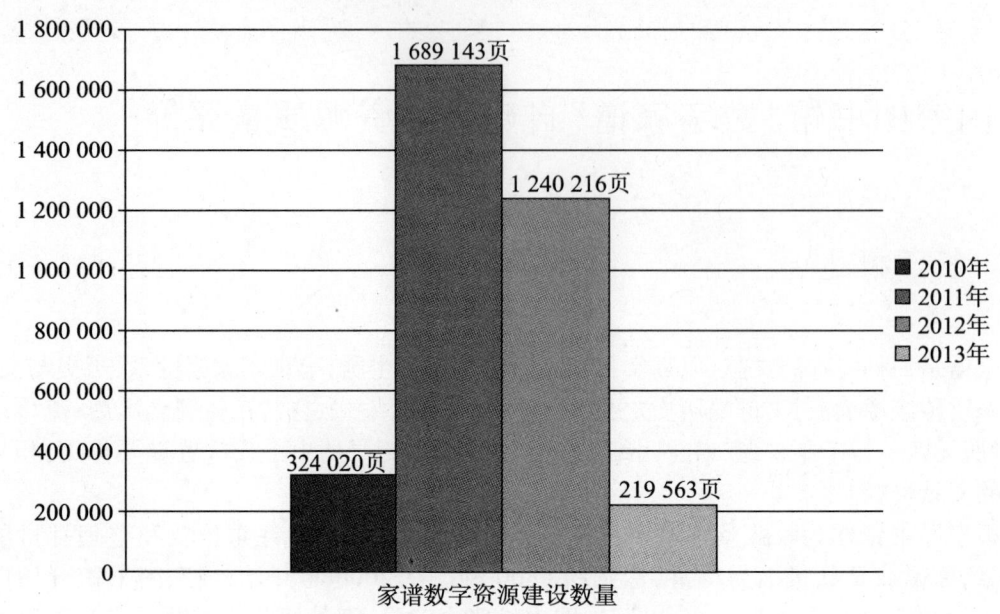

图 9 - 1　家谱数字资源建设数量图

需要特殊说明的是,2010—2013 年,上述家谱数字资源中,联建及海外回归家谱数字资源的年度建设情况及年增率如下表所示:

表 9 - 2　联建及海外回归家谱数字资源年度建设情况表

年度	种	页	(种)年增率	(页)年增率
2010	309	324 020		
2011	254	359 143	－ 17.8%	10.8%
2012	0	0	—	—
2013	400	219 563	57.5%	－ 38.9%

整体来看,联建与海外回归家谱数字资源的年度建设情况也呈现出稳定中求增长的态势,这跟图书馆近年来重视数字资源的共建共享有关。

9.1.1.2　结构

国家图书馆家谱数字资源以数字化本馆馆藏为核心,以联建和海外回归为辅助手段开展建设。数字化本馆馆藏即对本馆所藏家谱实体开展数字化工作,初步建成影像资源库,并在此基础上进行深度全文化或谱系加工等精细数字化工作;联建即和有条件的家谱收藏机构合作开展资源开发工作,合作成果双方共享;海外回归则是由海外中华家谱收藏机构(如犹他家谱协会)以捐赠或合作开发等形式回归数字资源(非使用权)。截至目前,家谱数字资源从实体馆藏数字化 2383 种,联合建设 778 种,海外回归 185 种,分别占比 71.2%、23.3% 和 5.5%。

一般来说,图书馆自建数字资源的对象包括档案典藏级、复制加工级和发布服务级,国家图书馆的家谱数字资源 92.9% 具有档案典藏级,71.2% 具有复制加工级,82.5% 具有发布服务级。对于实体馆藏的数字化开发,由于建设规划和加工规范等相较完善,因此基本 100% 具备档案典藏级、复制加工级和发布服务级,而联建及海外回归资源,由于流程上的不可控因素较多,因此缺少复制加工级,部分缺少长期保存级,犹他家谱和2013年征集家谱制作发布服务级数据。

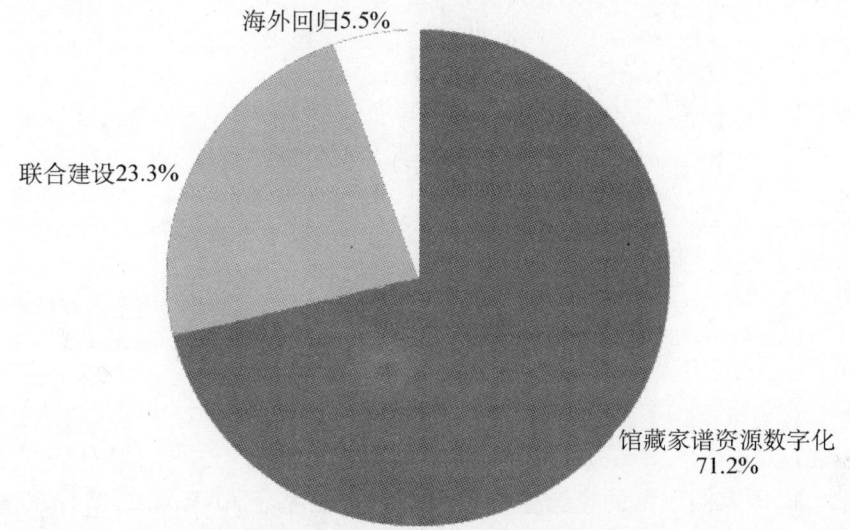

图9-2　家谱数字资源来源分布

　　由于文献本身的特殊性,家谱文献往往包含着许多家族资料甚至是家族隐私,因此,在进行文献收藏、数字化和发布服务时,必须以尊重产权、保护家族隐私为原则和前提。国家图书馆作为国家总书库,对家谱实体以及家谱数字资源具有保存的权利,对于有著作权的文献的数字化,努力通过各种方式取得版权使用许可。在家谱数字化信息传播时努力采取必要的技术手段如添加水印、限定使用范围等措施加以保护。

9.1.1.3　内容

　　国家图书馆现存家谱约6800种10万册,其中40%已完成了数字化,数据类型包括图像数据及全文置标数据,2013年以前已完成了这部分数据的网上发布,目前,二期工作设计目标是在已建成资源的基础上进一步深度开发谱系树等精加工资源。这部分家谱谱籍地涉及全国20余省市,包含姓氏几百个,从赵宋的皇室谱牒《仙源类谱》《宗藩庆系录》到清代爱新觉罗家族的各支玉牒,以及各地名门望族的大宗谱、名人家谱等,包罗宏富,珍品纷呈。且具有名人编纂家谱较多、史料较为系统的特点,因而受到海内外的广泛关注。海外回归的犹他家谱学会所藏家谱数字资源,多为清康熙至民国间的活字本,部分系1949年以后的活字本或排印本,其中清代家谱35种,民国家谱99种,新修家谱51种;抄本5种,活字本145种,铅印本8种,石印本1种,其他26种,皆为国图缺藏,内容也相当丰富。国内联合建设的家谱资源来自上海图书馆、浙江省图书馆、湖北省图书馆、辽宁省图书馆、青海省图书馆等馆所藏实体家谱的数字化资源,带有鲜明的地方特色。综合来看,国家图书馆已建成家谱资源中,能够替代馆藏进行服务的资源占比到71%,带有补藏性质的资源占比29%。

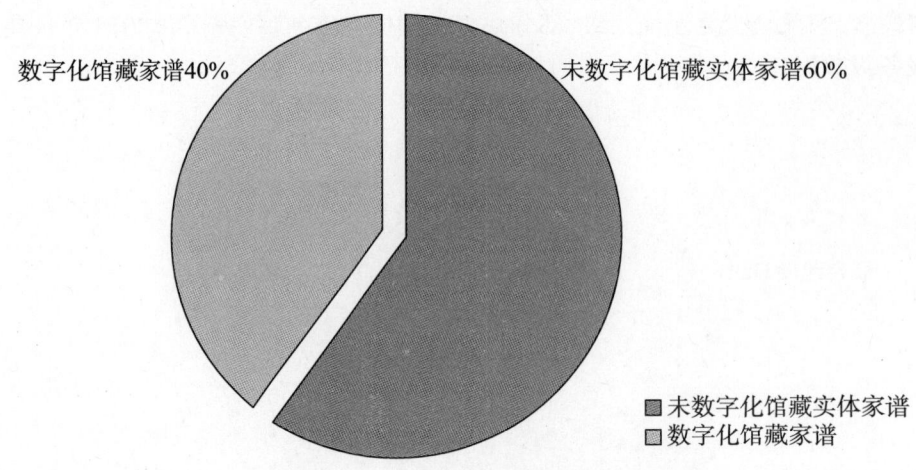

数字化馆藏家谱40%　　　　　未数字化馆藏实体家谱60%

■ 未数字化馆藏实体家谱
□ 数字化馆藏家谱

图9－3　实体家谱数字化情况图

9.1.1.4　加工

规范性方面,国家图书馆的家谱数字资源书目数据基于 CNMARC,结合家谱的文献特点,著录了包括题名、卷数、修撰者、版本年、版本、谱籍地、堂号、始祖、始迁祖、收藏地、提要等字段。馆藏数字化与联建的资源数字对象均为采用 24 位彩色,分辨率 300dpi 以上,无压缩或无损压缩的图像,符合国内以及行业通行的加工标准,海外回归的犹他家谱数据也仅在色彩(8 位灰度)方面有所区别。除了制作规范的书目数据和高标准的图像数据之外,为进一步挖掘和使用资源,馆藏数字化家谱还进行了规范的三级书目和置标,置标数据符合国家图书馆的 XML 置标规范。

功能性方面,超过 90% 的家谱资源满足图书馆长期保存的要求;全部家谱资源已投入发布使用,所有数据均不依赖于特定平台或软件,具备基本的交换和共享能力;建成的家谱发布服务级数据均已在中华寻根网或推广工程网站进行了发布。2013 年,在已建成资源的基础上,挑选了各姓氏有代表性的家谱,进一步深度加工了 39 种家谱谱系,以家谱树的形式保存。目前已规划开展家谱资源的二次开发,包括元数据的进一步补充、资源全文化、不同来源家谱的整合服务,等等。

完整性方面,家谱资源的数据完整,均包含元数据、数字对象、唯一标识符以及必要的说明管理型文件,除少量联建资源由于原始数据加工年代较为久远无法达到典藏级别外,超过90% 的资源均包含长期保存级和发布服务级等各种数据加工级别,且各级别数据量一致,无数据缺失情况。

保真性方面,家谱数字资源大部分采用彩色图像的形式较为直观和真实地展现了原始文献的原貌,影像数据真实反映原书,以原书的上边沿为基准,以中缝为中心线,保持原书的天头、地脚的尺寸不变,左右两边的尺寸基本不变,扫描后的影像文件要叶码连续,没有重叶、缺叶、错叶、折叶等情况(原书缺叶、错叶除外)。扫描后每叶影像尺寸大小与原书一致,补扫缺叶图像要与正本图像大小一致,颜色接近。谱牒文献的非谱系部分采用全文版式还原方式进行数字化,版式标记可以支持文本按原版式进行显示。

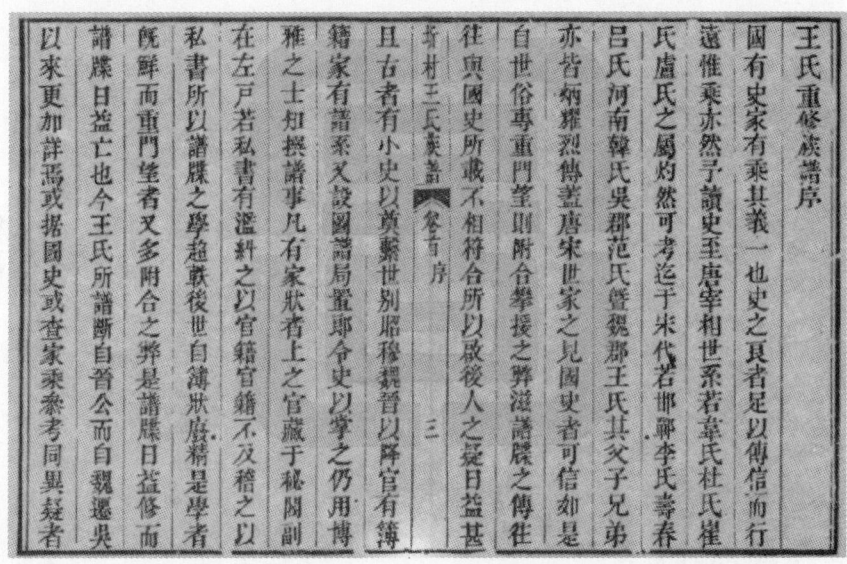

图9-4　家谱数字化图像

9.1.1.5　组织

　　家谱数字资源引入了姓氏数据,每条姓氏数据包括姓氏、拼音、郡望地、分布地、分布民族、姓氏源流、文献记载等字段。通过姓氏数据,既可以提供与姓氏有关的信息,又可以将同一姓氏、同一堂号的家谱关联起来。数据关联是家谱目录系统的特点之一,姓氏数据、家谱目录数据、人物数据、方志目录数据等都相互关联,这些数据关联能体现数据中的隐性信息,使用户可以在不同类型的信息之间自由跳转,信息获取更简便、更灵活、更全面。家谱目录系统中的数据关联是通过关联规则和软件实现的,关联规则是将知识、专家经验、统计规律等数据化,通过软件作用于系统内的数据,只要加入新的目录数据,数据关联就可以自动生成。而添加新的关联规则,就可以生成新的数据关联。

　　为了满足不同层次用户的需要,数据加工时对姓氏、谱籍地、堂号、题名、始迁祖、始祖、家谱藏地、家谱撰修、出版朝代、散居地等进行了著录,因而为中华寻根网系统为读者提供简单检索(包括姓氏、谱籍地、堂号等检索点),高级检索(包括姓氏、谱籍地、堂号、题名、始迁祖、始祖、家谱藏地、家谱撰修、出版朝代、散居地等检索点,支持复合检索、二次检索等检索方式)和目录浏览(包括按谱籍地浏览、按姓氏拼音浏览、按姓氏笔画浏览等)提供了有力的数据保障。

　　专题导航方面,建立寻根导航系统将中华寻根网与诸多优秀的同类网站联系起来,可为用户提供更为便捷的服务。寻根导航系统可为用户提供相关网站的链接,既有综合类的网站,也有各个姓氏的网站。中华寻根网的寻根导航系统是一个基于网站导航数据库,每一个网站地址都是导航库内的一条数据。寻根导航数据包括编号、网站名称、分类、内容提要、网站状态、网站评价等字段。寻根导航数据的各个字段都可以检索,也可以按照分类进行浏览。在规范著录的前提下,中华寻根网还建立了以姓氏为基础的分类导航,使读者能够更便捷地通过姓氏对家谱进行浏览。

```
头标: nam0 2200325    450 字段: 25
001 311999100002
005 20090505112658.0
010   ■b綫装
100   ■a20021005d1886    km y0chiy50      ea
101 0 ■achi
102   ■aCN
106   ■az
200 1 ■a涇川左氏重修宗譜■9jing chuan zuo shi chong xiu zong pu■b普
通古籍■e二十八卷卷首一卷■f(清)左駿章等修■g(清)左璿等纂
205   ■活字本■b木活字
210   ■d清光緒12年[1886]
215   ■a16冊
300   ■a版心題左氏宗譜,書籤題涇川左氏宗譜,書名頁題古歗左氏宗譜
304   ■書名據目錄題
305   ■a8行22字白口左右雙邊單魚尾
517 1 ■a左氏宗譜■9zuo shi zong pu
517 1 ■a涇川左氏宗譜■9jing chuan zuo shi zong pu
517 1 ■a古歗左氏宗譜■9gu you zuo shi zong pu
610 0 ■a家譜
610 0 ■a左氏
610 0 ■a安徽涇縣
696   ■a傳774.47■2pgl
701 0■a左駿章■9zuo jun zhang■c(清)■4修
702 0■a左璿■9zuo xuan■c(清)■4纂
801 0■aCN■bNLC■c19990906
905   ■qFGFZ■d传774.47■e89
```

图 9 - 5　家谱元数据样例

9.1.2　利用质量

9.1.2.1　服务

　　本着边建设边服务的原则,家谱数字资源借助中华寻根网的平台进行发布,中华寻根网面向国内和国外的用户提供服务,受众主要可分为三类:一,寻根问祖者;二,修谱、续谱者;三,谱牒学研究者。越来越多的寻根问祖者通过中华寻根网开始自己的寻根之旅。联建的家谱资源通过联建的统一发布平台对外发布,未来这部分资源也将实现在中华寻根网的统一整合揭示。

　　除了提供全文影像的浏览外,为了方便用户使用家谱资源,还建设了人物和篇目的索引,索引数据的各个字段都可以检索,大大提高了影像数据库的可用性,对家谱内容进行了较为深入的揭示。除此之外,还选择文献价值高、版本价值高、书品好的谱牒文献,在其数字影像的基础上进行了全文化文本资源的建设,实现版式还原,并构建谱系树。

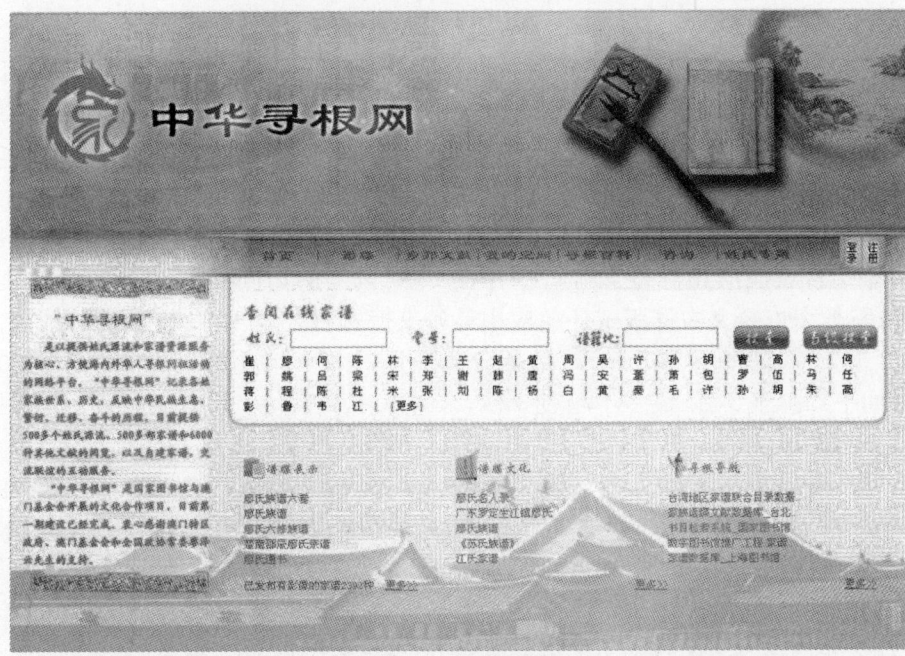

图 9－6　中华寻根网

book_num	serial_num	chapter_name	volume_num	page_num	page_prop
SZJP00002	000000	圻村王氏重修族谱目録	SZJP00002-00000010	SZJP00002-00000010-00000.jpg	1
SZJP00002	000000_000000	卷首	SZJP00002-10000010	SZJP00002-10000010-00001.jpg	0
SZJP00002	000000_000000_000000	圻村王氏重修族谱序	SZJP00002-10000010	SZJP00002-10000010-00001.jpg	0
SZJP00002	000000_000000_000001	王氏重修族谱序	SZJP00002-10000010	SZJP00002-10000010-00002.jpg	0
SZJP00002	000000_000000_000002	丙申重修族谱序畧	SZJP00002-10000010	SZJP00002-10000010-00004.jpg	0
SZJP00002	000000_000000_000003	王氏族谱序	SZJP00002-10000010	SZJP00002-10000010-00005.jpg	0
SZJP00002	000000_000000_000004	王氏修族谱序	SZJP00002-10000010	SZJP00002-10000010-00007.jpg	0
SZJP00002	000000_000000_000005	甲戌修族谱序	SZJP00002-10000010	SZJP00002-10000010-00009.jpg	0
SZJP00002	000000_000001	卷之一	SZJP00002-10000010	SZJP00002-10000010-00001.jpg	0
SZJP00002	000000_000001_000000	晋国公遗像	SZJP00002-10000010	SZJP00002-10000010-00001.jpg	0
SZJP00002	000000_000001_000001	晋国公王先生像赞	SZJP00002-10000010	SZJP00002-10000010-00001.jpg	0
SZJP00002	000000_000001_000002	魏国王文正公像	SZJP00002-10000010	SZJP00002-10000010-00002.jpg	0
SZJP00002	000000_000001_000003	魏国王文正公像赞	SZJP00002-10000010	SZJP00002-10000010-00003.jpg	0
SZJP00002	000000_000001_000004	工部尚书王懿敏公像	SZJP00002-10000010	SZJP00002-10000010-00003.jpg	0
SZJP00002	000000_000001_000005	尚书王懿敏公像赞	SZJP00002-10000010	SZJP00002-10000010-00004.jpg	0
SZJP00002	000000_000001_000006	宗正丞王公像	SZJP00002-10000010	SZJP00002-10000010-00004.jpg	0
SZJP00002	000000_000001_000007	宗正丞王公像赞	SZJP00002-10000010	SZJP00002-10000010-00004.jpg	0
SZJP00002	000000_000001_000008	元侯公遗像	SZJP00002-10000010	SZJP00002-10000010-00005.jpg	0
SZJP00002	000000_000001_000009	元侯公像赞	SZJP00002-10000010	SZJP00002-10000010-00006.jpg	0
SZJP00002	000000_000001_000010	宗祠图		SZJP00002-10000010-00006.jpg	0
SZJP00002	000000_000001_000011	祭産附裁（缺）			0
SZJP00002	000000_000001_000012	王氏宗祠碑記	SZJP00002-10000110	SZJP00002-10000110-00008.jpg	0
SZJP00002	000000_000001_000013	始祖墓图	SZJP00002-10000110	SZJP00002-10000110-00011.jpg	0
SZJP00002	000000_000001_000014	王氏世系源委	SZJP00002-10000110	SZJP00002-10000110-00013.jpg	0
SZJP00002	000000_000001_000015	跋附（缺）			0
SZJP00002	000000_000001_000016	世系提綱	SZJP00002-10000110	SZJP00002-10000110-00017.jpg	0
SZJP00002	000000_000001_000017	世系图	SZJP00002-10000110	SZJP00002-10000110-00019.jpg	0

图 9－7　标引数据库样例

```
<?xml version="1.0" encoding="utf-8"?>
- <lineage>
 - <person_relation>
  - <person id="30" generation="1" surname="袁" firstname="良公" zi="正叔" hao="" hui="" shi="" alias="" stepchild="" sex="男" birthday="" death_date="" birth_order="0"
     branch="" relate_id="SZJP02316-10000110-00016.jpg" region="2922,1028,3054,1222" index="30">
    - <sons>
        <person id="34" generation="2" surname="袁" firstname="瑞公" zi="叔潮" hao="" hui="" shi="" alias="" stepchild="" sex="男" birthday="" death_date="" birth_order="1"
         branch="" relate_id="SZJP02316-10000110-00016.jpg" region="2785,2240,2894,2405" index="34" />
    </sons>
   </person>
  - <person id="29" generation="1" surname="袁" firstname="安祖" zi="寧公" hao="" hui="" shi="" alias="" stepchild="" sex="男" birthday="" death_date="" birth_order="0"
     branch="" relate_id="SZJP02316-10000110-00016.jpg" region="2938,428,3060,577" index="29">
    - <sons>
      - <person id="31" generation="2" surname="袁" firstname="賢公" zi="君賓" hao="" hui="" shi="" alias="" stepchild="" sex="男" birthday="" death_date="" birth_order="1"
         branch="" relate_id="SZJP02316-10000110-00016.jpg" region="2962,1729,3061,1901" index="31">
        - <sons>
          - <person id="35" generation="3" surname="袁" firstname="彩" zi="伯楚" hao="" hui="" shi="" alias="" stepchild="" sex="男" birthday="" death_date=""
             birth_order="1" branch="" relate_id="SZJP02316-10000110-00016.jpg" region="2665,497,2768,597" index="35">
            - <sons>
              - <person id="38" generation="4" surname="袁" firstname="賓" zi="沅厦" hao="" hui="" shi="" alias="" stepchild="" sex="男" birthday="" death_date=""
                 birth_order="1" branch="" relate_id="SZJP02316-10000110-00016.jpg" region="2642,1737,2728,1811" index="38">
                - <sons>
                  - <person id="42" generation="5" surname="袁" firstname="添" zi="" hao="" hui="" shi="" alias="" stepchild="" sex="男" birthday=""
                     death_date="" birth_order="1" branch="" relate_id="SZJP02316-10000110-00016.jpg" region="2311,506,2415,608" index="42">
                    - <sons>
                      - <person id="46" generation="6" surname="袁" firstname="湊" zi="曜卿" hao="" hui="" shi="" alias="" stepchild="" sex="男" birthday=""
                         death_date="" birth_order="1" branch="" relate_id="SZJP02316-10000110-00016.jpg" region="2357,1733,2455,1808"
                         index="46">
```

图 9－8　家谱谱系样例（部分）

9.1.2.2 获取

目前,中华寻根网发布了馆藏家谱数字化及海外回归的 2500 余种家谱资源,征集资源家谱频道发布了全部征集的 780 种家谱资源。中华寻根网 2011 年 3 月 5 日正式上线,每天的页面浏览量超过 10 万,在 3 月 10 日创下历史最高的日页面浏览量达 667 365 次,上线第一个月,网站注册人数已超过 5000 人,咨询超过 700 件。

服务系统具备支持每秒并发 2000 以上的访问能力,响应时间平均少于 2 秒,最多不超过 5 秒;对象文件调阅应用具备支持每秒并发 1000 以上的访问能力,响应时间平均少于 2 秒,最长不超过 5 秒;全文数据版式还原应用具备支持每秒并发 1000 以上的访问能力,响应时间平均少于 3 秒,最多不超过 5 秒;数据分析应用具备支持每秒并发 500 以上的访问能力,响应时间平均少于 5 秒,最多不超过 8 秒。

9.1.2.3 长期保存

目前已建成的 3346 种,近 350 万页家谱资源已经 100% 投入了发布和使用,90% 以上的资源具有长期保存级数据,且已进入我馆长期保存系统,长期保存量 159.35TB。本着边建设边服务的原则,建成的资源都是一经质检合格立即进入发布系统发布,及时更新。

9.1.2.4 利用效果

为充分了解读者对于国家图书馆特色数字资源服务质量的满意程度,研究组特开展了一次读者调查,调查对象为常在国家图书馆数字共享空间使用数字资源的读者。调查结果显示,65% 的被调查读者对家谱资源建设质量,即"数量和内容满足用户需求;导航清晰,组织有序"以及家谱资源服务质量,即"服务范围广泛;服务方式丰富;用户利用方便"满意或非常满意。

通过中华寻根网,各类寻根问祖者和谱牒研究人员可以自由、方便、快速地检索、查阅已经数字化的谱牒文献,从中获得相关信息,进而参考地志资料,按图索骥,有的放矢。与此同时,如果遇到理解方面的困难或其他方面的阻碍,可以向网站的值班人员进行咨询,或是根据网站提供的相关工具书、参考书寻找答案。由此可见,中华寻根网基本上可以实现用户的一站式寻根服务。

中华寻根网项目的社会效益主要体现在两个方面,一是相对显性的,即可预见、可观测、可评估的;一是相对隐性的,即可感知、可体味,但难以通过数据或技术手段进行分析。"中华寻根网"是建立在广泛合作基础上的全球华人家谱数字化服务、教育和研究项目,是国家图书馆与澳门基金会开展的第一个文化合作项目。"中华寻根网"作为一个跨地域、跨国界、世界性的网站,以传扬中华谱牒文化为重要目的,利用现代科技手段,在网络上实现寻根问祖、寻根百科、家谱编纂互动、家谱专题咨询、家谱在线查阅、家谱目录和全文检索等功能,建造全球华人寻根中心、家谱资料中心、家谱服务中心和家谱研究中心,并最终形成中华民族寻根问祖的总平台和第一门户。在百度搜索"中华寻根网"为标题的报道共有 14 篇。

9.1.3 保障质量

9.1.3.1 数字化加工能力

为了高效支撑中华寻根网的稳定运行,国家图书馆专门采购了多种硬件设备和软件系统,并将寻根网的各种硬件置于国图的统一安全防火墙之后,保证系统的安全高效运行,配备主要包括 F5 负载均衡设备、web 服务器、应用服务器、数据库服务器、检索服务器、索引服务器、磁盘存储阵列等硬件设备,Redhat 企业版、IBM WebSphere Application Server、IBM Http Server 等软件设备。家谱数字资源的加工采用外包形式,选择有实力、有经验的加工公司进行数据的加工。

9.1.3.2　存储能力

存储系统是通过网络存储设备搭建起的一套围绕海量数字资源生命周期管理的现代化、智能化的系统平台,该平台具有很高的系统性能和资源安全可靠性。系统采用光纤通道网络体系,架构先进(采用了 SAN 架构),并使用在线、近线、离线相结合的存储策略,设计网络化的存储架构体系,创建了适合海量数字资源集中存储、备份的系统。整套存储系统配置了安全的备份系统,为应用数据提供更加安全的数据保护,降低人为操作失误或恶意攻击给应用系统造成的数据丢失。同时,基于三级存储机制的存储应用策略,大大提高了资源存储服务能力。国家数字图书馆基于存储网络架构的全光纤通道的海量存储系统运行稳定,不仅实现了与原有资源的有机整合,而且满足了目前海量数字资源的存储需求,还为今后的扩容留有余地。

为了科学管理数字资源的保存和再利用,国家图书馆对数字资源长期保存工作进行了统筹规划、合理分工,制定了保存为主、服务利用、突出特色、尊重知识产权的原则,利用先进的技术、设备,制定完善的流程,将有价值的数字资源进行保存,最大限度地确保馆藏数字资源的安全,使其能准确便捷地提取,为今后的数字资源信息利用提供保障。随着国家图书馆数字资源长期保存工作的开展,国家图书馆建立了家谱数字资源的保存基地,为家谱数字资源建立了安全、稳定、大容量的"仓库"。

9.1.3.3　安全保障能力

家谱数字资源采用硬盘与光盘双重介质备份的存储策略,光盘一式两份,异地保存。数据加工与外包公司签订合同,明确规定不得因提供扫描、刻盘、硬盘拷贝、制作三级书目及置标等相关服务而取得任何与国家图书馆馆藏家谱相关的版权。未经事先书面许可,乙方不以任何形式披露和使用或许可他人披露和使用该馆藏家谱。在管理方面,数据的存储、调用均遵从严格的管理制度,专人负责。建立存储系统日常管理维护制度,规范存储系统日常管理的操作要求,尤其对于重要操作,有同时在场操作的人数要求,有人员巡检要求。规范存储空间申请操作流程,并需要记录《存储任务工作单》。规范长期保存数字资源的数据提交、数据核查、数据保存、长期保存数据核查、临时存储介质规划等业务流程。

9.1.3.4　经费

馆藏家谱数字化的经费投入约 560 万元,联建资源经费投入约 275 万元,共计 835 万元。按年度划分如下表所示:

表 9 - 3　家谱数字资源年度经费情况表

年度	加工种数	加工页数	经费(万元)	年度经费增长率
2010	309	324 020	92	
2011	1500	1 689 143	363	294.6%
2012	1137	1 240 216	270	− 25.6%
2013	400	219 563	110	− 59.3%

需要特殊说明的是,2010—2013年,上述家谱数字资源所用经费中,联合建设家谱数字资源的年度建设经费情况及年度经费增长率如下表所示:

表9-4 联合建设家谱数字资源年度经费投入情况表

年度	种	页	经费(万元)	年度经费增长率
2010	309	324 020	92	
2011	254	359 143	73	20.7%
2012	0	0	—	—
2013	400	219 563	110	50.7%

可以看出,联建的家谱经费一直处于持续稳定增长的状态。

9.1.3.5 综合管理

中华寻根网是建立在国际合作基础上的全球家谱数字化服务、教育和研究项目,自项目设立之初,就有比较明确的建设规划。确定了分期建设、边建设边服务的建设方针。

中华寻根网管理了大量的家谱和方志资源,这些资源的加工处理是一个综合性的系统工程,从家谱方志的数字化,到数据的清洗预处理,到数据资源的转码,直至数据的导入进库,期间涉及多个业务部门的合作与协调,目前国家图书馆已经基本建立起与此有关的一系列业务处理流程。国家图书馆将馆藏家谱数字化工作列为馆级重点项目,成立了专门的领导小组,负责项目的计划协调和实施。具体的数据建设、网站建设、软件建设、合作交流等工作由馆内相关业务部门分别承担。各部门虽然强调分工明确,但更提倡相互合作。对于每个阶段的工作内容和目标,都经过反复调研和充分讨论,保证目标与实施的协调统一。对于各项具体工作过程中的每个环节,以及相关环节间的交接也有明确的规定。

作为一个长期建设发展的项目,中华寻根网在建设之初就十分注重各个环节的规范化管理,特别是数据加工的规范化。因为只有在统一、规范的标准指导下,才能够制作出符合要求的数据,也才能够避免因承包商变更或工作人员的调整等人为因素的影响,而造成数据质量的下降问题。到目前为止,已经确定的数据加工标准包括家谱影像扫描标准、家谱三级目录加工标准、家谱置标数据加工标准、家谱全文数据加工规范、家谱谱系树加工规范、家谱目录数据加工规范等6项,基本可以满足数据加工的需要。此外,规范对数据加工过程中的取还书、扫描前整理、家谱的保护、扫描后整理、家谱的拆装等涉及古籍保护的环节都做了一一规范,同时对人员也有特殊要求,例如要求在加工现场配备一名以上具有古籍修复专业背景的人员,负责指导家谱的拆装。依据项目实际情况,要求在加工现场配备经过古籍修复培训、具有一定古籍修复经验的人员,负责家谱的拆装。

9.2 综合评价

9.2.1 调查说明

由于模糊综合评判法的评判是逐项进行,被评对象在每一指标上有唯一的评价值,不受其所在指标集合的影响,并且可以在同一维度进行不同指标的横向比较。因此,本次国家图书馆"数字家谱"自建数字资源选择本研究指标评判法进行评价。结合指标体系,编制了满意度调研问卷,涵盖了建设质量、利用质量、保障质量三方面的内容,向 11 位直接从事国家图书馆数字资源建设管理的工作人员发放并回收了调研问卷,获取其对国家图书馆"数字家谱"自建数字资源各方面指标的单独评价,并通过数学模型将所有分项指标评价结果进行计算,结合已确定的各指标权重进行综合评判。发放调查问卷 11 份,回收有效问卷 10 份,问卷回收率为 91%。

9.2.2　调查对象

通过数学模型将所有分项指标评价结果进行计算,结合已确定的各指标权重所获得的一级、二级、三级指标评价结果分别如表 9-5、9-6、9-7 所示。

9.2.2.1　一级指标

表 9-5　国家图书馆家谱自建数字资源质量评价一级指标评价结果

评价指标 ＼ 评价结果	非常满意	满意	一般	不太满意	很不满意
A 建设质量 0.3873	0.2880	0.5371	0.1678	0.0071	0.0000
B 利用质量 0.3186	0.2037	0.4625	0.3057	0.0281	0.0000
C 保障质量 0.2941	0.1980	0.4928	0.2717	0.0375	0.0000
综合评价向量	**0.2347**	**0.5003**	**0.2423**	**0.0227**	**0.0000**

从表 9-5 一级指标评价结果综合评价矩阵中可以看出,综合评价向量最高的是"满意"(0.5003),如果对 5 个级别的满意度分别赋值为:100,90,80,70,60,那么国家图书馆家谱自建数字资源质量评价总分为 89.47。根据最大隶属度原则,总体上评价人员对于国家数字图书馆家谱自建数字资源质量的评价为"满意"。这说明国家图书馆数字家谱自建数字资源的质量较好,获得了评价人员的总体认可。

综合分析各项评价结果,对建设质量的评价最高,"非常满意"和"满意"的综合向量达到 0.8251,说明国家图书馆家谱自建数字资源的建设质量得到了较高的认可。利用质量和保障质量的满意度非常接近,"非常满意"和"满意"的综合向量分别为 0.6662 和 0.6908,但与建设质量间存在着一定差异,表明国家图书馆家谱数字资源的利用和保障情况基本令人满意,但相对建设情况来说仍然存在着一定的提升空间,这一点直接关系到资源的有效利用和未来的可持续发展。

9.2.2.2　二级指标

评价人员对于建设质量总体满意,尤其对于"结构"和"加工"两个二级指标,"满意"和"非常满意"的综合向量都达到了 0.9000 以上。家谱数字资源构成丰富,资源呈现出比较明显的多元化,数据加工相关的管理规范、流程清晰、技术先进,应该是这两项指标获得较高满意度的关键因素,而对于数量指标的评价结果不尽如人意,主要集中在对年增率的满意度不高。

表 9 −6　国家图书馆数字家谱自建数字资源质量评价二级指标评价结果

一级指标	二级指标	评价结果				
		非常满意	满意	一般	不太满意	很不满意
A 建设质量	A1 数量 0.1450	0.2045	0.3044	0.4422	0.0489	0.0000
	A2 结构 0.1955	0.3219	0.6077	0.0704	0.0000	0.0000
	A3 内容 0.2501	0.2532	0.5791	0.1677	0.0000	0.0000
	A4 加工 0.1913	0.4134	0.4901	0.0965	0.0000	0.0000
	A5 组织 0.2181	0.2429	0.6216	0.1355	0.0000	0.0000
A 建设质量评价向量		**0.2880**	**0.5371**	**0.1678**	**0.0071**	**0.0000**
B 利用质量	B1 服务 0.2838	0.1663	0.3294	0.4053	0.0990	0.0000
	B2 获取 0.2239	0.1061	0.3939	0.5000	0.0000	0.0000
	B3 长期保存 0.2606	0.3922	0.5039	0.1039	0.0000	0.0000
	B4 利用效果 0.2317	0.1319	0.6450	0.2231	0.0000	0.0000
B 利用质量评价向量		**0.2037**	**0.4625**	**0.3057**	**0.0281**	**0.0000**
C 保障质量	C1 加工系统能力 0.1760	0.2435	0.5565	0.2000	0.0000	0.0000
	C2 存储能力 0.1374	0.2000	0.7000	0.1000	0.0000	0.0000
	C3 安全保障能力 0.1469	0.1000	0.6108	0.2892	0.0000	0.0000
	C4 经费 0.2746	0.2000	0.2000	0.5000	0.1000	0.0000
	C5 综合管理 0.2651	0.2191	0.5809	0.1622	0.0378	0.0000
C 保障质量评价向量		**0.1980**	**0.4928**	**0.2717**	**0.0375**	**0.0000**

　　评价人员对于利用质量的评价总体也趋向满意,但其包含的四个二级指标评价结果却表现出了比较明显的两极化倾向,一方面"服务"和"获取"评价相对较低,这表明当前家谱数字资源的服务利用方面还存在一定的障碍,另一方面"长期保存"评价相对较高,这和图书馆"重藏轻用"的传统思想有一定关系,也表明图书馆在不断发展的信息技术的大背景下,需要拓展和提升自身的信息服务能力。

　　评价人员对于保障质量的评价总体也趋向满意,其中对二级指标"存储能力"的评价较高,这表明随着国家数字图书馆的不断发展,依托于逐渐建立起的国家数字图书馆海量数字资源存储架构体系和海量资源长期保存机制,形成了安全、稳定、大容量的家谱数字资源的保存仓库。对二级指标"经费"的评价较低,表明国家图书馆在家谱数字资源的经费计划和投入方面还需要改进。

9.2.2.3　三级指标

　　"总量"和"年增率"作为构成二级指标"数量"的两个三级指标,获得的评价结果却呈现出明显的不同,一方面评价人员对于家谱数字资源总量表示出较高的认可,另一方面仅有10% 的评价者对资源年增率表示"满意"。家谱数字资源建设始于 2010 年,2011 年和 2012年为建设高峰,整体来看,没有保持良好的延续性,这与家谱数字资源的建设规划有关,也与经费保障的持续性有关,因此评价人员在相关指标"自建数字资源年度经费增长率"上也给出了不甚理想的分数(仅有 40% 的评价者对该指标表示满意,有 10% 的评价者给出了不太满意的评价),说明在家谱数字资源的经费保障的持续性方面还有待增强。

表9-7 国家图书馆数字家谱自建数字资源质量评价三级指标评价结果

一级指标	二级指标	三级指标	评价				
			非常满意	满意	一般	不太满意	很不满意
A 建设质量	A1 数量	A11 总量 0.5111	4	5	1	0	0
		A12 年增率 0.4889	0	1	8	1	0
	A1 数量评价向量		**0.2045**	**0.3044**	**0.4422**	**0.0489**	**0.0000**
	A2 结构	A23 来源结构 0.2955	5	5	0	0	0
		A25 版权结构 0.3562	0	9	1	0	0
		A27 馆藏级别结构 0.3483	5	4	1	0	0
	A2 结构评价向量		**0.3219**	**0.6077**	**0.0704**	**0.0000**	**0.0000**
	A3 内容	A31 完整性 0.2201	1	6	3	0	0
		A32 独特性 0.3337	3	6	1	0	0
		A33 替代功能 0.2092	4	5	1	0	0
		A34 补藏功能 0.237	2	6	2	0	0
	A3 内容评价向量		**0.2532**	**0.5791**	**0.1677**	**0.0000**	**0.0000**
	A4 加工	A41 资源规范性 0.2125	2	6	2	0	0
		A42 资源功能性 0.2699	3	5	2	0	0
		A43 数据完整性 0.2061	5	5	0	0	0
		A44 资源保真性 0.3115	6	4	0	0	0
	A4 加工评价向量		**0.4134**	**0.4901**	**0.0965**	**0.0000**	**0.0000**
	A5 组织	A52 数据关联 0.3921	4	5	1	0	0
		A53 检索能力 0.3553	1	7	2	0	0
		A54 专题导航 0.2526	2	7	1	0	0
	A5 组织评价向量		**0.2429**	**0.6216**	**0.1355**	**0.0000**	**0.0000**
B 利用质量	B1 服务	B11 服务范围 0.2507	3	3	4	0	0
		B12 服务方式 0.2941	0	4	5	1	0
		B13 服务滞后 0.2408	2	3	3	2	0
		B14 服务增值 0.2144	2	3	4	1	0
	B1 服务评价向量		**0.1663**	**0.3294**	**0.4053**	**0.0990**	**0.0000**
	B2 获取	B21 获取有效性 0.3534	1	3	6	0	0
		B22 访问量 0.2929	0	5	5	0	0
		B23 响应速度 0.3537	2	4	4	0	0
	B2 获取评价向量		**0.1061**	**0.3939**	**0.5000**	**0.0000**	**0.0000**

续表

一级指标	二级指标	三级指标	评价				
			非常满意	满意	一般	不太满意	很不满意
C 保障质量	B3 长期保存	B32 保存与利用的比重 0.4805	6	4	0	0	0
		B33 更新及时性 0.5195	2	6	2	0	0
	B3 长期保存评价向量		**0.3922**	**0.5039**	**0.1039**	**0.0000**	**0.0000**
	B4 利用效果	B41 用户评价 0.3406	0	10	0	0	0
		B42 共享能力 0.2526	2	4	4	0	0
		B43 社会效应 0.4068	2	5	3	0	0
	B4 利用效果评价向量		**0.1319**	**0.6450**	**0.2231**	**0.0000**	**0.0000**
	C1 加工系统能力	C11 软件系统 0.5649	2	6	2	0	0
		C12 硬件设备 0.4351	3	5	2	0	0
	C1 加工系统能力评价向量		**0.2435**	**0.5565**	**0.2000**	**0.0000**	**0.0000**
	C2 存储能力	C22 存储空间 1	2	7	1	0	0
	C2 存储能力评价向量		**0.2000**	**0.7000**	**0.1000**	**0.0000**	**0.0000**
	C3 安全保障能力	C33 载体安全 0.4459	1	5	4	0	0
		C34 数据安全 0.5541	1	7	2	0	0
	C3 安全保障能力评价向量		**0.1000**	**0.6108**	**0.2892**	**0.0000**	**0.0000**
	C4 经费	C42 自建数字资源年度经费增长率 1	2	2	5	1	0
	C4 经费评价向量		**0.2000**	**0.2000**	**0.5000**	**0.1000**	**0.0000**
	C5 综合管理	C51 规划与实施 0.3777	0	8	1	1	0
		C53 人员管理 0.2985	3	5	2	0	0
		C54 标准规范 0.3238	4	4	2	0	0
	C5 综合管理评价向量		**0.2191**	**0.5809**	**0.1622**	**0.0378**	**0.0000**

评价人员对于结构方面总体满意,尤其对于来源结构一项,100%的评价者表示"满意"或"非常满意"。家谱是来源渠道比较丰富的一类资源,以国家图书馆数字化馆藏家谱为主,兼有国内主要家谱收藏机构合作建设,还有海外犹他家谱协会所捐赠的家谱资源。评价人员对于版权结构和馆藏级别结构也给出了较高的评价。

内容方面,评价人员普遍对家谱数字资源的独特性表示认可,这是家谱作为一类特殊的文献资源所具备的得天独厚的优势,认为对馆藏家谱进行的数字化较好地发挥了替代作用,而联合建设和海外回归的家谱数字资源也为补藏本馆所缺发挥了积极的作用。目前本馆所藏家谱已被数字化的占比40%,因此评价人员认为在完整性方面还有进一步的提升空间。

　　评价人员对加工方面的满意度最高,对于来源途径多样的家谱数字资源来说,如何保证资源的加工质量是一项很大的挑战。一方面,国家图书馆对于馆藏家谱数字化和联合建设家谱数字资源制定了全面的覆盖全流程的加工规范,另一方面,对于海外回归的数字家谱,必要时参照已有规范进行了数据清洗,从而保证了整体家谱数字资源的规范性、功能性、完整性和保真性。

　　为了保证组织能力,家谱数据在著录字段、检索点设置以及寻根导航系统的建立方面都下了很大力气,在遵照规范的基础上努力创新,因而评价人员对数据关联、检索能力、专题导航的评价都比较高。

　　和其他指标相比,服务和获取两个方面的七个三级指标满意度都存在着明显的差距,服务方面尤其是服务方式指标,由于在现阶段家谱数字资源仅仅是在中华寻根网上以及征集资源的家谱频道进行发布,尚未拓展手机、手持阅读设备、电视等新的服务方式,故该项得分相对较低。未来,家谱资源将在目前已建设的内容及技术基础上,进一步进行服务范围和服务方式的拓展,提高资源发布效率,提升资源增值服务能力。获取方面,三级指标获取数量的满意度较低,究其原因可能跟目前家谱资源尚未完全实现集中揭示有关,一方面对馆藏家谱数字化的成果发布在中华寻根网,另一方面征集联合建设的家谱发布在征集资源的家谱频道,分散的发布没有达到规模效应;访问量指标也未让评价人员感觉非常满意,和其他大众化的资源相比,家谱资源的受众范围相对较窄,一般为寻根问祖者、家谱研修人员和专家,因而访问量有限。

　　评价人员对于长期保存和利用效果两个方面的五个三级指标总体比较满意,当前通过各种途径建设完成的数字家谱全部实现了上网发布,故评价人员对保存与利用的比重指标100%达到满意或非常满意。值得一提的是,通过对读者的问卷调查,65%的受访读者对我馆家谱数字资源的建设质量和服务质量都表示满意或者非常满意,这多少出乎评价人员的意料,因此对于用户评价指标的满意度比较高。从2010年开始建设以来,5年时间里,家谱数字资源发挥出馆藏、联建、海外回归多渠道"组合拳"的优势,在资源共享方面取得了显著的成果,产生了良好的社会效应。

　　评价人员肯定了国家图书馆在家谱数字资源建设过程中对于软件系统、硬件设备以及存储空间的投入和保障,对数据安全保障也很有信心,但对于载体安全表现出了某种担忧。国家图书馆的家谱资源以光盘和磁带作为存储载体,除了有健全的管理制度保障外,载体本身的安全性和稳定性应该是评价人员表示出忧虑的主要原因。

　　作为一个长期建设发展的项目,国家图书馆的数字家谱建设工作在综合管理方面获得了评价人员的较高肯定,但在三级指标规划与实施评价中,仍有不太满意的情况。作为一类来源方式多样的资源,数字家谱的建设规划既要具备对整体性、长期性、基本型问题的思考,既要具备战略高度又要"接地气",避免好高骛远,是非常具有挑战性的。数字家谱的建设实施涉及多个部门甚至是多个家谱收藏机构,牵一发动全身,这要求家谱的建设者都是具备很高协调能力的实干家。因此,评价者对于国家图书馆未来的数字家谱的规划实施也有着更高的期待。

9.3　发展建议

经过 6 年的建设,国家图书馆数字家谱自建数字资源已经取得显著进展,2011 年中华寻根网正式上线开通至今运行良好,二期工作也将逐步展开;2012 年征集和联合建设家谱资源在国家图书馆网站地方馆资源家谱频道发布,资源仍在不断更新。建设形成的家谱资源来源多样、内容丰富、初具规模,与此同时,支撑数字家谱生命周期管理的软硬件平台环境业已形成,资源加工业务流程日趋成熟,管理机制日渐完善,并逐渐探索形成了一套完整独特的服务模型框架和标准规范体系。总体来说,国家图书馆数字家谱自建数字资源在建设、利用、保障等方面均衡发展,从上述评价人员的评价中也可得出相同的结论。

相对应的,评价的结果也反映出数字家谱自建数字资源的建设与馆员、专家的期望和需求存在着一定差距。例如,资源年增率、自建资源年度经费增长率满意度较低,资源建设的稳定性和持续性不强;服务方式满意度较低,服务方式方法有待拓展;获取数量和资源访问量的满意度不高,资源的集中整合和宣传力度有待加强;载体安全和资源的规划与实施均有待加强。这些差距直接影响了资源建设的效果和质量,需要在未来的资源建设中进行重点考虑和改进,以实现国家图书馆的整体资源建设目标,满足馆藏和用户使用需求,对此,我们提出如下建议。

9.3.1　加强规划,促进家谱数字资源健康有序发展

家谱数字资源的建设和应用是一项系统工程,上游是实体馆藏,下游是终端用户,中间又有无数的数据处理环节,关系紧密,交互影响,因此需要统筹考虑各个环节的组织建设、人力投入、软硬件建设、流程和标准,以及工具、技术等内容,保证前后协调,既充分利用馆藏,又满足用户的实际需求。同时,资源建设不可一蹴而就,是长期的过程,需要不断建设,不断完善,目前国家图书馆家谱馆藏数量巨大,复杂性较高,如何进行资源的选择建设,逐步推进,如何结合版权征集、联合建设、海外回归等各种资源建设方式,都需要统筹规划,提前布局,避免重复建设,造成资源浪费。因此,应进一步做好数字资源建设整体规划和顶层设计,分析馆藏文献现状、数字资源建设需求,结合国内外数字资源建设的趋势和最佳案例,对包括数字家谱在内的资源建设、资源应用、软硬件投入、标准和管理体系建设等方面进行统一规划和安排,保证家谱数字资源建设的全面、协调、有序、规范。

9.3.2　提升能力,发挥家谱数字资源最大优势

应进一步加强数字资源建设和发布的能力建设,包括加工能力、管理能力、技术能力等,全面提升整个资源生命周期的相关能力。重视加工能力的优化提升,注重研究软件工具,引入新的技术,优化硬件设备,提升相关技术人员的操作水平和技术水平,以文献数字化中心建设为契机,优化组织流程,完善标准规范,进一步提升数据加工质量。当前的数字家谱仍主要停留在提供全文影像的阶段,且尚未完全实现统一平台发布,因此提高家谱数字资源整合揭示能力,挖掘数字家谱价值,开发多种资源形式,形成特色资源产品,也是未来需要图书馆重点关注的方向。当前数字家谱仍然是提供网络在线服务,因此需要提升资源发布服务

能力,创新服务形式,开拓服务渠道,除了网站在线服务之外,努力开拓手机、电视、手持阅读设备等新媒体服务平台,以满足不同读者的需求。

9.3.3　提高服务意识,促进家谱数字资源有效利用

　　资源建设的最终目的是利用,因此应以用户为核心,真正了解用户需求,以需求和问题为导向进行资源建设。应加强与家谱收藏部门和服务部门的联系,深入了解馆藏实际情况,了解业务实际需求,以满足用户信息需求为己任,有针对性地开展数字家谱建设,提高建设质量。深化家谱数字资源服务内容,细分用户群进行行为分析,有针对性地进行资源推送,提高资源利用率。利用新媒体和社交网络等平台加强数字家谱资源和服务的宣传,结合用户需求,定期开展数字家谱资源推介与使用培训。充分借助数字图书馆推广工程等平台,将国家图书馆的数字家谱资源与全国各地方图书馆进行共享,重视国际交流合作与推广,让全球华人都能利用数字家谱开展学术研究、开启寻根之旅。

10 结语

随着图书馆数字资源建设的不断发展,开展数字资源评价的作用和意义日益凸显。但目前国内外关于数字资源质量评价的研究文献,主要侧重对网络信息资源及商购数据库的质量评价和成本效益分析,对于图书馆自建数字资源如何进行质量控制和评价,涉及的并不多见。然而自建数字资源是一个图书馆数字馆藏中最具特色的和最具发展潜力的内容。运用科学、系统的评价指标体系将概念化、原则化的自建数字资源质量分为可量化的具体指标,为系统分析自建数字资源发展中所面临的问题提供了一种新的思路,对图书馆自建数字资源健康发展具有科学的指导意义。

本研究以图书馆数字资源为背景,研究了开展自建数字资源质量评价的理论基础,在调查国内外图书馆评价研究和评价实践的基础上,分析图书馆自建数字资源质量影响的因素,采用材料调研与理论分析方法,指标过滤与频度统计方法以及专家咨询与评判方法,筛选了用于评价自建数字资源质量的指标集合,运用层次分析法、定量与定性相结合方法,构建了评价指标体系。

为了检验指标体系的科学性和可操作性,本研究选择国家图书馆自建数字资源中能够代表整体资源性质和个体资源性质的 3 个评价对象作为案例,采用本研究的技术路线和方法体系具有科学性和适用性,能够运用于图书馆自建数字资源质量评价。通过研究也认识到:

(1)图书馆数字资源可持续发展是一个动态的过程,因此构建图书馆自建数字资源评价指标体系,不能过分强调指标体系的通用性。客观因素(如图书馆定位、数字资源发展方向等)导致的差异性不可能建立一套适合不同范围、不同发展阶段的指标体系。

(2)评价指标体系是图书馆自建数字资源发展条件的集合,是由若干相互联系、相互补充、具有层次性和结构性的指标组成的有机系列。随着发展条件的改变,评价指标也必将随之调整。因此,建立自建数字资源评价指标体系需要一个由理论到实践逐步完善的过程。

鉴于研究对象的复杂性、研究时间的限制和研究视角的局限性,尚有一些内容需要进一步研究和改进,包括:

(1)由于自建数字资源类型不同,评价对象存在差异,因此在具体构建评价指标体系时应考虑自建数字资源的具体情况,对一些指标进行适当的取舍和增减,以增加指标体系的针对性。

(2)本研究只针对自建数字资源质量的指标体系进行了研究,对于建设质量、利用质量、保障质量三方面之间的协调性,以及自建数字资源与数字图书馆的相互关系和影响还有待于进一步研究。

(3)由于选择的国家图书馆自建数字资源评价对象在之前没有对一些指标进行定量监测,给评价带来一定困惑和偏差。在后续研究中,应进行统计数据和信息的收集、处理手段和方法进行完善与补充。

附录1　图书馆自建数字资源质量评价指标权重调查表

《图书馆自建数字资源质量评价指标体系》研究目标是建立一套系统化、科学化且适用于图书馆自建数字资源质量评价的指标体系,从而有助于采用科学的方法对图书馆自建数字资源质量进行客观评价,提高图书馆数字资源建设水平,促进图书馆发展。为保证研究成果科学合理,具有实际可操作性,同时为计算指标体系中的指标权重向量,制定《图书馆自建数字资源质量评价指标权重调查表》。

填表说明:

该指标体系共设计了三级指标,请您分别对其中一级指标、二级指标、三级指标的相对重要性做出评价,即每个单元格对应的横向指标(指标表示为 i)相对于纵向指标(指标表示为 j)的重要程度。指标 i 相比于指标 j 的重要程度,用 1—9 之间的 9 个数字或其倒数表示。指标数值越大,表示 i 比 j 越重要。**指标重要性含义及标度见下表。每个调查表只需在空白单元格中填写相应标度,其余部分不用填写。**

表1　指标重要性含义及标度

重要性等级	标度
i 指标比 j 指标极重要	9
i 指标比 j 指标很重要	7
i 指标比 j 指标重要	5
i 指标比 j 指标稍重要	3
i 指标与 j 指标同等重要	1
i 指标比 j 指标极不重要	1/9
i 指标比 j 指标很不重要	1/7
i 指标比 j 指标不重要	1/5
i 指标比 j 指标稍不重要	1/3

1　图书馆自建数字资源质量评价一级评价指标

一级指标包含"建设质量""利用质量"与"保障质量"3 个指标。

A 建设质量:考查自建数字资源数量、结构、内容、加工与组织的情况。

B 利用质量:考查自建数字资源服务、获取、长期保存以及利用效果。

C 保障质量:涉及自建数字资源数字化加工、存储、安全保障、经费以及综合管理方面。

表2　一级指标重要性调查表

	A 建设质量	B 利用质量	C 保障质量
A 建设质量			
B 利用质量			
C 保障质量			

2　图书馆自建数字资源质量评价二级评价指标

本套指标体系包含14个二级指标。

2.1　建设质量

共计5个指标。指标说明如下：

A1 数量：包含图书馆组织建设的自建数字资源总数量、建设年增率、占数字馆藏总数量的比重等方面。

A2 结构：包含文献类别结构、学科结构、来源结构、时间结构、版权结构、数字对象类型结构、馆藏级别结构等方面。

A3 内容：包含自建数字资源完整性、独特性、替代实体馆藏服务功能、补藏其他馆藏等方面。

A4 加工：包含自建数字资源规范性、功能性、数据完整性、资源保真性方面。

A5 组织：包含资源整合、数据关联、检索能力、专题导航等功能。

表3　二级指标重要性调查表

	A1 数量	A2 结构	A3 内容	A4 加工	A5 组织
A1 数量					
A2 结构					
A3 内容					
A4 加工					
A5 组织					

2.2　利用质量

共计4个指标。指标说明如下：

B1 服务：包含自建数字资源服务范围、服务方式、服务滞后和服务增值等方面。

B2 获取：包含自建数字资源获取有效性、资源访问量、服务响应速度等方面。

B3 长期保存：包含在实现数字资源长期保存中数据保存实现方式、保存与利用的比重、更新及时性、保存体系、利用效果等方面。

B4 利用效果：包含用户评价效果、资源共享能力和社会服务效应等方面。

表 4　二级指标重要性调查表

	B1 服务	B2 获取	B3 长期保存	B4 利用效果
B1 服务				
B2 获取				
B3 长期保存				
B4 利用效果				

2.3　保障质量

共计 5 个指标。指标说明如下：

C1 加工系统能力：包含自建数字资源加工软件系统、硬件设备的功能和性能，是否满足自建数字资源加工和管理的应用。

C2 存储能力：满足自建数字资源应用需要，保障存储对象在其生命周期内安全可靠的存储系统和存储空间。

C3 安全保障能力：图书馆自建数字资源运行环境的安全保障从环境安全、系统安全、载体安全、数据安全等方面考虑。

C4 经费：资金经费是自建数字资源质量的重要保障。综合考虑自建数字资源年度经费平均比重、年度经费增长率、基础设施经费保障率等方面。

C5 综合管理：包含自建数字资源建设规划与实施、规章制度、人员管理、标准规范等方面。

表 5　二级指标重要性调查表

	C1 系统能力	C2 存储能力	C3 安全保障能力	C4 经费	C5 综合管理
C1 加工系统能力					
C2 存储能力					
C3 安全保障能力					
C4 经费					
C5 综合管理					

3　图书馆自建数字资源质量评价三级评价指标

本套指标体系包含 51 个三级指标。

3.1　数量

共计 3 个指标。指标说明如下：

A11 总量：图书馆通过实体馆藏数字化，以及资源征集、联建、交换、海外数字化文献回归、资源缴送等方式组织建设的数字资源的数量和容量。评价图书馆组织建设的自建数字资源的总体规模。

A12 年增率:统计周期内,图书馆自建数字资源的建设数量较上一统计周期的增长比例。

A13 占馆藏比重:自建数字资源总数量在图书馆数字馆藏总数量中占有的比重。

表 6 三级指标重要性调查表

	A11 总量	A12 年增率	A13 占馆藏比重
A11 总量			
A12 年增率			
A13 占馆藏的比重			

3.2 结构

共计 7 个指标。指标说明如下:

A21 文献类别结构:图书馆自建数字资源内容资料类别(专著、期刊、报纸、学位论文等)的占比构成。

A22 学科结构:按照学科分类法入藏的文献各学科门类的数量、结构比例。

A23 来源结构:图书馆通过实体馆藏数字化、资源征集、联建、交换、海外回归、缴送等方式组织建设的数字资源种数的占比构成。

A24 时间结构:以版本时间、内容时间或按古籍、民国文献、现代文献为划分图书馆自建数字资源,分别计算不同时间段自建数字资源数量在评价对象总量中占有的比重。

A25 版权结构:图书馆自建数字资源中公有领域资源、已获得使用授权资源、未获得使用授权资源以及版权状态不明确的资源在评价对象中分别占有的比重。

A26 数字对象类型结构:图书馆自建数字资源以文本、图像、音频、视频及复合类型为数字对象,计算每种数字对象在评价对象中分别占有的比重。

A27 馆藏级别结构:图书馆自建数字资源对象资源加工的档案典藏级、复制加工级、发布服务级的数量占评价对象的比重。

表 7 三级指标重要性调查表

	A21 文献类别结构	A22 学科结构	A23 来源结构	A24 时间结构	A25 版权结构	A26 数字对象类型结构	A27 馆藏级别结构
A21 文献类别结构							
A22 学科结构							
A23 来源结构							
A24 时间结构							
A25 版权结构							
A26 数字对象类型结构							
A27 馆藏级别结构							

3.3　内容

共计 4 个指标。指标说明如下：

A31 完整性：图书馆自建数字资源的可持续建设水平以及建设内容全面化程度。

A32 独特性：考量自建数字资源的珍贵性和特殊性，使图书馆在长期发展建设中形成自己的特色数字馆藏。

A33 替代功能：图书馆自建数字资源代替其他类型馆藏文献利用的功能。

A34 补藏功能：图书馆通过自建数字资源方式补充实体馆藏文献的能力。

表 8　三级指标重要性调查表

	A31 完整性	A32 独特性	A33 替代功能	A34 补藏功能
A31 完整性				
A32 独特性				
A33 替代功能				
A34 补藏功能				

3.4　加工

共计 4 个指标。指标说明如下：

A41 资源规范性：图书馆自建数字资源的标准化和规范化程度。

A42 资源功能性：考量数字对象满足图书馆资源建设和应用要求的能力水平。

A43 数据完整性：考量图书馆自建数字资源数据类型、数量的完备程度。

A44 资源保真性：考量图书馆自建数字资源与原始文献的一致程度。

表 9　三级指标重要性调查表

	A41 资源规范性	A42 资源功能性	A43 数据完整性	A44 资源保真性
A41 资源规范性				
A42 资源功能性				
A43 数据完整性				
A44 资源保真性				

3.5　组织

共计 4 个指标。指标说明如下：

A51 资源整合：考量自建数字资源内部以及与其他资源之间进行整合的能力。

A52 数据关联：考量自建数字资源中同一类型内部或不同类型之间，数字内容相互关联的能力。

A53 检索能力：从自建数字资源角度考量检索的方便性和准确性，能够通过搜索引擎全面、准确地反映自建数字资源内容。

A54 专题导航：按学科、专题、分类等方式组织发现自建数字资源的能力。

表10　三级指标重要性调查表

	A51 资源整合	A52 数据关联	A53 检索能力	A54 专题导航
A51 资源整合				
A52 数据关联				
A53 检索能力				
A54 专题导航				

3.6　服务

共计4个指标。指标说明如下：

B11 服务范围：考量图书馆可以提供自建数字资源服务的用户范围和地域范围等方面。

B12 服务方式：考量图书馆可以提供自建数字资源的服务渠道和服务方式。

B13 服务滞后：考量因资源质量因素造成的图书馆自建数字资源服务的延迟。

B14 服务增值：考量图书馆由个性化需求转换的更具价值的服务能力。

表11　三级指标重要性调查表

	B11 服务范围	B12 服务方式	B13 服务滞后	B14 服务增值
B11 服务范围				
B12 服务方式				
B13 服务滞后				
B14 服务增值				

3.7　获取

共计3个指标。指标说明如下：

B21 获取有效性：考量用户需求的自建数字资源，及时有效可获取的百分比。

B22 访问量：考量用户成功发起的对自建数字资源在线服务的请求次数总和。

B23 响应速度：考量因资源质量因素造成的图书馆自建数字资源服务的延迟。

表12　三级指标重要性调查表

	B21 获取有效性	B22 访问量	B23 响应速度
B21 获取有效性			
B22 访问量			
B23 响应速度			

3.8　长期保存

共计4个指标。指标说明如下：

B31 实现方式：实现数字资源长期保存中数据保存实现方式，包括可提供的数据载体和系统平台。

B32 保存与利用的比重：考量已用于服务利用的自建数字资源在自建数字资源中所占的比重。

B33 更新及时性：图书馆对长期保存自建数字资源的更新或迁移的维护机制及效果。

B34 保存体系：图书馆用于自建数字资源长期保存的技术、策略和标准。

表 13　三级指标重要性调查表

	B31 实现方式	B32 保存与利用的比重	B33 更新及时性	B34 保存体系
B31 实现方式				
B32 保存与利用的比重				
B33 更新及时性				
B34 保存体系				

3.9　利用效果

共计 3 个指标。指标说明如下：

B41 用户评价：用户对图书馆自建数字资源的使用评价，为用户的主观感受。

B42 共享能力：图书馆自建数字资源在其他项目、组织或文化机构间的应用，以及在其中的地位与作用。

B43 社会效应：图书馆自建数字资源引起的其他社会行业的环境变化、服务质量提升、技术创新、文化进步、经济发展等。

表 14　三级指标重要性调查表

	B41 用户评价	B42 共享能力	B43 社会效应
B41 用户评价			
B42 共享能力			
B43 社会效应			

3.10　加工系统能力

共计 2 个指标。指标说明如下：

C11 软件系统：文献数字化及其相应管理和利用所需要的软件平台及数量。

C12 硬件设备：图书馆用于文献数字化、数字资源加工所需硬件设备及数量。

表 15　三级指标重要性调查表

	C11 软件系统	C12 硬件设备
C11 软件系统		
C12 硬件设备		

3.11 存储能力

共计 2 个指标。指标说明如下:

C21 存储系统:保障存储对象在其生命周期内安全可靠的分级存储体系。

C22 存储空间:图书馆可用于数字资源存储的容量,以满足数字资源存储量增长或减少的管理功能。

表 16 三级指标重要性调查表

	C21 存储系统	C22 存储空间
C21 存储系统		
C22 存储空间		

3.12 安全保障能力

共计 4 个指标。指标说明如下:

C31 环境安全:图书馆自建数字资源运行环境的安全程度。

C32 系统安全:为自建数字资源运行系统建立和采用的安全技术和管理措施。

C33 载体安全:为自建数字资源保存载体安全所采取的安全策略和保护手段。

C34 数据安全:对于数据安全控制所采取的技术和方法及管理制度。

表 17 三级指标重要性调查表

	C31 环境安全	C32 系统安全	C33 载体安全	C34 数据安全
C31 环境安全				
C32 系统安全				
C33 载体安全				
C34 数据安全				

3.13 经费

共计 3 个指标。指标说明如下:

C41 自建数字资源年度经费平均比重:自建数字资源建设经费占图书馆当年全部资源建设经费的比重。

C42 自建数字资源年度经费增长率:自建数字资源每年建设经费占图书馆当年全部资源建设经费的增长率情况。

C43 自建数字资源基础设施经费保障率:图书馆为自建数字资源建设投入的基础设施经费保障。

表 18 三级指标重要性调查表

	C41 自建数字资源年度经费平均比重	C42 自建数字资源年度经费增长率	C43 自建数字资源基础设施经费保障率
C41 自建数字资源年度经费平均比重			
C42 自建数字资源年度经费增长率			
C43 自建数字资源基础设施经费保障率			

3.14 综合管理

共计 4 个指标。指标说明如下：

C51 规划与实施：图书馆自建数字资源建设计划与建设成果的有无偏离。

C52 规章制度：图书馆制定的组织劳动过程和进行劳动管理的规则和制度。

C53 人员管理：员工在业务培训和绩效考核方面运用的管理方法和措施。

C54 标准规范：符合实际工作和科学技术发展需要的自建资源建设标准规范。

表 19 三级指标重要性调查表

	C51 规划与实施	C52 规章制度	C53 人员管理	C54 标准规范
C51 规划与实施				
C52 规章制度				
C53 人员管理				
C54 标准规范				

附录2 图书馆自建数字资源质量评价项目调查问卷

评价说明：

本指标体系包括3个一级指标,13个二级指标,38个三级指标以及各指标的说明。请您根据《国家图书馆(2012年)自建数字资源发展概况》对该整体的三级指标的满意度做出评价,从"很满意"到"不满意"共分为五档,您可以根据满意程度的高低做相应选择。

一级指标	二级指标	三级指标	评价
A 建设质量	A1 数量		
		A11 总量	1. 不满意;2. 不太满意;3. 一般;4. 较满意;5. 很满意
		A12 年增率	1. 不满意;2. 不太满意;3. 一般;4. 较满意;5. 很满意
		A13 占馆藏的比重	1. 不满意;2. 不太满意;3. 一般;4. 较满意;5. 很满意
	A2 结构		
		A21 文献类别结构	1. 不满意;2. 不太满意;3. 一般;4. 较满意;5. 很满意
		A23 来源结构	1. 不满意;2. 不太满意;3. 一般;4. 较满意;5. 很满意
		A24 时间结构	1. 不满意;2. 不太满意;3. 一般;4. 较满意;5. 很满意
		A26 数字对象类型结构	1. 不满意;2. 不太满意;3. 一般;4. 较满意;5. 很满意
		A27 馆藏级别结构	1. 不满意;2. 不太满意;3. 一般;4. 较满意;5. 很满意
	A3 内容		
		A31 完整性	1. 不满意;2. 不太满意;3. 一般;4. 较满意;5. 很满意
		A33 替代功能	1. 不满意;2. 不太满意;3. 一般;4. 较满意;5. 很满意
	A4 加工		
		A41 资源规范性	1. 不满意;2. 不太满意;3. 一般;4. 较满意;5. 很满意
		A42 资源功能性	1. 不满意;2. 不太满意;3. 一般;4. 较满意;5. 很满意
		A43 数据完整性	1. 不满意;2. 不太满意;3. 一般;4. 较满意;5. 很满意
	A5 组织		
		A51 资源整合	1. 不满意;2. 不太满意;3. 一般;4. 较满意;5. 很满意
		A52 数据关联	1. 不满意;2. 不太满意;3. 一般;4. 较满意;5. 很满意
		A53 检索能力	1. 不满意;2. 不太满意;3. 一般;4. 较满意;5. 很满意
		A54 专题导航	1. 不满意;2. 不太满意;3. 一般;4. 较满意;5. 很满意

续表

一级指标	二级指标	三级指标	评价
B 利用质量	B1 服务	B11 服务范围	1. 不满意;2. 不太满意;3. 一般;4. 较满意;5. 很满意
		B12 服务方式	1. 不满意;2. 不太满意;3. 一般;4. 较满意;5. 很满意
	B2 获取	B21 获取有效性	1. 不满意;2. 不太满意;3. 一般;4. 较满意;5. 很满意
		B22 访问量	1. 不满意;2. 不太满意;3. 一般;4. 较满意;5. 很满意
	B3 长期保存	B31 实现方式	1. 不满意;2. 不太满意;3. 一般;4. 较满意;5. 很满意
		B32 保存与利用的比重	1. 不满意;2. 不太满意;3. 一般;4. 较满意;5. 很满意
		B33 更新及时性	1. 不满意;2. 不太满意;3. 一般;4. 较满意;5. 很满意
		B34 保存体系	1. 不满意;2. 不太满意;3. 一般;4. 较满意;5. 很满意
	B4 利用效果	B41 用户评价	1. 不满意;2. 不太满意;3. 一般;4. 较满意;5. 很满意
		B42 共享能力	1. 不满意;2. 不太满意;3. 一般;4. 较满意;5. 很满意
		B43 社会效应	1. 不满意;2. 不太满意;3. 一般;4. 较满意;5. 很满意
C 保障质量	C2 存储能力	C21 存储系统	1. 不满意;2. 不太满意;3. 一般;4. 较满意;5. 很满意
		C22 存储空间	1. 不满意;2. 不太满意;3. 一般;4. 较满意;5. 很满意
	C3 安全保障能力	C31 环境安全	1. 不满意;2. 不太满意;3. 一般;4. 较满意;5. 很满意
		C32 系统安全	1. 不满意;2. 不太满意;3. 一般;4. 较满意;5. 很满意
	C4 经费	C41 自建资源年度经费平均比重	1. 不满意;2. 不太满意;3. 一般;4. 较满意;5. 很满意
		C43 自建资源基础设施经费保障率	1. 不满意;2. 不太满意;3. 一般;4. 较满意;5. 很满意
	C5 综合管理	C51 规划与实施	1. 不满意;2. 不太满意;3. 一般;4. 较满意;5. 很满意
		C52 规章制度	1. 不满意;2. 不太满意;3. 一般;4. 较满意;5. 很满意
		C53 人员管理	1. 不满意;2. 不太满意;3. 一般;4. 较满意;5. 很满意
		C54 标准规范	1. 不满意;2. 不太满意;3. 一般;4. 较满意;5. 很满意

附录3 统计主要内容单元类型及计量单位

《文化部行业标准:图书馆数字资源统计规范》主要的内容单元类型及计量单位

源文献类型	内容单元类型	计量单位	辅助计量单位
文本	馆藏书目数据	条	
	图书	种,册	页
	期刊	种	期/篇/页
	报纸	种	期/篇
	学位论文	篇	册/页
	会议论文	篇	种/页
	报告	篇	种/页
	专利	项	
	标准	项	
	档案	件	页
	行政法规	条	种
	案例	件	个
	方志	种	卷(册)/叶
	宗教典籍	件(函、卷)	页
	手稿	件	页
	信札	件	叶
	文摘/索引	条	
	数值数据	条	
	工具书	种,册	条目
	年鉴	种,册	条目
	表谱/图录	种,册	张(页)
图片	实物影像	幅(张)	种
	拓片	张(片)	种
	照片	幅(张)	种
	美术作品	幅(张)	种
音频	音乐	小时	首/种/场
	有声读物	小时	种
视频	讲座/报告/课程	小时	部/集
	纪录片	小时	部/集
	舞台艺术	部,集	小时
	影视剧	部,集	小时

参考文献

［1］ 全国数字图书馆建设与服务联席会议.数字图书馆资源建设指南,2010.

［2］ Draft Interim Guidelines for Cataloging Electronic Resources［EB/OL］.［2013 – 08 – 28］. http://www. loc. gov/catdir/cpso/dcmb19. pdf.

［3］ ISBD（ER）:International Standard Bibliographic Description for Electronic Resources［EB/OL］.［2013 – 08 – 28］. http://www. ifla. org/VII/s13/pubs/isbd2. htm#4.

［4］ NISO Framework Advisory Group. A Framework of Guidance for Building Good Digital Collections 2nd Edition (2004)［EB/OL］.［2013 – 08 – 28］. http://www. wipo. int/export/sites/www/tk/en/databases/creative_heritage/docs/niso_framework. pdf.

［5］ 高等学校图书馆数字资源计量指南（2004 年）［J］.大学图书馆学报,2004(3):89 – 90.

［6］ 索传军.数字馆藏评价与绩效分析［M］.北京:北京图书馆出版社(今国家图书馆出版社),2007: 52 – 60.

［7］ 盛小平.数字图书馆馆藏评价［J］.图书情报工作,2003(5):40 – 43.

［8］ 柴俊红,王守宁.数字资源建设浅论［J］.图书馆学研究,2004(10):51 – 53.

［9］ 马越.普通高校图书馆的数字馆藏建设［J］.河南图书馆学刊,2002(3):47 – 50.

［10］ 索传军.论数字馆藏的质量评价［J］.中国图书馆学报,2004(4):43 – 46.

［11］ 余恒鑫.中文电子期刊数据库评价指标体系研究［D］.长春:东北师范大学,2005.

［12］ Cullen R. Perspectives on user satisfaction surveys［J］. Library Trends,2001(4):662 – 686.

［13］ 颜昌茂.信息时代的数字资源质量评价研究［J］.甘肃科技,2013,29(3):81 – 83.

［14］ 索传军,袁静.论数字馆藏质量控制需考虑的因素［J］.图书情报工作,2007(6):72 – 76.

［15］ 肖希明.网络环境下的馆藏评价标准［J］.中国图书馆学报,2002(5):21 – 24.

［16］ 宋迎迎.数字馆藏评价指标体系研究［D］.郑州:郑州大学,2006.

［17］ 张咏.网络信息资源评价的方法及指标［J］.图书情报工作,2001(12):25 – 29.

［18］ 张宏玲,索传军.论数字馆藏评价指标的获取方法［J］.图书情报工作,2005(4):60 – 63.

［19］ Hazel Woodward. The Impact of Electronic Information on Serials Collection Management,59th IFLA General Conference,Barcelona［R］. 22 – 28 August,1993.

［20］ Gail K Dickinson. Selection and Evaluation of Electronic Resources［M］. Englewood,CO:Libraries Unlimited,Inc. ,1994:56.

［21］ Vicki L Gregory. Selecting and Managing Electronic Resources A How-to-Do-It Manual for Librarians［M］. New York:Neal-Schuman,2000:65 – 76.

［22］ Young Peter R. Electronic Services and Library Performance Measurement:A Definitional challenge. The 4th Northumbria International Conference Boston［R］. 12 – 16 August,2001.

［23］ Diann Rusch-Feja,Uta Siebeky. Evaluation of Usage and Acceptance of Electronic Journals［J］. D-Lib Magazine,1999,5(10):36.

［24］ Timothy D. Jewell. Selection and Preservation of Commercially Available Electronic Resources:Issues and Practices,Digital Library Federation and Council on Library and Information Resources［R］. Washington DC, 2001:12.

［25］ Saracevic T. Digital library evaluation:Toward evolution of concepts［J］. Library Trends,49(2):350 – 369.

［26］T. Saracevic,L. Covi. Challenges for digital library evaluation. Proceedings of the American Society for Information Science［R］.37(2000):341 – 350.

［27］NISO Framework Advisory Group. A Framework of Guidance for Building Good Digital Collections 2nd Edition(2004)［EB/OL］.［2005 – 01 – 08］. http://www. niso. org/framework/framework2. pdf.

［28］Younghee Noh. A Study on Developing Evaluation Criteria for Electronic Resources in Eva-luation Indicators of Libraries. The Journal of Academic Librarianship［J］. Volume 36,Number 1,2010:41 – 52.

［29］Three Rs of Digital Collections［EB/OL］.［2013 – 12 – 15］. https://www. ideals. illinois. edu/bitstream/handle/2142/15343/Three_Rs_of_Digital_Collections. pdf? sequence = 2.

［30］Building Digital Collections:An Evaluation［EB/OL］.［2010 – 06 – 15］. http://drs. nio. org/drs/bitstream/2264/3715/1/NACLIN_2010_1. pdf.

［31］ICOLC. Guideline for statistical measures of usage of web-based information resources［EB/OL］.［2013 – 08 – 27］. http://www. library. yale. edu/consortia/webstats06. htm.

［32］Release 3 of the COUNTER Code of Practice for Journals and Databases［EB/OL］.［2013 – 08 – 27］. http://www. projectcounter. org/code_practice. html.

［33］Statistics and Evaluation Section Strategic Plan 2008 – 2009［EB/OL］.［2013 – 08 – 27］. http://archive. ifla. org/VII/s22/annual/sp22-2009. htm.

［34］乔欢,马亚平. 数字图书馆评价客体解析［J］. 数字图书馆论坛,2005(5):7 – 12,18.

［35］王海娟. 数字图书馆评价指标体系初探［J］. 图书馆工作与研究,2004(1):13 – 17.

［36］盛小平. 数字图书馆馆藏评价［J］. 图书情报工作,2003(5):40 – 43.

［37］索传军. 论数字馆藏的质量评价［J］. 中国图书馆学报,2004(4):43 – 46.

［38］宋迎迎. 论数字馆藏的评价［J］. 图书·情报·知识,2006(9):19 – 22.

［39］张会田. 数字图书馆评估指标体系研究［J］. 情报科学,2005(10):1542 – 1545,1563.

［40］李卓卓,肖希明. 数字馆藏评价机制研究［J］. 图书馆,2008(5):31 – 34.

［41］张璇,肖希明. 信息资源共享系统绩效评估指标体系的构建［J］. 图书情报工作,2009(10):22 – 26.

［42］吴建华. 数字图书馆评价方法［M］. 北京:科学出版社,2009:24 – 29.

［43］徐婧. AHP 法在数字图书馆综合评价中的应用［J］. 图书馆论坛,2006(1):238 – 240.

［44］战学秋,温金明. 多层次模糊综合评判法在数字图书馆评价中的应用［J］. 情报科学,2007(7):1035 – 1038.

［45］吕娜,余锦凤. 基于焦点团体的数字图书馆评价研究框架［J］. 图书情报工作,2009(5):29 – 32,73.

［46］刘炜.“国外数字图书馆评估”学习心得［EB/OL］.［2013 – 08 – 27］. http://www. kevenlw. name/archives/110.

［47］谭明君. 图书馆电子资源的科学评价［J］. 图书馆建设,2008(1):37 – 39.

［18］肖珑,张宇红. 电子资源评价指标体系的建立初探［J］. 大学图书馆学报,2002(3):35 – 42.

［19］肖珑,李浩凌,徐成. CALIS 数字资源评估指标体系及其应用指南［J］. 大学图书馆学报,2008(3):2 – 8,17.

［50］张会田. 馆藏数字化资源评估方法探讨［J］. 图书情报工作,2002(5):50 – 53.

［51］张会田. 数字图书馆评估指标体系研究［J］. 情报科学,2005(23):1542 – 1545.

［52］索传军. 论数字资源评价/评估研究［J］. 图书情报工作,2004(11):79 – 82.

［53］索传军. 论数字馆藏的质量评价［J］. 中国图书馆学报,2004(4):43 – 46.

［54］索传军,赵梅华. 数字馆藏质量管理系统研究［J］. 中国图书馆学报,2007(5):68 – 72,78.

［55］宋迎迎. 论数字馆藏的评价［J］. 图书·情报·知识,2006(9):19 – 22.

［56］李卓卓. 数字馆藏资源评价标准的选择［J］. 图书馆理论与实践,2008(5):8 – 11.

［57］盛小平. 数字图书馆馆藏评价［J］. 图书情报工作,2003(5):40 – 43.

［58］安月英.基于层次分析法的数字馆藏评价指标体系［J］.图书馆,2008(4):82－84.

［59］李文文,陈雅.基于资源利用过程的数字图书馆馆藏评价指标研究［J］.现代情报,2010(12):145－149.

［60］索传军.数字馆藏服务绩效评估指标体系及其构建原则［J］.图书·情报·知识,2006(9):5－9.

［61］刘炜,楼向英,张春景.数字图书馆评估研究［J］.图书情报工作,2007(6):21－24,69.

［62］EQUINOX Library Performance Measurement and Quality Management System［OL］.［2013－09－16］.http://equinox. dcuie/2003/4/.

［63］Susan Schreibman. Best Practice Guidelines for Digital Collections［EB/OL］.［2013－10－15］. http://www. lib. umd. edu/dcr/publications/best_practice. pdf.

［64］Marcia Johnson. Evaluation of a digital library implementation UBC Library Digital Collections and Services:Digital Collections［R］,June 2008.

［65］Initiatives on measuring electronic use. Library Technology Reports［EB/OL］.［2013－10－20］. http://marciarjohnson. com/sites/default/files/papers/Marcia%20Johnson%20-%20DL%20 evaluation. pdf.

［66］刘蔚,王长宇.ISO2879、NISO Z39.7 和 E-METIRCS 数字资源标准评价比较［J］.图书馆学刊,2010(8):103.

［67］Measure and Statistics for Research Library Networked Services,Procedures and Issues［EB/OL］.［2014－01－09］. http://www. arl. org/stats/newmeas/emetrics/phasetwo. pdf.

［68］Association of Research Libraries. Measures for Electronic Resources(E-Metrics),Complete Set . Washington D. C. :Association of Research Libraries［R］,2002:57－61.

［69］ISO2789:2006 Information and documentation—International library statistics［S］,2006.

［70］ISO11620:2008 Information and documentation—Library performance indicators［S］,2008.

［71］ISO20983:2003 Information and documentation—Performance indicators for electronic library services［S］,2003.

［72］张晓林,等.国家科技图书文献中心的效用形式及其评价［J］.图书情报工作,2008(3):62－65.

［73］沈玉兰,潘淑春,马亚敏.国家科技图书文献中心预定外文科技文献资源分析与评价［J］.中国图书馆学报,2007(3):69－72.

［74］周静珍,赵乃瑄.JALIS 引进数字资源的绩效评价研究［J］.情报科学,2011(4):556－562.

［75］毛莉,陈惠兰.外文电子资源的评价分析—华东大学图书馆案例研究［J］.图书馆杂志,2009(12):29－32.

［76］张秀华,赵伟.基于径向基神经网络的数字馆藏质量评价研究［J］.情报理论与实践,2009(5):61－64.

［77］韩俊.论馆藏文献的评价［J］.图书馆学研究,2006(4):51－56.

［78］阚德涛.馆藏评价研究［J］.大学图书情报学刊,2008(4):11－14.

［79］何静.馆藏资源评价研究述评［J］.情报资料工作,2012(1):42－47.

［80］樊怡菁.数字资源评价与传统馆藏评价之比较研究［J］.现代情报,2005(7):24－25.

［81］张宏玲,索传军.论数字馆藏评价指标的获取方法［J］.图书情报工作,2005(4).

［82］冯峰.我国图书馆馆藏评价研究综述［J］.图书馆学刊,2013(11):120－122.

［83］郑章飞.国内数字资源评估研究述评［J］.高校图书馆工作,2008(6):8－13.

［84］崔倩.近十年国内图书馆馆藏评价方法研究述评［J］.图书馆杂志,2012(4):11－19.

［85］吴建华.数字图书馆评价方法［M］.北京:科学出版社,2009:24－29.

［86］孙瑛,刘呈庆.可持续发展管理导论［M］.北京:科学出版社,2003:68－75.

［87］徐婧.AHP 法在数字图书馆综合评价中的应用［J］.图书馆论坛,2006(1):238－240.

［88］张健.图书馆评价理论与方法［M］.成都:西南交通大学出版社,2004:75－77,96－103.

［89］战学秋,温金明.多层次模糊综合评判法在数字图书馆评价中的应用［J］.情报科学,2007(7):

1035 – 1038.

[90] 余若琪.论学科分类与高校图书馆文献资源建设[J].医学信息学杂志,2007(2):175 – 176.

[91] 中国图书馆分类法[OL].[2014 – 08 – 30].http://clc.nlc.gov.cn/ztfdsb.jsp.

[92] 赵保颖,范雪.国内外数字资源统计标准比较分析[J].图书与情报,2010(6):39 – 43.

[93] 申晓娟,富平,孙一钢,等.数字图书馆评价体系研究[R].北京:国家图书馆,2012.

[94] 吕淑萍,罗云川.图书馆数字资源统计标准和应用指南[M].北京,国家图书馆出版社,2010:9 – 27.

[95] 徐周亚,龙伟.国家图书馆数字资源对象管理规范[M].北京,国家图书馆出版社,2013:12.

[96] 周建清.试论图书馆数字资源整合[J].现代情报,2007(3):88 – 89.

[97] 王娟熔,张雄刚.普通高校图书馆数字资源建设与利用探析[J].北京印刷学院学报,2009(1):35 – 38.

[98] 王云凤.图书馆数字资源可持续利用的影响因素及对策研究[J].科技情报开发与经济,2014(9):144 – 145.

[99] 郭普安.图书馆可持续发展评价指标体系构建研究[J].图书馆工作与研究,2007(4):52 – 54.

[100] 张健.图书馆评价理论与方法[M].成都:西南交通大学出版社,2004:40 – 47.

[101] 安月英.基于层次分析法的数字馆藏评价指标体系[J].图书馆,2008(4):82 – 84.

[102] 王海娟.数字图书馆评价指标体系初探[J].图书馆工作与研究,2004(1):13 – 14.

[103] 张健.图书馆评价理论与方法[M].成都:西南交通大学出版社,2004:67.

[104] 亓莱滨.李克特量表的统计学分析与模糊综合评判[J].山东科学,2006,19(2):18 – 22.

[105] 张丽仙.浅析市场调查中态度测量方法[D].大连:东北财经大学,2004.